"链"通未来
——区块链原理、实践与案例应用

莫菲 许昌清 赵大伟／主编

责任编辑：肖　炜　董梦雅
责任校对：张志文
责任印制：裴　刚

图书在版编目（CIP）数据

"链"通未来/莫菲，许昌清，赵大伟主编．—北京：中国金融出版社，2020.5

ISBN 978-7-5220-0536-2

Ⅰ.①"链"…Ⅱ.①莫…②许…③赵…　Ⅲ.①电子商务—支付方式—研究　Ⅳ.①F713.361.3

中国版本图书馆 CIP 数据核字（2020）第 037037 号

"链"通未来——区块链原理、实践与案例应用
"Lian" Tong Weilai —— Qukuailian Yuanli、Shijian Yu Anli Yingyong

出版 发行	中国金融出版社
社址	北京市丰台区益泽路 2 号
市场开发部	（010）66024766，63805472，63439533（传真）
网上书店	http://www.chinafph.com
	（010）66024766，63372837（传真）
读者服务部	（010）66070833，62568380
邮编	100071
经销	新华书店
印刷	保利达印务有限公司
尺寸	169 毫米×239 毫米
印张	17
字数	256 千
版次	2020 年 5 月第 1 版
印次	2020 年 5 月第 1 次印刷
定价	58.00 元

ISBN 978-7-5220-0536-2

如出现印装错误本社负责调换　联系电话（010）63263947

《金融科技系列丛书》编委会

主　编：莫　菲　赵大伟　侯西鸿
副主编：李克登　许昌清

金融科技系列丛书之二
《"链"通未来——区块链原理、实践与案例应用》编委会

主　编： 莫　菲　许昌清　赵大伟

副主编： 李克登　侯西鸿　王　然　刘　莹

编　委：（按姓氏拼音排序）

巴洁如　曹征雁　陈一稀　丁维佐　董梦雅
赖亮亮　李　皓　李　银　李建强　廖海勇
刘　圣　刘飒飒　罗晓成　祁　昕　卿苏德
山成英　邵良明　唐洁珑　陶　峰　王　强
王　跃　王亮亮　王善飞　吴米加　严家建
叶剑媚　袁小剑　张　浩　张　伟　张茂涛
张穆涵　张文婷　周　炜

丛书总序

金融科技（FinTech）一直是个重要领域，只是近些年来引起了日益广泛的关注。我们关注的着眼点，是从国家战略的高度，统筹考虑整个金融体系的健康发展，探讨互联网金融和金融科技产业发展与监管问题，兼顾鼓励创新、保障金融稳定和保护金融消费者的需要，重中之重是监管者如何拓展监管视野和工具，监管体系和监管手段如何与时俱进。

如今，金融科技领域已成为全球投资者和创业者纷纷聚焦的新兴产业，甚至引发了一场金融业适应信息时代的深刻变革。科技与金融的深度融合，不断打破了传统金融业的边界，重塑着金融业的服务方式，并越来越回归到金融所要解决的本源问题——资金如何在短缺方和盈余方之间高效便捷的融通。随着金融科技日新月异的发展，这一场变革将对人类的生产和生活产生深远的影响。

我们研究和关注金融科技，首先要回答的问题是——科技为金融做什么？

金融活动在实现市场定价和资金融通的过程中，需要收集、甄别、分析和处理大量的信息，涉及高难度的数学算法、会计技术和复杂的交易过程，由此导致大部分投资者和消费者无缘掌握金融活动的核心内容、流程与技巧，只能求助于专业化的金融机构。金融科技作为支撑金融产业发展的技术、产品和服务，以其信息处理的高效率、迅速压缩的交易成本以及基于用户体验的产品和服务设计等优势，大大降低了金融服务和消费的进入门槛，对传统金融服务业来说，几乎望尘莫及。

从国内外金融科技行业发展的态势来看，金融科技为金融产品和服务的创新，提供了新的手段。如移动支付、网络化信贷以及各种基于互联网和移动互联网的新兴金融服务业态的崛起，在某种程度上，引发了金融业运营模式的重塑和再造。以信息技术为支撑，金融科技不仅打破了传统金融业线下网点的限制，而且使金融客户群体迅速扩大，金融产品和服务的覆盖面快速延伸。乐观一点来说，这一趋势有效缓解了海量客户享受金融服务不足的难题，传统金融理论中强调的金融抑制困境，通过技术手段可能得到有效缓解。

金融科技行业的快速发展，促使传统金融机构对自身的市场定位和既有业务模式进行重新布局，试图按照客户需求进行流程再造。商业银行纷纷着手调整市场战略和组织架构，通过发展新业态，加强中小企业的客户拓展、产品开发和服务支持，从支付便利化、提高资金配置效率和降低交易成本等等方面，实施创新和战略转型，以激发市场活力，提升对经济的支持力度和服务效率。证券、基金、保险、信托和期货业也在加强其客户账户的支付结算功能，通过提供投资交易信息、购买理财产品、日常消费支付以及现金管理等服务，拓展盈利点。随着信息技术迅速向传统金融业渗透，不断冲击着金融服务业现有的竞争格局，催生了大量新的金融中介业务模式，使金融机构与非金融机构之间的界限趋于模糊，大大降低了金融服务业的准入壁垒。

金融科技的产业化发展，伴随信息获取和加工技术的进步，不断把过去没有信用记录的人群纳入了金融信用体系，促使传统的非正式人际融资借贷逐渐标准化。通过信用评价和对借贷过程的系统化，提高了借贷流程的透明度，降低了信息不对称程度和风险量化的难题，能够让资金以更低的成本流向需求方。基于大数据、云计算和人工智能的海量数据处理，将有可能更全面、更准确地反映消费者行为模式、经济动机和信用度，比传统的历史信贷数据更具有经济价值和社会价值，从而建立社会信用的新标准。

金融科技行业快速发展，还推动了利率市场化乃至整个金融市场的深化。金融机构通过营销获客、身份认证、风险定价和资金流转等环节的技术性便捷化，有效节约了整个金融服务业的运营成本。大量的非金融机构直接或间接地提供金融服务，投资者可以依据更为客观的数据进行投资决策，降低了金融信息的获取成本，节约了金融服务业的交易成本，以便对借款人进行市场化、差别化的利率定价，进而推动金融市场的功能不断深化。

有目共睹的是，中国在金融科技行业的部分领域，已经不是弯道超车，而是跨道超车，直接进入了世界领先者行列。比如移动支付，凭借中国庞大的人口基数所赐，这一细分领域实现了迅速崛起。不仅在国内市场上深耕细挖，更是一路攻城略地，不断将业务拓展到了发达经济体。相比之下，发达经济体的金融机构，由于对信用卡等传统支付方式的路径依赖，存在着某种程度的路径锁定效应。2016年，中国的金融科技公司获得的融资额占到了全球金融科技公司融资总额的半壁河山，超越美国位列全球第一，使以中国为代表的亚洲地区取代北美成为全球金融科技投资的第一目的地。

金融科技行业前景广阔，市场潜力非常巨大。中国部分优秀金融科技企业的出色表现，为进一步发掘金融科技中的商业机会，提供了成功的经验和参考。

研究和关注金融科技，同时也要回答的问题是——科技改变了金融什么？

正如习近平总书记在近期召开的全国金融工作会议上所强调的，金融是国家重要的核心竞争力，金融安全是国家安全的重要组成部分，金融制度是经济社会发展中重要的基础性制度。金融科技产业的发展历程，伴随着金融创新的过程，金融科技将信息技术嫁接于传统金融模式，大大降低了交易成本，扩展了金融市场的边界和功能，不仅对信息产业发展起到了促进作用，还有利于经济转型和升级，有利于社会全面发展和进步。

在金融科技浪潮催化下，货币的概念和形式正在产生进一步的演变。在过去二、三十年间，随着货币发行、储值和支付技术的进步，货币的表现形式经历了三次演变。第一次演变是代表中央银行和商业银行信用的传统货币，广泛采用了电子支付的方式。其中涉及的货币，仍是基于银行信用的货币概念，是传统货币的电子化。第二次演变是出现了代表特定发行商信用的电子货币，持有电子货币意味着持有者具有以其持有的电子货币向发行者兑换等价的现金或存款的权利。欧盟将电子货币定义为发行商通过收取货币资金发行的用于支付交易目的、且能被其他自然人或法人接受的电子化货币价值；美国财政部规定预付费业务相关的电子货币必须基于真实货币，电子货币是发行者基于真实货币发行的二次货币。第三次演变是脱离真实货币，在特定的互联网平台中仿造现实货币的部分特征创造出来的虚拟货币，比如比特币。

国内有关部门早已经着手进行数字化货币方面的课题研究，取得了不少卓有成效的研究成果。值得重视的是，我国目前还没有专门针对电子货币或数字货币的立法，而是把预付卡的发卡主体，纳入到非金融机构支付服务商范围进行监管。我国目前有关虚拟货币的管理对象，主要是网络游戏币，是为了限制它进入实体经济。美国对虚拟货币提供经纪和转账服务的机构，是作为货币服务机构加以监管。

具有较高流动性和先进替代性的电子货币或虚拟货币，如果没有百分之百的官方货币作为发行准备，由于发行机构具有类似商业银行的货币创造功能，在一定程度上可能改变一国的货币乘数和货币流通速度，从而对货币政策传导机制和效果产生影响。数字化货币的潜在不良效果，不容忽视！主要表现是，在一个统一的货币区中出现事实上不同的货币，其支付和流通即使被限制在不同区域或行业，也会造成货币割据或市场分割，与市场经济发展相适应的货币化过程相违背，事实上是一个去主权货币化的过程。对这一情形，我们务必要高度关注，积极加强监测、分析和监管。

与此同时，随着金融科技领域新技术和新模式的不断涌现，传统的金融交易模式将与新的时代元素相结合，衍生出更适合市场需求的金融产品和服务。但不可忽视的是，金融科技已经对现有的金融模式和格局，带来了巨大的冲击。金融创新必然伴随着风险问题，由于科技因素的介入，在由内部系统滋生的风险之外，添加了由外部系统传导而来的风险。

创新总是机遇和挑战并存。从本质上说，金融是管理风险的行业，其专业化程度高，离不开严格的外部约束和高度的行业自律。而金融科技所带来的风险，已不同于传统的金融体系，以互联网金融为例，其主要依托量化模型等数据分析优势，进行客户识别和风险评估。量化模型由于依赖长期稳定的交易环境和交易规则，容易积累系统性风险。非金融机构支付所采用的延迟金额结算，对支付机构自身的流动性要求非常高，也存在潜在的风险。

毋庸置疑，金融科技对中央银行和金融监管部门提出了全新的课题。金融科技的发展，降低了金融服务的准入门槛，金融科技企业有从信息中介转向信用中介的趋势，使得传统上银行、证券、保险和期货等分业经营和监管的格局受到了冲击。目前中国金融监管部门采取的主要做法是，通过常规监管方式在互联网环境下加以延伸，实施对网上银行、电子支付和交易等互联网金融活动进行监管。经过多年的摸索，以对非金融机构支付监管为切入点，兼由中央和地方分层监管，通过民事法律规范以及行业自律等方式，将部分互联网金融活动纳入监管范畴。然而，由于技术发展往往领先于监管，且易于跨区域、跨行业经营，难以完全套用现有的分业监管框架，比如通过互联网支付平台销售货币基金，已经非常接近于提供存款替代性产品，具有监管套利的特征。

金融科技的发展涉及大数据的收集和应用，同时也提出了消费者个人隐私保护和信息泄露的风险防范问题。大数据一旦达到某种规模，就成为有系统重要性的战略性的资产。它被少数私人公司所垄断可能产生的政治、社会乃至国家安全的后果也是一个亟需研究和应对的挑战。

研究金融科技，更要回答的问题是——科技不能改变金融什么？

金融科技的突飞猛进，虽然带来了很多新的变化，但在这些变化背后，其实我们可以看到很多不变的东西。

首先，金融科技催生的各种新兴业务，总的来说仍然反映了储蓄向投资的转换，涉及到资金跨空间和时间的配置，具有传统金融所固有的不确定性，尤其是对风险的管控。"安全性、流动性和效益性"三大原则，不仅依然对商业银行适用，也适用于整个金融服务业。

其次，不管是哪种新的金融形式，按性质划分，实际上仍然可以分为直接融资和间接融资两种基本方式。金融科技带来的新的直接融资方式，仍然存在投资者权利界定和保护问题；从事这种融资模式的金融科技公司本身的信用和可靠性问题，实际上是一个"新"的老问题。从金融科技企业能够提供的间接融资方式来看，仍然是一个资产负债管理问题，是资产和负债的转换，涉及到期限的转换，这里面有期限错配的风险、有信用的风险、有流动性风险以及经营者本身的资本金责任问题。

再次，风险管理仍是重中之重。新兴的金融业务可以利用信息的优势找到很多新的解决办法，但这种解决办法仍然要服务于风险管理的需要。而且，新的解决办法从长期来看有什么新的问题产生，还需要在实践当中加以检验。

中国政府一直重视包容性金融体系的建立和健全，十八届三中全会倡导的普惠金融更是如此。习近平总书记强调，要"利用数字技术发展普惠金融"。而科技与金融的结合，是金融服务实体企业和加速经济转型升级的必然要求。今后，我们一方面应该努力加强金融监管，另一方面，要构建一个充分竞争、包容性强的普惠金融体系。

研究金融科技，还要考虑的问题是——在金融科技推动下，金融服务业的发展趋势会是什么？

经典的经济学和金融理论强调，未来具有不确定性。这固然是自然性的法则，但是从产业或行业的角度观察，金融科技受政策法规和技术条件约束，其大致的脉络还是可以触摸的。

金融科技具有高效创新的特质，主要是指技术手段的创新，并因之带来商业模式的升级换代。金融科技正在运用大数据分析技术、人工智能、认知计算、机器学习和分布式技术等前沿科技进行革新，将传统的银行、证券和保险业务进行分解，以期提供高效率、高附加值、低成本、更加便利的产品和服务，从而大大降低交易成本，提升整个金融行业的运转效率。

在这一方面，科技与金融互为动力。比如，大数据是金融科技的基础，没有大数据就没有金融的新业态。金融大数据技术具有以下几个特征：一是海量数据；二是数据类型多样化，包括数据、文字、图片、声音和影像等不同形式；三是储备能力强，理论上依存空间可以做到无限大；四是数据传输速度呈加速度递增。以云计算为基础的金融计算，一是计算速度快，未来计算速度将由每秒钟十万亿次，提高到每秒百万亿次；二是计算方法多，金融统计与计算包括现代金融统计学不断开发的新算法、新工具；三是计算能力强，能够对数据、文字、图片、声音和影像等不同类型数据，进行清洗加工、研发数据图谱，对不同数据进行综合计算与分析。而人工智能在金融科技领域将取得重大突破并广泛应用，从而推动金融服务业的巨大进步，投资评估、风险分析以及智能投顾等大量工作，逐步会由智能机器人参与或承担。

金融监管方面的科技运用，是通过技术手段实现更广泛、更全面和更严格的金融监管。一是运用大数据、云计算、人工智能、生物识别和区块链等技术，实现监管范围全面化，遏制大量现金流通，最大限度发挥金融监管的作用；二是扩大监管空间，利用国际金融信息互通机制，实现全球范围的监管合作；三是监管更严格，规范、透明和标准化。

在层出不穷的新技术手段推动下，金融科技行业将呈现以下趋势：

一是数字化，数字货币逐渐替代实体货币，引发纸质货币之后的又一次货币革命。大数据、区块链等技术推进数字货币替代纸币、电子账本替代纸质账本，身份识别和综合性信息逐步替代资质评级的过程，在信用社会体系中发挥重要的基础性作用。

二是智能化，高度注重客户体验。通过云计算、人工智能和智能机器人等技术手段，实现投资分析、信用评级、风险评级、投资报告自动生成等金融活动，智能获客和智能投顾等业务广泛开展。通过这些新型工具和服务，金融服务业能够更精准地倾听客户心声，量化客户体验的反馈机制，简化产品和服务流程，更准确地响应、预期客户的需求，开创简单易用、具备消费者高参与度的产品与服务。

三是普惠化，让更多的民众共享技术和社会进步的成果。把最新的信息技术融入到传统金融服务业的信息处理和投资决策中，这既是传统金融业最关键的营运环节，也是人力成本最为昂贵的环节，以往只有少数重要客户才能享受到的、根据自身状况定制的金融服务，随着金融科技的普及，将不断向普通客户辐射和延伸，让越来越多的市场主体分享到金融服务所带来的便捷。特别是，传统金融服务能够延伸到面向中小微企业和没有征信记录的人群，他们过去在较高的金融服务门槛前望而止步，而金融科技有望改变这一现状，让每一个市场主体都能公平地享受金融服务。

四是标准化，利用现代信息技术逐步使金融活动标准、规范和透明，加速金融产业标准化、科学化、现代化，逐步建立适应信息社会的金融危机预警与监控机制。借助客户预警、欺诈识别、智能监测、互通互联等技术，可以有效提升金融监管的能力与效率，使每一类金融活动成为一个标准化的模块，有效防范金融风险，大幅度提高金融工作效率，保障金融安全。金融科技像许多技术一样，正确应用会产生利益，应用不当会出现负面效应，对这一方面，我们务必保持高度的警觉性。

金融科技发展日新月异，值得我们深入探讨研究，并为之不断的努力。

这本书的立意，没有局限于学院派纯粹理论性的探讨，而是对金融科技行业进行全面的梳理和总结，突出对行业和产业化发展的借鉴效果，因此，对普通读者来说，既有可读性，也具有现实指导意义。两位主编，莫菲和赵大伟分别是我在中国人民银行金融研究所工作期间带的博士后和紧密工作的同事。他们组织一群志同道合者编写了本书，请我写点文字。这对于我也是一个学习的机会。

是为序！

中国驻国际货币基金组织执行董事

金中夏

2017 年 8 月 31 日

前 言

2019年10月24日，中共中央总书记习近平在主持中共中央政治局第十八次集体学习时强调，区块链技术的集成应用，在新的技术革新和产业变革中起着重要作用。我们要把区块链作为核心技术自主创新的重要突破口，明确主攻方向，加大投入力度，着力攻克一批关键核心技术，加快推动区块链技术和产业创新发展。习近平总书记指出，区块链技术应用已延伸到数字金融、物联网、智能制造、供应链管理、数字资产交易等多个领域。

区块链作为系统内所有各方集体参与维护可靠数据库的技术方案，相对于传统信息处理技术方式而言，区块链技术被视为可能彻底改变行业和企业运作模式的突破性技术，对许多行业将会产生颠覆性的影响。区块链不是单一的信息技术，是以现有的信息技术为基础，在数据分发和存储的关键环节加以独创性创新，使系统产生前所未有的功能。毫无疑问，区块链即将开启新一轮的技术、信息与工业革命。

《"链"通未来——区块链原理、实践与案例应用》是"金融科技系列丛书"的第二部。第一部《科技重塑金融：Fintech实践与展望》在全面介绍金融科技行业的基础上，概述了区块链技术带来的"链式反应"。近年来，全球主要国家都在加快布局区块链技术。我国在区块链领域拥有良好基础，目前有必要进一步加快推动区块链技术和产业创新发展，积极推进区块链和经济社会融合发展。鉴于此，我们开始酝酿和组织创作本书，以期能够吸引更多有识之士一起努力，共同参与区块链技术的相关研究工作，为区块链技术的深入探索和应用贡献一份力量。

许昌清

2019 年 11 月

目 录

原理篇

第一章　区块链的理论基石　　3

第一节　区块链的经济学理论基础　　3
　　一、数字经济理论　　3
　　二、信息不对称理论　　4
　　三、交易成本理论　　4
　　四、梅特卡夫定律　　5

第二节　区块链的概念与特征　　5
　　一、区块链的缘起　　5
　　二、区块链的主要特征　　6
　　三、区块链的分类　　8

第三节　区块链的原理解析　　10
　　一、区块链弱中心化及其原理　　10
　　二、区块链的安全性及其原理　　12
　　三、区块链共识容错机制及其原理　　16
　　四、区块链中的智能合约及其原理　　21

第四节　区块链面临的主要问题和发展"瓶颈"　　23
　　一、"代码即标准"产生了对代码权威中心的需求　　24
　　二、安全性问题　　25
　　三、隐私保护问题　　25
　　四、效率问题　　26

实践篇

第二章	区块链与社会信用	31
第一节	我国征信业发展现状与问题	31
	一、我国征信业发展现状	31
	二、我国征信体系的特点	32
	三、我国征信业的信息处理技术	34
第二节	区块链在征信行业中的应用与实践	35
	一、"区块链+征信"的必要性	35
	二、"区块链+征信"的特点	36
	三、"区块链+征信"的探索和实践	38
第三节	区块链在征信行业的应用模型	40
	一、共享用户信用数据	41
	二、获取用户信用数据	42
第四节	"区块链+征信"的未来发展路径	43
	一、"区块链+征信"的主要"瓶颈"	43
	二、"区块链+征信"的发展路径	45
第三章	区块链与金融稳定	48
第一节	区块链在金融领域的应用	48
	一、区块链在数字货币领域的应用	49
	二、区块链在支付清算领域的应用	49
	三、区块链在银行征信领域的应用	50
	四、区块链在资金托管领域的应用	50
	五、区块链在证券交易领域的应用	51
	六、区块链在智能合约领域的应用	51
第二节	区块链金融应用面临的挑战	51

	一、技术安全与效率及隐私保护	51
	二、金融基础设施匹配性	52
	三、金融监管困境	53
第三节	区块链对金融稳定的影响分析	54
	一、正面效应	54
	二、负面效应	58

第四章　区块链在金融领域的应用　64

第一节	区块链能否拯救 P2P 网络借贷？	64
	一、区块链能否"治疗"与 P2P 网络借贷的"痛点"？	64
	二、区块链仍然无法帮助 P2P 网络借贷行业解决的问题	69
第二节	区块链在互联网保险行业的应用	71
	一、区块链在互联网保险行业的创新应用	71
	二、区块链在互联网保险行业推广应用需要解决的几个问题	75
第三节	区块链能否将产品众筹送上发展的快车道？	76
	一、我国产品众筹行业发展现状及存在的风险	76
	二、区块链在产品众筹行业的应用	79
第四节	"双链融合"：供应链发展新机遇	80
	一、传统供应链金融的发展"瓶颈"	80
	二、"区块链+供应链金融"能产生怎样的化学反应？	82
第五节	区块链在银行证券业的应用	83
	一、区块链在银行业的应用	83
	二、区块链在证券业的应用	85

第五章　区块链在非金融领域的应用　89

第一节	区块链在政务领域的应用	89
	一、增加政府信息和数据透明性	89

二、加强政府制度建设　　90
　　三、提升政府公共服务效率　　90

第二节　区块链在食品溯源领域的应用　　93
　　一、食品溯源　　93
　　二、溯源链　　95
　　三、食品溯源区块链　　97
　　四、食品溯源案例分析　　98

第三节　区块链在教育领域的应用　　99
　　一、建立可靠的学生信息大数据　　100
　　二、实现教育方式的重构　　101
　　三、构建网络教育交易系统　　102
　　四、建立教育资源平台和互助社区　　103

第四节　区块链在医疗领域的应用　　104
　　一、建立链上患者身份保证病人隐私　　105
　　二、构建电子病历档案系统　　105
　　三、实现药物回溯　　106
　　四、实现医疗普惠　　107
　　五、改善医疗保险现状　　107

第五节　区块链在能源领域的应用　　108
　　一、世界各国积极探索区块链在能源行业的应用　　108
　　二、实现能源交易和管理　　109

第六章　区块链的全球监管探索与实践　　111

第一节　美国区块链监管实践与经验　　111
　　一、各州相继讨论出台法案支持区块链发展　　111
　　二、积极推动区块链在各个领域的应用　　113
　　三、对于虚拟货币的监管采取谨慎态度　　114

第二节　英国区块链监管实践与经验　　117
　　一、加强区块链技术的国际合作和立法完善　　117

	二、积极发展区块链商业应用和合作	120
	三、对于虚拟货币的监管采取审慎态度	120
第三节	日本区块链监管实践与经验	122
	一、政府积极发展区块链应用	122
	二、数字货币在日本的发展态势	124
第四节	澳大利亚区块链监管实践与经验	128
	一、政府助力区块链发展	128
	二、积极支持数字货币应用同时加强监管	129
第五节	新加坡区块链监管实践与经验	132
	一、新加坡政府积极拥抱区块链技术	132
	二、区块链技术发展迅速	134
	三、新加坡支持"首次代币发行"的发展并加强监管	134

第七章　区块链的发展前景与展望　　138

第一节	区块链技术层面发展方向	138
	一、分片技术的发展将提高区块链的吞吐能力	138
	二、共识算法的发展将提高区块链运行的效率	139
	三、跨链技术将成为互联互通的关键	140
	四、区块链的专利开发将面临激烈竞争	141
	五、区块链将与云计算、大数据、人工智能深度融合	141
	六、区块链技术层面将考虑安全问题	144
第二节	区块链应用前景展望	145
	一、区块链在金融领域的应用、发展及展望	145
	二、区块链在实体经济领域的应用前景	149
第三节	区块链监管展望	152
	一、区块链监管的必要性	153
	二、区块链监管的方式	154
	三、区块链监管的着力点	155

案例篇

案例	内容	页码
案例 1	Hyperledger Fabric	159
案例 2	Symbiont	163
案例 3	DAH	166
案例 4	Block Score	172
案例 5	国家电网	176
案例 6	中国移动	178
案例 7	中国工商银行	179
案例 8	中国银行	181
案例 9	华为	183
案例 10	腾讯	184
案例 11	阿里巴巴	186
案例 12	百度	188
案例 13	京东	190

案例 14　苏宁	192
案例 15　壹诺青云	194
案例 16　太一云	205
案例 17　众享比特	214
参考文献	**222**
后　　记	**246**

原理篇

第一章 区块链的理论基石

区块链本质上是一种弱中心化的分布式账本共享技术，利用 P2P 技术组织分布式的网络体系，运用非对称加密技术保障整个体系的信息安全，采用不同方式的分布式共识机制确保信息的一致性，利用智能合约进行自动化的可信交易。

第一节 区块链的经济学理论基础

一、数字经济理论

区块链产生的重要宏观理论基础是数字经济这一概念的普及、应用和发展。数字经济最早由唐·泰普斯科特（Don Tapscott）于 1996 年提出，他认为数字经济是一种新的经济体制，在信息时代将一切信息知识都进行数字化。英国研究委员会认为在数字经济中，网络和通信基础设施促进了个人和组织间的交往、交流、合作与分享，因此在数字经济中，人、过程和技术进行了复杂的融合，从而创造了新的社会经济效益。除此之外，不同机构对数字经济还有许多不完全相同的定义，但从本质上来看，这些定义都存在共同点，或者是相通的，即数字经济可以理解为一场由数字技术主导的经济革命，从而产生了新的经济系统。在这个经济系统内，数字技术广泛应用，生产、管理、销售、流通、监管等众多领域数字化，新兴数字产业蓬勃发展，社会经济运作效率得到大幅提升。

数字经济是区块链的重要理论基石之一。区块链利用信息技术与现实生活的融合,可能引发更深刻的经济社会变革,如将现实资产进行数字化,并通过区块链进行登记和转移,可以达到一定的透明度和公正性。因此,区块链是数字经济时代的实践应用,孕育于数字经济的发展,并在现实中践行数字经济的相关理念。

二、信息不对称理论

古典经济学假定所有行为主体拥有同样的信息,即信息是对称的。但在现实生活中,信息对称或完全等同的情况并不存在,每个人都拥有不同的信息量。因此,信息不对称理论指在现实经济活动中,每个主体会因为各种因素拥有不同的信息量,拥有信息量多的主体在经济活动中相对于拥有信息量少的主体会具有一定的优势,从而使各主体在经济活动中并非处于平等的地位。

信息不对称主要会引发三类问题:一是代理人问题,经济主体往往会委托一些代理人,但是代理人和委托人的利益并不完全一致,当代理人追求自身利益的最大化时,有可能利用自己拥有更多信息的优势损害委托人的利益;二是道德风险,交易双方订立一定时期的社会契约后,一方可能利用双方的信息不对称,采用冒险行为等方式,使得另一方可能遭受正常以上的损失等情况;三是逆向选择问题,卖方利用信息优势谋求最大利益,而买方由于缺乏信息只愿意以市场均价来支付,导致优质产品退出市场,劣质产品占据市场。

由于信息透明公开、较难篡改,交易双方可以利用区块链直接交易,并且可以制定一些规则,使得没有人能够绕开这些规则。从这个意义上来说,区块链解决了代理人、道德风险和逆向选择的问题。

三、交易成本理论

科斯(Ronald Coase)于1937年提出了交易成本理论,认为交易成本包括信息收集、形成协议以及监督等所需要的费用。在现实经济活动中,交易成本包括寻找商品信息的成本寻找交易对象的成本、拜访交易对象的成本、谈判成本、制定契约的成本以及监督的成本等。在良好的经济环境中，降低交易成本是社会发展的趋势。如果欺诈等不守信的行为经常发生，会导致社会交易成本上升，甚至引发市场秩序的混乱。目前，在金融领域，托管、清算、监管等系统的建立都是为了解决交易成本的问题。

区块链基于互联网技术，交易资产、交易流程的标准化和数字化，将有效降低交易成本。区块链可以在不需要中介的情况下完成对等交易，不再涉及中介，交易双方的成本将会降低。区块链上的信息不可篡改，不诚信的人难以伪造，使得人人都必须遵守相关规则。从交易成本理论来看，区块链的广泛应用，可以有效降低整个社会的交易成本。

四、梅特卡夫定律

梅特卡夫定律（Metcalfe's Law）是网络经济学三大定律之一，该定律认为网络的价值取决于网络节点的数量和网络用户的数量，并且和该数量的平方成正比增长。在网络中，网络价值的增大会吸引更多节点或用户关注从而进入该网络，而新的节点或用户进入，会为原有节点和用户带来额外的收益，从而使得网络的价值增大，网络价值的增大又会进一步吸引新的节点或用户关注和加入，周而复始，使得该网络日趋壮大。区块链上的首个应用——比特币，便是一个典型案例。随着整个网络的壮大，吸引了越来越多的算力加入，维持了整个网络的价值和稳定性。

第二节　区块链的概念与特征

一、区块链的缘起

2008年11月1日，中本聪（Satoshi Nakamoto）发表了一篇论文，名叫《比特币：一种点对点的电子现金系统》（*Bitcoin：A Peer-to-Peer Electronic*

Cash System）。在这篇具有划时代意义的论文中，中本聪指出，目前互联网上的贸易内生性受制于"基于信用的模式"的弱点，也就是在物理现金缺失前提下销售与支付问题上的不确定性，因此必须引入可信赖的信用中介，进而增加了交易成本。针对以上问题，中本聪提出的解决方案是一个基于密码学原理而非信用的电子支付系统，这也就是区块链技术发展的最初原型。

作为近年来金融科技领域的一项重要创新，关于区块链的定义目前尚无统一描述。一般而言，区块链是指以事先规定的特殊计算机程序网络以及共享机制等技术为基础，按照时间顺序将数据区块链接形成的数据结构，并以密码学方式保证数据不可篡改和不可伪造的分布式记账系统。

区块链是分布式数据存储、点对点传输、共识机制、加密算法等计算机技术在互联网时代的创新应用。其底层技术包括智能合约、共识机制、隐私保护、加密算法、网络协议、数据存储等。区块链不仅将对金融领域产生重要的影响，而且对整个经济社会的发展形态起到革命性的重塑作用。

区块链是一项技术解决方案，工作原理是运用密码学方法进行数据记录，生成数字签名，前后数据块链接形成主链，系统中所有节点共同维护账簿，保证数据不被篡改和伪造，实现去中心化维护的效果，兼具分布记账和数据处理功能。区块链也被称为分布式账本技术，是一种新的数字化互信系统，由节点参与的去信任化、去中心化、由集体维护的分布式数据库系统。以一种新型的去中心化协议为基础，可以安全地存储比特币交易或者其他的数据，如股权、专利权、债权等数字资产，存入区块链的数字信息不可伪造和篡改，且无须任何中心化机构的审核。

区块链技术的本质是一种点对点的分布式数据库系统，它以某种共识算法保障了各节点间数据的一致性，通过加密算法保证数据的安全性与隐私性，同时通过加入时间戳及首尾相连的链式数据结构，创造出了一种公开的、透明的、可验证的、不可篡改的且可追溯的技术体系。

二、区块链的主要特征

区块链是一种技术解决方案，其最大的优势是解决信任问题，从而在两个陌生人之间建立了可靠、安全的交易方案。要建立信任机制，首要的是解决信息传递方式以及合约规则问题。区块链从以下几个角度可以建立可靠的数字信用凭证。

（一）去中心化

区块链是一个分散集权的数据库，它不存在类似于银行和审计公司这样的中心化管理机构，也不需要专门存储交易数据的超级计算机或专门用来监管的维护网络。全网络上每一节点都具备上述功能，具有均等的权利和义务。

（二）开放性

区块链系统上的数据对全网所有节点公开，但是交易各方的私有信息是通过公钥和私钥加密的，拥有解密权利和工具的节点可以对信息进行解密。

（三）自治性

区块链建立在协商一致的规范和协议之上，其公开透明的算法使得整个系统中的任何节点之间都能够进行安全、自由的数据交换。在基于区块链的交易中，对机器算法和运算能力的信任取代了对人的信用检验，任何人的干预都不起作用。

（四）不可篡改

从结构上来说，区块链具有很强的可靠性。区块链采用的结构形式为链式，保证了信息内容的安全、稳固。想要在区块链中更改交易信息，就必须更改信息所在的区块，而在改动区块需要进行更加复杂的计算。同时，每当改动一次区块，就必须要对区块链进行整体上的更新，根据区块链本身的相关技术结构，进行相关区块的改动，其运算速度极为庞大。因此，这种链式结构对于交易信息的存储具有非常高的安全性和稳定性。

此外，由于区块链自身运作机制的共享性，也就是实现"账簿的共享"，这种模式能够最大化保护整个系统的信息安全，如果某一个位置节点出现问题，整个系统依然能够正常运行，极少受到干扰。同时，由于密码、时间限制等计算机信息技术，区块链在技术层面保证了数据的安全性和可靠性。

一旦某个区块链中信息通过了全网验证而添加至区块链中，它就被永久地存储了起来。中本聪的工作量证明机制决定了对数据库的任何修改都必须在至少控制住全网51%的节点的情况下才可能有效。更重要的是，由于每个区块都严格按照时间顺序产生和串联，这种链条特征使交易信息易于追溯，因此区块链上的数据极为稳定和可靠。

（五）匿名性

区块链上节点之间的交换所遵循的是计算机固定算法，活动的有效性由程序自行按照规则判断，交易双方无须公开身份以取得对方信任。这使很多以前无法实现的交易变得可行，首先获利的就是普惠金融。当然，匿名性也是一把"双刃剑"，如比特币有可能被应用于犯罪活动。但对于监管部门来说，区块链可追溯性的优势就能充分体现出来，虽然交易者的身份是匿名的，但交易本身永远无处藏身。

（六）共识性

区块链是依赖于分布式网络节点，共同参与一种称为工作量证明的共识过程，来完成交易的验证与记录。工作量证明共识过程（俗称挖矿，每个节点称为矿工），通常是各节点贡献自己的计算资源来竞争解决一个难度可动态调整的数学问题，成功解决该数学问题的矿工将获得区块的记账权，并将当前时间段的所有交易打包记入一个新的区块，按照时间顺序链接到主链上。然而，这个共识机制存在效率低下的问题。为了公平起见，每次记账会导致大量资源浪费，从某种意义上来说是牺牲了效率来换取公平。不过随着权益证明机制、股份授权证明机制等共识算法的出现，效率问题得到了很大的改善。

三、区块链的分类

可以说，只要包含合约，就可以应用区块链技术，甚至不限于商业行为。目前，区块链已经发展出以下四种不同的类型。

（一）公有链

公有链是最早产生、目前应用最广泛的区块链，由中本聪创造比特币时建立的创世纪区块链发展而来。包括比特币在内的虚拟货币，基本上都是应用公有链，其特征在于世界上任何个人和团体都可以在这条区块链上发送交易，也都可以参与确认交易有效性的共识过程。

公有链的特征包括以下三个方面：第一，公有链对使用端的保护能力在所有区块链类型中最高，程序开发者无权干涉用户；第二，公有链访问门槛低，只要有一台能够互联的计算机，任何拥有足够技术能力的人都可以访问；第三，公有链上的所有数据默认公开。尽管在关联的参与者中，隐藏自己真实身份的现象十分普遍，但他们可以通过公有链的公共性来保证自身在交易中的安全，每个参与者都可以看到其他人的账户余额和所有交易活动。

（二）私有链

与公有链相对应，私有链相对保守，仅仅应用了区块链的总账技术，在存储上是分布式的，但是写入权限依然由某个公司、机构和个人独享。整个区块链的共识机制、验证、读取等行为，均被严格限制在一定范围内，其作用与企业数据库管理、内部审计等类似，仅仅对特定主体开放，并不以任何形式公开。

虽然私有链的应用还在探索阶段，但是目前金融机构、政府机关在应用区块链时，往往指的是这一类区块链。

（三）联盟链

联盟链是在公有链和私有链之间发展出的第三类区块链，即在群体内部通过一定的规则制定多个预选节点，给予它们记账的权利。预选节点对区块的生成、有效性的确认等共识性过程负责，而其他节点只是参与交易，不过问记账过程，但是可以开放端口查询。

对于联盟链，不少学者将其归为私有链的一种。然而目前在众多声称自己在开发私有链的项目中做出可观成绩的并不多，因此纯粹的私有链能否真正实现，还有待实践检验。

（四）侧链

侧链主要是指用于确认来自其他区块链数据的区块链，通过双向楔入机制，区场链的数字资产在不同区块链以一定的汇率转移。侧链的工作机制是将一笔比特币暂时锁定在比特币区块链上,同时将辅助区块链上等值的莱特币解锁;当辅助区块链上有等量等价的莱特币再次被锁定时,比特币区块链上原先的比特币会被解锁。通过这种运作机制,侧链实现了不同区块链之间的链接。侧链的出现对区块链具有重要意义,进一步扩展了区块链技术的应用范围和创新空间。这一技术,同样可以实现数据在不同"链条"中的传递。

第三节 区块链的原理解析

一、区块链弱中心化及其原理

总体来看,网络按照中心化程度可以分为完全中心化、完全去中心化和多中心化三类(见图1-1)。为了确保整个网络的稳健性,网络光缆等基础层设施往往建设时趋向于使用完全去中心化的拓扑形态。这种拓扑形态可以有效防止局部网络因战争、地震、施工等原因被破坏,从而导致大面积甚至整个网络体系不可用的情况发生。包括区块链在内的计算机应用程序运行于基础网络设施之上,往往是整个网络的部分拓扑形态,从而可以呈现完全中心化、完全去中心化和多中心化三种形态。

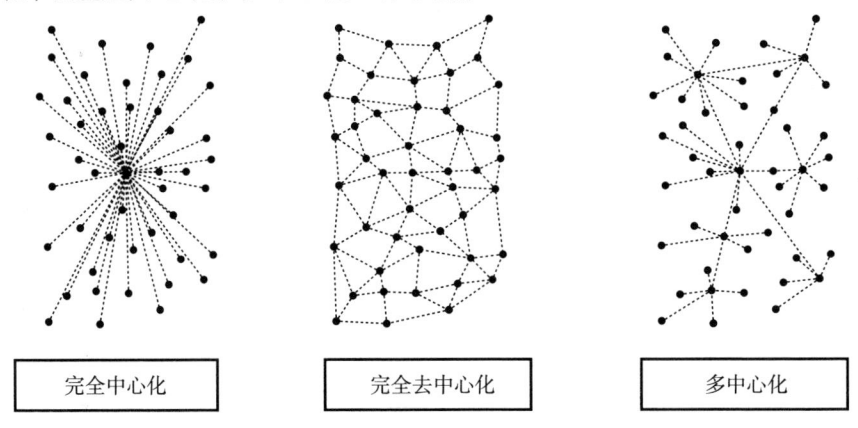

图1-1 网络及应用的组织形态

(一) 完全中心化的模式

在完全中心化模式之下,存在一个中心节点,其他节点必须通过中心节点运作,网络架构一般采取"浏览器/服务器模式"的主从式结构,大量传统网络应用都基于这种模式。中心节点负责其他节点行为的授权和监督,维护、记录所有产生的数据,确保所存储数据的准确性和一致性,并为所有节点进行信任背书。这种模式的优点是便于控制,节约资源,效率较高。但这种模式也存在一些缺点,如中心节点的性能瓶颈将制约整个网络,其蕴藏着大量的权力和数据,容易成为攻击对象,一旦中心节点被攻陷或数据被篡改往往会带来巨大损失。

(二) 完全去中心化的模式

与完全中心化的模式相比,完全去中心化模式不存在中心节点,各个节点通过特定的协议共享部分资源和数据,并且各个节点具有相等的地位和权力。通常这种共享的协议和技术被称为P2P技术,是一种构建在互联网上的点对点网络连接方式。P2P技术是区块链的核心技术之一,但并非区块链首创,也并非区块链所独有。在区块链出现之前,已有大量下载软件、网络视频播放软件采用了P2P技术,其中一个典型案例就是BT下载。BT下载不需要一个拥有完整存档数据的中心节点,每一个节点在下载的同时,自身也承担了服务器的作用,可以不断地将数据传输给他人,每个节点既是数据的使用者,也是数据的提供者。

完全去中心化的优点在于不存在中心节点性能瓶颈的制约,并且在一定的算法和协议下(具体见下文的共识机制),数据变动由所有节点集体监督和见证,当少量节点出现故障时,整个系统仍能正常运行,并可以利用其他节点的数据对故障节点数据进行恢复。完全去中心化的缺点在于资源使用和效率并非最优,这类分布式的存储必定同时带来数据的冗余,此外由于没有控制中枢,各部分自行联络,必然造成效率低下和对网络传输的压力。同时,这种模式也存在一定的不可控性,当体系出现问题时,无法立即运用外部力量去控制和纠正它。

(三) 多中心化模式

多中心化模式介于完全中心化和完全去中心化之间。多中心化模式的区块链，拥有多个中心节点和大量非中心节点，整个区块链由所有的中心节点共同参与管理。由于多中心化体系只有有限的中心节点，便于在中心节点之间达成一致，也可以在整个系统运行中，在中心节点达成一致的情况下进行一定的控制。

相对于完全去中心化，多中心化模式具备效率优势和可扩展性，更有利于监管。此外，多中心化和现实生活有着一定的匹配性，可以带来可扩展性的优势，如几个区块链技术公司形成技术联盟，各自作为中心节点维护整个体系的运行，当有公司退出或有新的公司加入时，多中心化可以很好地进行相应的拓扑变化。

总体来说，采用多中心化（如联盟链）或完全去中心化（如公有链）的区块链，与完全中心化模式相比，可以整体归类为弱中心化模式。

二、区块链的安全性及其原理

区块链技术采用弱中心化模式，网络中的每个节点都可以存储部分或全部数据。节点中存储数据的逻辑单元称为区块（Block）。以比特币的公有链为例，每个区块包含三个部分。一是区块体（Body），记录了一定时期内（该区块创建期间）所产生的数据记录。二是区块头（Header），区块头指向了前一个区块，正是由于区块头的存在，所有区块被串成了链状，可以从当前位置从后往前回溯所有数据，这也是区块链这个名字的形象化由来。每个区块链都有一个特殊的区块——头区块，也被称为创世区块。从任意区块出发，都可以追溯到创世区块，而创世区块不再有上一个区块。比如，比特币的创世区块诞生于2009年1月4日2点15分5秒，中本聪在区块内容中留下一句话"The Times 03/Jan/2009 Chancellor on brink of second bailout for bank"是当天报纸上的头版文章标题。三是时间戳（Time Stamp），每个区块链都会被盖上时间戳，而当前时间戳会利用上一区块的时间戳和本区块进行散列

(Hash)，确保数据是完整的，未因恶意修改、物理损坏等原因出现不一致的情况。

散列源自英文 Hash，也被翻译为哈希。散列的过程是将任意长度的一段信息，通过特定的散列算法，压缩为一段固定长度的字符串输出。散列算法需要具备四个基本特点：一是可重复性，即两段相同的输入，其输出也必定是一致的；二是高敏感性，即使两段信息高度一致，但只要有不同的地方，两个输出必定不同，并且杂乱没有关联；三是高效率，可以很快从一段输入计算出散列值，并且在输入较长的时候效率不会出现几何级增长；四是难可逆性，难以找出一个方法通过输出结果逆向推算出原始的输入，如果要为一个输出值寻找输入值，那只能运用正向逐个枚举尝试的方法。

即便正向散列计算的效率很高，但是在输入没有条件约束和线索的情况下，逐一尝试仍要花费大量时间。因此，散列可以视为一种数据特征的提取方法，所得到的输出便是输入的"指纹信息"。目前常用的散列算法包括 MD5、SHA1、SHA256 和 SM3 等。比特币采用的散列算法为 SHA256，它可以将任意长度的输入转化为 256 位长度的二进制数字输出。对一种散列算法来说，其输出的长度是固定的，意味着输出是有限的，但同时输入是无限的，因此有可能发生"碰撞"，即不同的输入有可能产生相同的输出。但是在现实中，这种"碰撞"发生的概率极小，特别是在输出长度增长后，这种概率会进一步缩小。因此可以根据现实需要，选取不同的散列函数。同时，未来也可能进一步出现更优的散列函数。

在区块链中，并非将整个区块直接进行散列，而是从局部到完整校验整个区块数据的完整性。通常一个区块中的数据被分成多个数据块（Data Block），将每个数据块进行散列获得第一层散列值，再将第一层散列值两两合并进行散列获得第二层散列值，将第二层散列值两两合并进行散列获得第三层散列值……以此类推，使得散列值数量程指数次减少，最后获得顶端散列值（Top Hash）。这种自下而上形成的散列二叉树，通常被称为 Merkle 树，顶端的散列值被称为 Merkle 树根。Merkle 树可以快速校验大规模数据的完整性，最终生成一个包含了区块所有数据指纹特征的 Merkle 树根。根据散列的特性，区块中任意数据的改变，都会引发 Merkle 树的改变，并且立即可以通过 Merkle 树根的比对发现。使用 Merkle 树而非直接对整个区块进行散列的另一个好处在于，进一步降低了"碰撞"发生的可能，并可以将出现问题的一小块数据区域直接定位找出（见图 1－2）。

散列可以用来确保数据的一致性，但是在网络上，另一个重要问题是如何确保信息在传输过程中的安全性，这就需要运用到密码学的方法。从密码学的角度看，我们需要传输的原始信息被称为明文，考虑到隐私保护以及防止篡改等问题，通常将明文进行加密之后形成密文，继而在网络上传输。加密过程涉及两个部分：一是加密的体系机制，二是密钥，也可以形象地理解为一个是保险箱，另一个是保险箱的钥匙。大家都知道需要用钥匙打开保险箱，没有钥匙的人是没有办法打开保险箱的。这和以前军事战争中利用译码员加密、传送、解密也是一致的。译码员不仅需要掌握加密解密的体系机制，还需要密码本（密钥）进行加密解密工作。

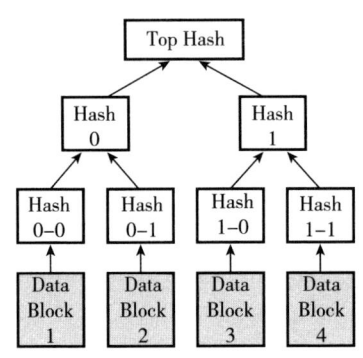

图 1－2　Merkle 树结构

从历史上来看，无论加密体系机制多么强大，密钥往往成为整个体系被攻破的薄弱点。密钥一旦丢失或者被敌方破解，整个加密体系机制就不再有价值。比如在战场上，敌方可能缴获密码本，甚至同时俘获译码员，此时就必须立刻变更加密方式。而当加密体系被放到互联网上，密钥更成为整个体系的脆弱点。因为密钥需要在互联网上分给各个使用者，但是密钥在互联网上分发的时候容易被窃听或截取。密钥必须防止被盗，但是又必须在互联网上分发，这就使得采用同一个密码进行加密解密的方式（通常称为对称加密）难以适用。

区块链采用非对称加密技术，即加密和解密使用的不是同一密钥，并且通过一个密钥，无法测试或推断出另一个密钥。在密码学领域，绝对无法推断出的密钥是不存在的，因为任何密钥都可以通过枚举的手段获得。但是采用枚举的方式，有可能需要十年甚至一百年以上的时间才能试出这个密钥，这类加密体系通常被认为是无法破解的。

在实际应用中，非对称加密技术的两个密钥都是成对生成的，根据实际中应用的情况不同，一个被称为公钥，另一个被称为私钥，实质是在加密体系中可以产生互为逆运算机制的两串字符串。公钥公布于众，而私钥由使用者自己保存，这就解决了对称加密模式中既要保密又要发布密钥的矛盾。比如区块链中的节点甲和节点乙要相互传送信息，则甲、乙各产生一对公钥和私钥，私钥由各自保管，公钥通过网络发布。甲要向乙发送一段信息，甲首先用甲的私钥对信息加密，也即签名，接着用公布的乙的公钥对信息再一次加密，然后向乙发送。因为只有乙的私钥才能对信息解密，但网络上只能截取密文和乙的公钥，因此攻击者无法对密文解密。乙在收到密文后，用自己的私钥对密文进行解密，可以证实这个信息确实是发给自己的，因为是用乙的公钥进行加密的。接着再用网上公布的甲的公钥对密文解密，获得原文，这一步同时又证明了信息的确是甲发过来的，因为只有甲才拥有甲的私钥对信息加密，甲也不能否认曾发送过这段信息。同样，乙要回复甲信息时，首先用乙的私钥对信息加密签名，再获得甲公布的公钥对信息加密后通过网络传输。甲在获得信息后用自己的私钥解密，再用乙公布的公钥解密后获得原文。

目前，典型的非对称加密方法包括 RSA、ECC 及 SM2 等，它们的比较情况如表 1-1 所示。

表 1-1　几种非对称加密方法的比较

加密算法	成熟度	速度	安全性	资源消耗	密钥长度
RSA	高	慢	低	高	2048
ECC	高	中	高	中	224
SM2	高	中	高	中	224

注：保密级别 112 的情况。

从密钥可能被盗取的角度来看，非对称加密与对称加密相比其安全性更好，并且已经产生了多种算法。但是这些算法都是基于难解决的可计算问题，相对来说这些加密方法速度较慢，消耗资源较高，一般适合对少量数据进行加密的场景。

三、区块链共识容错机制及其原理

区块链的弱中心化决定了其必定采用分布式结构相匹配，每个节点都存储数据，且每时每刻都可能对节点数据进行改动。那么如何保证所有节点的一致性，如何确保在部分节点毁坏或出现造假等情况下仍能保持整个体系的真实稳健，甚至具备损毁节点的发现和恢复功能，取决于区块链所采用的共识机制。

区块链共识机制需要解决一个问题，即计算机科学领域著名的"拜占庭将军"问题（Byzantine Failures）。拜占庭帝国盛极一时，曾派出十位将军攻打某一城池，这十位将军围绕城池四周分别扎营，相互之间靠信使通信完成信息的交换。敌军也很强大，只有十位将军同时发动进攻才可以攻下城池，这就要求十位将军必须达成共识一致同意进攻。但是军队内可能存在叛徒和间谍，可能扰乱将军们的决定，比如欺骗部分将军在尚未取得完全共识时采取进攻行动，或者在其他将军作出进攻决定时，迷惑某些将军无法及时作出进攻决策。"拜占庭将军"问题是现实中分布式体系的模型化，体现了现实分布式网络可能遭遇的硬件错误、恶意攻击、网络拥堵等现象。包括区块链在内的弱中心化分布式体系，必须解决"拜占庭将军"问题。

解决"拜占庭将军"问题的最重要方式是共识机制。目前常用的共识机制包括 PoW、PoS、DPoS 等，分别适用于不同场景，并且在性能、资源占用、容错性及可监管性等方面存在差异。

（一）PoW 共识机制

PoW（Proof of Work）通常被翻译为工作量证明，这种机制被比特币所使用，通常也被称为挖矿（Mining）。随着比特币的产生，这一机制也在其他公链环境下的区块链系统中得到广泛应用。比特币的挖矿模拟了现实中的黄金挖掘，实质是应用了传统经济学中价值由劳动量决定的思想，只不过机制有所不同。在使用工作量证明机制的公有链中,所有节点都能通过挖矿参与算力的竞争,这些节点被称为矿工。挖矿实际是用计算一个数学难题来证明工作量。以比特币为例,其使用的是计算特定的随机散列所花费的运算。通常这个运算被设置为生成一个由特定数量数字 0 开始的散列,通过不断随机计算散列值直到试出一个符合要求的散列来证明工作量。这一机制的一个优点在于可以控制计算量的难度,随着目标散列值起始 0 的数量的增加,寻找这个值的计算量呈指数级增长,而要验证一个产生的散列值是否符合要求只要一次验算即可。这种模式可以在单个节点计算能力提升或区块链系统计算节点数增加时控制整个体系的运转速度。

具体来看,以比特币底层区块链为代表的公有链共识机制,一般采用以下三种逻辑。一是每个节点将区块链中最后一个区块内容的散列值、新接收的来自其他节点的交易广播内容以及自己生成的一个随机数作为输入,通过散列函数(比特币区块链运用 SHA256)生成一定长度的散列值(比特币区块链生成 256 位散列值)。上述的广播是计算机学科的专业术语,即指一个节点向区块链体系中所有节点同时发送信息。二是检查生成的散列值是否符合要求,例如比特币区块链先检查前几位是否都为 0 等。如果不符合要求,则回到第一步。此时若尚未有新的信息加入,则更换随机数继续生成新散列;如果有新的信息加入,则对信息内容和随机数更新后继续生成新散列。三是如果验证符合要求,则节点生成新的区块,并向所有其他节点广播新区块和散列值。其他节点如果验证正确,并且这个新区块是在最长链上的,则将它也加入自己的主链中,否则继续计算直到产生新的区块。要确保新区块在最长链上,是为了防止因为网络延迟等原因,在此期间内多个节点均计算出了合适的散列值,使得链条出现分叉。最长链意味着这个链上的工作量最大,因此只有最长链是有效的,也符合工作量共识机制的基本出发点。

工作量证明机制的缺点在于,各个节点通过大量无实际价值的数学运算来争夺记账权(产生新区块的权力),每次达成共识都需要全网所有节点共同参与数学运算。与其他共识机制相比,工作量证明机制性能效率相对较低,而资源消耗、网络占用相对较高。这也是大量比特币矿场安排在中西部小水电站附近的原因。因为挖矿需要消耗大量的电力，因此在电价较低的地方挖矿具有成本优势。此外，由于不存在中心节点控制，基于工作量证明的区块链通常可监管性较弱。在容错方面，由于工作量证明需要全网共识，因此只要恶意者无法控制50%以上的算力，就可以保持整个网络的稳定性。但是，在当前比特币等挖矿算力逐渐向矿场集中的情况下，极有可能出现几个矿场拥有巨大算力后可以控制整个比特币体系的情况。

公有链的资源消耗特性，决定着它必须要有激励机制，否则节点没有加入网络的动力。以比特币区块链的激励机制为例，激励主要来自两个方面，一方面整个体系会分配一定数量的比特币和记账权给率先计算出散列值的区块（当比特币分配完毕后，将不会再有此部分奖励）；另一方面，记账权赋予了节点记录交易数据同时收取一定中间费用的权力。

比特币区块链的交易费用采用自愿原则，也有部分区块链采取了强制方式。在比特币的交易中，交易池中愿意支付交易费用的交易会被优先处理，而不含交易费用的交易则会随着时间增加提升其被处理的优先级，优先级越高的交易越会先被处理。这种基于时间的优先级设置能够确保任何交易最终都会被处理，而支付交易费用的交易，其费用则给予记账节点作为中间费用。激励机制的存在，促使了各个节点提供自身资源，共同维护整个区块链网络，也保证了区块链网络的扩张和活力。

（二）PoS 共识机制

工作量证明机制假设了一个中央处理器一票的理想世界，如那些持有比特币的人和不持有比特币的人是平等的，当大量非持有人存在时，比特币持有人完全无法对比特币的未来作出自己的决定。这使得工作量证明之下的区块链回归到了靠蛮力（计算能力）的"野蛮社会"，谁的力气（计算力）大，或者几个力气（计算力）最大的人集合起来，整个体系就会受他们影响。工作量证明机制在现实的应用中，逐渐被认为是落后的技术，已经很少有新的区块链继续使用这种机制。于是，逐渐产生了一类权益证明机制，简写为 PoS（Proof of Stake）。在 PoS 机制中，拥有权益越高的节点越有可能获得记账权。

PoS 机制中关于权益的核心概念是币龄，币龄证明了该节点在某一段时间内持有过一定数量的虚拟币，计算方式即节点持有的虚拟币和持有时间的乘积。例如，一个节点持有 10 个币、持有 20 天，则该节点的币龄是 200 币天。这意味着一个节点持有币越多，则在一定时期内币龄越大，越有可能获得记账权；同时即使一个节点即便只持有少量币，但是等待时间越久，币龄越大，也可以获得记账机会。当虚拟币发生转移时，币龄消失并重新开始在新节点计算。

在 PoS 共识机制中，同样采用工作量证明机制中的挖矿模式计算散列值。但是 PoS 机制根据节点拥有币龄的不同，分配的难度系数是不同的。随着节点币龄的提升，对于节点散列求解的难度要求会降低，缩小随机数的搜索空间，从而提升高币龄节点寻找散列树的成功概率。在这种机制下，PoS 机制的区块链中各节点的散列计算目标值不同，权益和计算力（当然还有运气成分）共同决定了该节点是否相对于其他节点更容易成功挖矿，一定程度上提升了效率，减少了能源的消耗。

同时，PoS 机制在挖扩过程中定义了利息币交易。利息币交易会消耗交易节点的币龄，从而使节点获得在网络上记账的权力，同时也获得 PoS 机制下制造新虚拟币的权力。利息币交易的存在，使得一个节点只要参与记账，其币龄就不会无限制地增长。在校验方面，PoS 机制与 PoW 机制不同，不再是寻找最长链作为正确的记账链条，而是选择币龄消耗最多的链作为主链，各个区块消耗币龄的多少决定了主链增长的方向。

与 PoW 机制相比，PoS 机制的优点是在一定程度上减少了数学计算量，节约了能源，提升了效率。但是，PoS 机制同样使用竞争式的记账权争夺方式，在可监管性方面并没有获得提升。容错方面由于采用了币龄，使得攻击者必须消耗币龄才能对主链发起攻击，一定程度上加大了攻击的难度，但仍只允许全网 50% 以下的节点出错。在能源消耗方面虽有所减少，但还是远高于传统计算机体系。此外，PoS 机制由于算法简单，容易产生区块链的分叉，往往需要等待多重确认。

（三）DPoS 共识机制

DPoS（Delegated Proof of Stake）一般被翻译为股份授权证明，类似于现实中的股东大会决策表决。在这个系统中，决策权力被分发给所有的股东（区块链中的节点），所有股东超过51%决策权所作的决定将被通过，并且是有约束力和不可逆的。这种方式的挑战在于如何及时而高效地达到51%以上的决策权。

DPoS机制中为此引入了一个重要的角色称为代表，该机制和我们现实中的代表类似。在DPoS机制的区块链中只有被选为代表的节点才有资格生成区块，如同现实中只有人大代表才能参加人民代表大会一样。DPoS机制中一个节点想要成为代表，首先要支付一定的保障金，来保证自身作为代表的可信性。而其他节点则拥有选举代表的权利。每个节点可以将自己的一票投给认为值得信任的节点代表。在区块链网络中获得票数（股份数）最多的前n个节点代表拥有产生区块记账的权利。n在不同区块链中设置有所不同，通常被设为21～100。这n个选出的节点将按一定的顺序获得一个时间段来轮流生产区块。节点生成的区块若得到超过50%的代表节点支持则区块产生成功，并且所有代表从生成的区块中的交易平均获得一定的手续费作为收益，这也是给节点代表维持区块链运行的奖励机制。

在DPoS机制中，代表的可靠性尤为重要。每个节点在选取代表节点时，都可以看到代表的表现如何。如果一个节点代表持续错过产生区块的时间间隔，那么系统会推荐节点下次将票投给其他代表。当一个节点代表错过产生区块的时间间隔，那么该区块会由其他节点代表在下一个时间段内产生。如果节点代表签发了无效区块，则投票给它的节点都会被要求重新投票给新的代表。

DPoS机制实际上采用了多种心化的逻辑体系，选出的节点代表就是中心。由于一定数量的节点代表共同创造新区块，而不是像PoW机制和PoS机制一样，众多区块共同去争夺区块创建的权利，系统性能进一步提高，资源的浪费相对减少。

（四）其他共识机制

除了PoW机制、PoS机制和DPoS机制之外，还有多种共识机制被运用在区块链上。

PBFT（Practical Byzantine Fault Tolerance）被称为实用拜占庭容错，它采取的也是少数服从多数的代表选举记账共识机制。信息在各节点间传递之后，PBFT 机制要求各节点列出所得到的信息，以 2/3 以上节点所共同拥有的信息作为共识。这种机制的优点在于整个体系可以脱离"币"进行运转，适合现实场景，因为很多商业应用并不需要"币"的存在。同时 PBFT 机制允许监管节点加入共识机制，具有可控和可监管性。与 PoW 机制、PoS 机制以及 DPoS 机制等共识机制相比，PBFT 机制的容错能力下降，需要有 2/3 以上节点是诚实的。若同时有 1/3 以上记账节点停止工作，整个系统将无法提供服务。

除了上述国外率先开发的共识机制以外，还有一些国内企业率先开发运用的容错机制。DBFT（Delegated Byzantine Fault Tolerance）被称为授权拜占庭容错，由小蚁区块链创建使用。它对 PBFT 机制的改进在于共识的参与节点不再是静态的，可以动态进入退出。同时在共识中加入了投票机制，选取代表参与新节点创建，进一步提升了效率。此外，DBFT 机制引入了数字证书，增强了记账代表节点的身份认证，但在容错能力方面与 PBFT 机制一致。

四、区块链中的智能合约及其原理

有人将智能合约作为区块链 2.0 版，那么智能合约到底是什么？跟我们日常生活中的合约有什么不同？

生活中的合约，是指缔约方都需要共同遵守的合同约定。比如我们和电力公司、银行共同签订了电费的银行定期代缴业务，这便是一种生活中的合约。每到电费缴纳日期，电力公司会远程读取电表数据，根据用电量计算用电金额，并发送给银行，银行根据合约的约定从用户相应的账户中扣去费用并转账至电力公司。如果用户的账户余额不足，银行及电力公司会通过短信等形式进行提醒。如果长期欠费，电力公司可以控制电表断电。在上述情形中，不同的条件触发了不同的处理方式。智能合约也与其类似，尝试将现实生活进一步数字化。

智能合约（Smart Contract）最早由计算机科学家、加密大师尼克·萨博（Nick Szabo）于 1993 年提出，并于 1994 年发表了《智能合约》的论文，提出"智能和约是执行合约条款的可计算交易协议"。可以说智能合约概念的提出几乎和互联网同时，但是因为在那个年代缺少实际可操作的技术和平台执行合约，而处于被埋没的状态。

随着区块链的兴起，区块链的弱中心化、难篡改性和去中介性，再次引发了对智能合约的关注。由于智能合约可以在区块链的应用层上存储、验证和执行，使得智能合约成为区块链研究的一个热点。智能合约的工作原理是基于计算机的状态机理论，在这个状态机上，智能合约包含事务的保存和状态的处理两个方面，当事务和事件信息传送给智能合约后，资源的状态会更新，判断是否触发智能合约状态机的变动。

更简单地说，目前区块链上的智能合约是一串预先编写好的嵌入软硬件的程序代码，这些代码约定了一定的触发条件，并接收外部信息数据来判断条件是否满足，一旦条件满足，则触发自动执行程序代码中合约各方约定的相应内容，包括完成交易、智能资产转移和违约责任处置等。

为了将智能合约中的资产和现实中的资产相对应，通常需要赋予现实中资产一些代码标识，从而成为可以在全网上运行交易的资产，当特定条件触发区块链上的合约时，程序自动执行编码后的资产的分配或转移，这些资产可以是房产、汽车等实物资产。

从整个生命流程来看，区块链的智能合约包含三个步骤：一是智能合约的构建，区块链上的两个或多个用户可以共同参与构建一个智能合约。二是智能合约的存储。智能合约并不像纸质合同一样一次缔结有限份，它通过P2P网络将智能合约扩散到区块链上的每一个节点。三是智能合约的执行。智能合约的状态机时刻检查输入资源的状态变化，满足条件后自动执行并通知用户。

智能合约有以下特点：

一是可编程性。所有的资产都可以进行标记写入代码，从而嵌入到智能合约之中。如果用在资金流动上，所有资金流动通过算法传输，可以使得中央银行掌握每笔资金的状态，将大大增强其管控能力。

二是自动化和高效率。智能合约由代码定义，也由代码自动强制执行。

智能合约根据触发条件,自动执行下一步事务,合约的缔约者在这个过程中无须相互信任,而且也完全无法干预。传统的线下合约与之相比,需要人工判断触发条件,准确性方面可能出现偏差。由于资产通过数字化进行存储和转移,无须现实中相关机构的拜访成本和审核等待,能提升交易的效率。

三是强客观性。由于智能合约的条件在代码中清晰写明,因此该条件应该是一种客观的确定存在。智能合约适合此类客观性地场景,但主观性的判断暂时难以纳入智能合约之中。比如"这个东西很重",因为大人、小孩、妇女、老人对"重"的感官理解都是不同的,所以这句话无法运用在智能合约中,如果采用"这个东西大于或等于50公斤"这种客观表述,则适用于智能合约的场景。

四是降低成本。运用智能合约约束相关行为,可以使信息更加透明。如果运用在区块链的分布式账本之上,将使得交易可追踪,数据更安全,并能在一定程度上引导公众的行为,有助于降低合约的整体执行成本。此外,同一类合约可以采用同一个计算机语言描述的智能合约蓝本约束,而不用像线下合同一样每次都需要打印一份或若干份。

五是使用范围不受地域限制性。缔结传统合约,往往受到地域因素的影响。智能合约技术基于互联网,可以全球缔结,因此智能合约也可以形成一种全球标准。

当然,智能合约也存在一些问题需要关注,如智能合约要替代文本合约,那必须保证合约代码和合约文字所表达的意思和逻辑是一致的,不能与现有法律冲突;除了简单的合约以外,智能合约也需要支持复杂合约,或是多个合约拼成的合约;智能合约要具备可验证性,合约双方执行合约的过程是可记录和能被验证的。在这些条件下,一个智能合约才是可信和安全的。

第四节 区块链面临的主要问题和发展"瓶颈"

目前,英国、韩国、日本和以色列等多个国家,都对区块链进行了深入研究，试图利用它对公共服务质量等领域进行改善。但是，这并不意味着当前的区块链技术已经可以大规模商用，或者说不存在局限性。

在技术应用领域，有个"三十年法则"，即在第一个十年里，大家是兴奋加迷惑，很多新颖的概念和想法被提出，但是并不完善，在日常中的渗透也不多；在第二个十年里，该技术会经历很多高潮低谷，开始向社会渗透；在第三个十年里，人们谈论起它的时候会说"哦，这又有什么了不起？"它已经成了一项技术标准，人人都可以拥有它。

"三十年法则"可以从某些角度揭示技术原理在现实领域中的应用和渗透，区块链技术目前正处在第一个十年中，也可以从这个角度审视某些现象。从区块链当前的技术原理来看，其核心是数据分布式存储、信息点对点（P2P）传输、共识机制、非对称加密算法等，这些都来自已有的计算机技术，只是通过集成创新产生了新的体系。在这个体系中，目前还面临着一些挑战。

一、"代码即标准"产生了对代码权威中心的需求

区块链利用分布式技术和共识机制，形成了运行中物理和逻辑上的"去中心"，同时也强化了程序设计时的"中心化"。以比特币为例，其核心源代码一度主要由六个国外程序员掌控，尽管整个代码贡献成员超过200人，但几乎没有中国人的身影。这对于一个涉众面很广的应用来说，代码的控制权事实成为一个新的中心，如果该应用通过互联网跨国运行，则运行的"代码"可能又成为一个不可控因素。因此对于那些基于区块链的应用，尽管用户不再需要事先信任交易中的另一方，或者信任某一中心化的媒介机构，但是需要信任区块链协议的协议代码，信任这个区块链的软件系统。

代码标准也可能与现实规则、法律规则产生一定冲突。代码标准由计算机刚性执行，但是它同样由人制定，只是表现形式和传统规则不同，那么由谁来保证代码标准与法律规则的一致性？此外，现实规则的执行也需要对场景进行确认，比如现实中的规则"车辆红灯停、绿灯行"，如果前方是绿灯但有行人还在通过，那若是刚性执行代码标准则会产生未预见或不想要的结果。未来对于运用区块链的重点领域，大众可能仍然需要权威机构为之背书，需

要一个权威机构加强软件和代码的审核,以保证"代码标准"的正确性和权威性。

二、安全性问题

区块链的安全性一直被人们所关注,对于这种由多项技术集成创新的体系,安全性也存在"木桶原理",即几种支撑技术中某种技术的安全性出现了短板,则会带来整个体系安全性的下降。从加密原理的角度来看,目前区块链大多采用的是传统的安全类算法,在大量密码学专利都掌握在国外的情况下,存在一定的"后门"风险。并且,加密算法的安全性通常被定义为当前技术水平下信息被破解的难度,比如利用最先进的计算机一刻不停地尝试需要时间长达几十年以上,但这只是一种静态的判断方式。在这种情况下,未来国内相关技术要逐步采用更加安全的国密算法,不断升级算法的安全强度,同时也要防止量子计算等新型计算模式出现对传统加密安全算法带来的冲击甚至颠覆。从 P2P 网络的稳健性来看,当前大量公有链都是靠"币"来吸引趋利节点加入,从而维持了网络的稳定性。

未来区块链的构建,要防止因成本因素甚至地缘政治因素,引发大量节点突然退出网络,从而带来的整个网络的不稳定性。从共识机制来看,使用工作量证明机制的区块链都面临着 51% 的算力攻击问题。在算力逐渐集中、小型节点慢慢退出的情况下,客观上存在掌握超过 50% 的算力组织或者组织联盟,如果不对当前算法进行改进,很有可能恢复弱肉强食的丛林法则。虽然大量新的共识算法不断涌现,但尚未出现一种大家皆认可和使用的共识机制,说明当前的共识算法均存在不同的缺陷。在还未出现一种有效的解决方案之前,针对该类问题可以考虑采取算法和现实约束相结合的方式,除了计算机代码以外,未来还可以尝试利用资产抵押等手段进行管控。

三、隐私保护问题

也许有人会疑惑,以比特币为例的区块链技术不是"匿名"的吗,为什么还会有隐私问题？从计算机的攻击者角度来说，匿名不等于无法识别用户。如在比特币为代表的交易系统中，使用者并不需要进行实名制，在比特币的区块链体系中采用的是公钥哈希值代表的交易者标记值，这个标记值与真名无关，因此可以理解为是匿名的。但是在系统中用户将反复使用这个公钥哈希值作为标记，从而产生大量行为，而且这些交易之间显然可以建立关联。此类交易信息的所有数据都在网络上公开，所有加入的节点都可以读取交易内容，很有可能根据交易内容猜测到交易者的真实身份，或者通过自身参与交易等进一步验证的方式，缩小需要排除的对象后确认交易者在现实中的身份。

在某些场景下，一些节点甚至不需要完全识别出用户，只要从区块链的交易中得到某种结论即可。这些都不利于机构和个人的隐私保护。基于此，目前在实际应用中的区块链都会采用一些身份控制措施，如采取联盟链或私有链的方式。未来对于安全性较高的行业，如金融业等可以考虑专线接入的方式，并在区块链网络的连接过程中进行身份验证，防止未经授权的节点接入。

此外，针对用户的隐私保护可以尝试多种模式，比如对部分交易信息不采用全网广播的方式，而直接限制在涉及交易的节点之间；由认证代理节点在区块链上代理交易，个人行为数据进行隔离不进入区块链；或者尝试采用"零知识证明"等隐私保护算法，来规避个人隐私的暴露。但是总体来说，目前区块链上的隐私保护还比较薄弱，未来需要综合平衡安全性和隐私性，这也成为区块链技术后续发展的一个重要方向。

四、效率问题

从处理效率来看，目前 VISA 的实际交易处理峰值超 1.4 万笔每秒，支付宝的实际支付峰值在 2017 年"双十一"达到 25.6 万笔每秒。区块链的实际交易处理能力与之相比相距甚远，一些公有链交易速率只能处理数 10 笔每秒，而一些私有链虽然称可以达到 1 万笔每秒的峰值，但这也是在数据量和节点规模较小时的理论峰值，而非实际值。

在实际应用中，随着数据和节点的增多，区块链网络的处理能力远达不到理论值。从网络容量来看，区块链由于采用全网广播的方式，并且区块生成需要经过多次确认，将消耗大量的网络带宽，容易造成计算机理论中的广播风暴，降低网络效率、造成网络拥塞。从计算力来看，区块链的全网算力无法像云计算一样协同输出，特别是在竞争式的工作量证明共识机制下，大量节点的计算都被浪费，同时消耗了大量电力，而"侧链"技术也只能在某些特定条件下解决部分问题。从联盟链来看，目前主流的联盟链通过加入权限控制获得性能的大幅提升，但是这种方式是建立在牺牲约束力、容错率等的基础上的。因此，区块链的共识机制仍将是未来研究的重点和难点。可以预见，未来将不断涌现出针对不同典型场景、更优的共识算法，甚至出现具有普适性的算法从而解决当前面临的诸多问题。

总之，随着区块链研究和应用的不断深入，使用者将会对共识机制、安全算法、隐私保护等核心技术提出更高的要求。上述这些局限和障碍，有些在区块链相关技术的发展中将很快得以解决，有些还需要技术的持续创新和突破，有些也许需要区块链之外的其他技术才能解决。从"三十年法则"来看，区块链真正大规模商业化应用还有待时间的积淀和检验。

实践篇

第二章　区块链与社会信用

区块链在经历了早期用于数字加密货币阶段之后，开始逐步向金融与智能商业合约、医疗、农业等领域迈进。区块链的去中心化、不可篡改、共识性、开放性等特征，能够帮助传统金融业实现提质增效。区块链建立的数据库，是基于时间序列的、不可篡改的信息记录。由于区块链网络中引入了工作量证明机制，它在基于评级模型的金融系统之外独辟蹊径，开创了无须第三方信用背书的金融网络，有效地解决了自证其信的问题。区块链网络用自身的技术特征降低了人为干预，从而成为构建真实有效的征信系统的基础。金融机构可以将企业征信、个人征信系统引入区块链，在建立诚信金融、诚信社会的过程中，区块链将是减少信任成本、削弱市场摩擦的有力技术支撑。

第一节　我国征信业发展现状与问题

一、我国征信业发展现状

征信行业分为个人征信和企业征信两大类。美国是征信业发展起步较早的国家之一，目前，艾可飞（Equifax）、益百利（Experian）和环联（Trans Union）三家公司在美国个人征信领域最为著名，企业征信领域主要有邓白氏（Dun & Bradstreet）等企业。

我国征信业起步相对较晚，最早出现于 1932 年的中华征信所。直到 20 世纪 90 年代，我国征信业才开始有所发展。中国人民银行于 1997 年开始筹建银行信贷登记咨询系统；2002 年建成电子化的地市、省市和总行三级联网的银行信贷登记咨询系统；2004年开始升级银行信贷登记咨询系统为企业征信系统；2006年建成全国集中统一的企业征信系统，实现在全国范围内提供征信服务。

随着互联网技术的快速发展，基于互联网的大数据征信也越来越受到重视，特别是在2014年9月2日召开"全国社会信用体系建设"会议上，中国人民银行表示对大数据公司进入征信市场持开放态度。2015年1月，中国人民银行发布《关于做好个人征信业务准备工作的通知》，前海征信、腾讯征信和芝麻信用等八家机构入选了征信试点机构名单，准备期为6个月。2018年2月23日，中国人民银行发布信息，百行征信有限公司的个人征信业务获得中国人民银行许可。这也是中国人民银行颁发的首张个人征信牌照，标志着国内个人征信行业打破了由政府主导的局面，向更加市场化、商业化的竞争模式转变。

二、我国征信体系的特点

（一）以公共征信机构为主导亟须民营征信机构补充

公共征信机构和民营征信机构并存，政府背书型的公共征信机构占据市场主导地位，民营征信机构市场份额较小。民营企业征信机构发展较早，具备一定规模，民营个人征信机构处于刚起步的阶段。截至2018年8月末，中国人民银行征信数据库收录的自然人人数达到9.7亿人，累计收录的信贷信息达到33亿多条，公共信息65亿多条，为2542万家企业和其他组织建立了信用档案。但中国人民银行征信中心信贷数据仍有大量企业和自然人尚未覆盖到，这个大缺口亟须民营企业征信机构与民营个人征信机构迅速发展并进行补充支撑。

（二）征信数据共享性仍有扩展空间

征信机构与其他机构等缺乏有效的共享合作，信息孤岛问题严重，无法实现征信业内高质量的数据流通及交易，造成征信机构与用户信息不对称。征信机构间信息孤岛问题严重，金融业内信贷机构、消费金融公司、电商金融公司等机构的海量信用数据尚未发挥其应有的价值，金融业外信用信息割裂在法院、政府部门、电信运营商等机构手中。究其原因，主要是我国数据归属权尚未确立，出于隐私保护的顾虑，各机构宁愿握紧手中的数据画地为牢，也没有额外的积极性进行数据交换共享。除体制机制原因外，传统征信业也由于技术架构的问题无法在各机构、行业间安全地共享数据，使传统征信工作中数据孤岛障碍的问题迟迟得不到解决。

(三) 正规市场化数据采集渠道有限

信用数据不同于其他行业数据，所属用户是最为重要的数据标签，涉及企业和个人的切身利益，因而无法通过传统数据交易平台进行共享交换，导致正规市场化采集信用数据渠道极其有限。传统征信机构通过自爬、合作或购买等方式，主动对接相关的部门与机构，从有限的场景中整合数据，抢占征信业发展的高地与先机。因此，关于数据源的竞争尤为激烈，这也直接使得传统征信机构在采集数据上耗费了大量成本，导致用于数据分析及征信产品研发的资金比例缩水，征信机构无法过多关注征信产品的质量，继而影响了征信机构的水平与信誉。

(四) 数据隐私保护问题突出

传统技术架构难以满足新要求，大数据时代下的征信业对隐私保护和数据安全的要求更高。中国人民银行对下发个人征信牌照非常谨慎，隐私信息保护、个人信用评价指标不统一等问题仍是主要关切点。此外，"暗网"中的个人信息交易灰色产业链，以其多样性、隐蔽性与复杂性成为监管部门查处的痛点与难点。为此，中国人民银行征信管理局明确指示要加强隐私保护，要求征信机构采集使用用户信息应当经信息主体同意，并明确告知可能产生的影响等事项，信息主体有权要求征信机构将其纳入拒绝用于营销的范围内。然而，传统征信系统技术架构对用户的关注度较低，并没有从技术底层保证用户的数据主权，难以达到数据隐私保护的新要求。

(五) 大数据融入传统征信正成为趋势

2015年7月，国务院印发《促进大数据发展行动纲要》；2015年9月，国务院办公厅印发《关于运用大数据加强对市场主体服务和监管的若干意见》，从国家政策方面鼓励大数据在征信业的应用和发展。大数据征信具备覆盖群体广泛、信息维度多元、解决方案丰富和评估全面四个创新特点，以大数据为依托和支撑构建征信体系，可提高信用评价的全面性、实时性和授信效率。以腾讯征信、芝麻征信为代表的民营征信机构，均依托集团公司的互联网领域海量数据研发征信产品，大数据融入传统征信已成为必然趋势（见图2-1）。

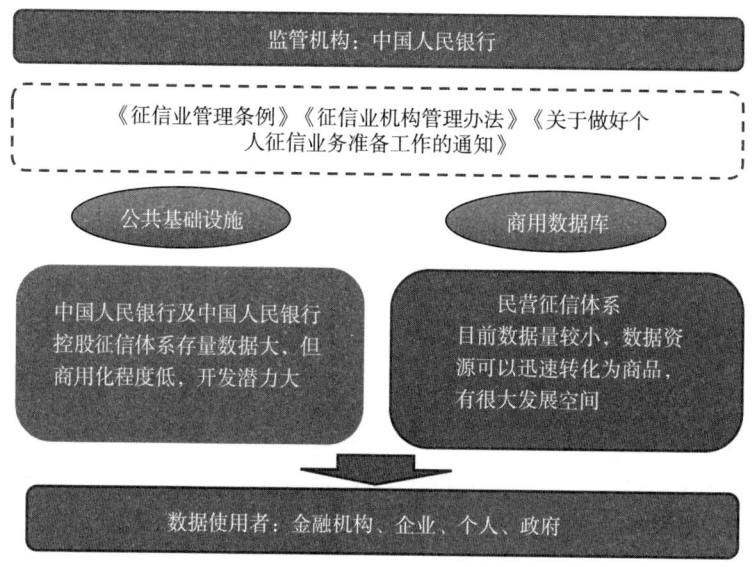

图2-1 我国征信业框架

三、我国征信业的信息处理技术

目前，中国征信行业基本形成了以中国人民银行为主、第三方征信机构进行市场化充分竞争的产业格局。然而，由于人口众多以及社会信用体系不够发达，传统数据库技术已经达到"瓶颈"，征信信息处理技术面临诸多挑战。

(一) 信息来源多样化挑战

由于近年来互联网支付的发展，普通消费者的互联网信用记录未能及时进行入库和处理。这要求未来的信用信息系统不仅能够覆盖银行的信用信息，还能够覆盖更广泛的信用群体和信用领域，这种信用数据来源的多样化对于信息技术形成了较大挑战。

(二) 信息系统稳定性及可靠性挑战

目前主流的征信信用信息系统，仍处在以小型机为主的一代架构向二代分布式架构转换的过程中。随着征信数据累积的越来越多，一代架构的核心数据库已经不堪重负，以结清和未结清的数据表为核心的架构体系逐渐膨胀，使得银行数据入库也越来越困难，数据加载的效率逐渐变低。同时在建的二代系统构建了复杂的微应用体系，并通过建立个人档案进行了数据的分布式处理，部分缓解了加载的压力，但同时也造成了应用体系的复杂化，对于系统稳定性和可靠性提出了更高的要求。

(三) 数据维护及安全挑战

构建信用社会的目标，将面临信用采集和持久化的挑战。随着我国征信业的不断发展，在银行数据之外，其他行业机构的信用数据将逐渐被整合，但各个行业的数据接口不同，完成各个行业机构间数据接口的统一是一项巨大的工程，不仅会带来一定的社会成本，也对数据的维护和安全构成了巨大压力。

第二节 区块链在征信行业中的应用与实践

一、"区块链+征信"的必要性

信用体系建立的基础，在于信用数据在可控条件下的充分分享及有效组合，利用没有分享的孤岛化数据很难构建出完善的征信体系。作为比特币底层技术的区块链技术，由于去中心化、分布式记账、不可篡改等特点，使得信任体系的重构成为可能。

在区块链的新应用场景中，区块链构建了新的去中心和去信任化体系，形成了集体维护一个可靠数据库的技术方案，形成全民记账即分布式记账。区块链是利用密码学方法产生的动态编程数据，本质是对数字世界中数据与代码的认证，使用某类区块链协议的数据或代码被赋予了共识性信任。区块链解决了数字化社会中数据与代码自身的可信任问题，从而抑制了大数据应用数据处理成本快速上涨的趋势。

由于解决了认证问题，区块链对客户信用构建产生了颠覆性冲击。类似于现实世界中商业银行等信用中介对个体经济事实的审核，基于区块链的数字事实审核成为信息时代信用构建的重要基石。对于信用机构中的信息不对称问题，区块链重新定义了大数据资源的应用价值，信息社会中各类数据具有了潜在的价值意义。

扁平化的数据生成、传播与共享，有效地改善经济个体间的信息不对称问题；同时，通过区块链技术的数据授权模式，解决了大数据应用中的隐私权问题，从而使开源数据的透明化使用具备了法理与伦理基础。信用是影响经济社会资源配置效率的重要因素。商业银行作为现代经济社会中最重要的金融中介，在社会信用体系中的经济功能主要体现在两个方面：第一，解决资金供给双方的信息不对称问题；第二，对金融交易中的信用风险进行控制并定价。随着大数据时代来临，快速增长的行为数据与以区块链为代表的数字信任技术的发展，为经济个体的信用评测提供了信息来源。

二、"区块链+征信"的特点

区块链技术具备去中心化、难以篡改、可以追溯等核心优势特点，同时兼具可拓展性和灵活性强等性质，通过"区块链+征信"，实现中心化与去中心化相结合，降低征信数据被篡改的可能性，使征信数据可追溯，从而保持征信数据的私密性，实现征信"资产"产权明晰等效果。

（一）中心化与去中心化相结合

区块链的去中心化特点，可以实现征信机构、信用主体之间的互联互通，打破征信数据孤岛的状态，提升征信数据人群的覆盖率。通过中心化与去中心化相结合的方式为信用风险管理提供信息产品，实现征信业务流程的简化，同时采用两种分布式账本，对节点修改账本能力进行管理，使数据流转可以依托网络更高效地发挥作用。

（二）降低征信数据被篡改的可能性

征信信息一旦记录到区块链上，就会永久存储而不会被更改，被篡改的可能性基本不存在。违约成本大于收益，恶意违约可能性下降。可以激发不同机构和信息主体参与征信市场建设和产品开发，不断促进征信机构提升自身的数据分析和利用水平。

（三）征信数据可追溯

在区块链征信平台中，由于链式结构特点及时间戳的存在，可以让每一笔交易都可追溯，每条数据都可以进行交叉验证。可以实现征信信息提供者和信用收益之间的准确关联，信用信息提供者可以根据信用信息被使用的情况以及由此带来的收益等详细的历史记录，提高参与社会信用体系的积极性，形成社会信用高度覆盖的正收益反馈模式。

（四）提高征信数据的私密性

区块链技术对于隐私数据可以加入个人钥匙，任何个人和机构想要访问相关征信数据，必须得到信息主体的同意，获得访问权才可以访问，从而保证了信息的私密性，保障了信息数据安全，减少信息泄露风险。

（五）征信"资产"产权明晰

传统征信数据实现信息资产的产权是很难的，但区块链技术使其成为现实。以以太坊为代表的区块链2.0，可以通过联盟链合理地设计智能合约，在不同的机构、不同的信用主体之间将不同来源的数据联通起来。存储于区块链的数据信息主体产权都是清晰的，可以实现产权明晰，使信用对于社会的渗透度得到极大的提升，实现真正的信用共同体模式（见表2-1）。

表 2-1 "区块链+征信"的主要特点和表现

主要特点	主要表现
中心化与去中心化相结合	通过中心化与去中心化相结合的方式为信用风险管理提供信息产品,同时采用两种分布式账本,对节点修改账本能力进行管理
降低征信数据被篡改的可能性	征信信息一旦记录到区块链上,就会永久存储而不会被更改,被篡改的可能性基本不存在。违约成本大于收益,恶意违约可能性下降
征信数据可追溯	在连续的区块链结构下,由于时间戳的存在,可以使每一笔交易都可追溯,每条数据都可以进行交叉验证
提高征信数据的私密性	区块链技术对于隐私数据可以加入个人钥匙,任何个人和机构想要访问相关征信数据,必须得到信息主体的统一,获得访问权才可以访问,从而保证了信息的私密性
征信"资产"产权明晰	传统征信数据实现信息资产的产权是很难的,但区块链技术使其成为现实,存储于区块链的数据信息主体可以实现产权明晰

三、"区块链+征信"的探索和实践

虽然"区块链+征信"刚刚起步,但是各行业已经有很多的"先行者"开始行动,尤其是金融行业对于该领域的探索已经在如火如荼地进行,并且取得了可观的成果,也为该技术融合在更广的维度被应用积累了经验,开辟了道路。

(一)公信宝

公信宝成立于 2016 年,是一家专注于区块链技术创新的公司。公信宝研发了一条命名为"公信链"的公有链,基于"公信链"开发了全球首个去中心化数据交易所,该交易所适用于各行各业的数据交换。主要面向互联网金融领域的网络贷款、汽车金融、消费金融、银行等企业以及有数据交换需求的政府部门、保险、医疗、物流等政企部门,以去中心化思维解决了各个行业的数据安全交换和流通等环节中的诸多核心问题。

2018 年 1 月,公信宝与蚂蚁金服旗下独立第三方征信机构芝麻信用签订数据合作协议，这是芝麻信用第一次与区块链项目正式建立合作，并将数据接入网络。

（二）甜橙信用

甜橙信用（天翼征信有限公司）成立于 2014 年，是中国首家运营商旗下独立的信用评估及信用管理机构。2015 年成为人民银行上海总部备案的企业征信机构。天翼征信通过整合中国电信、翼支付及合作方海量数据，依托专业的数据挖掘和模型建模能力，致力于提供专业的企业征信及个人大数据风控服务。该公司主要产品有企业信用报告、企业资质审核、天秤欺诈盾、行业关注名单和甜橙画像等。

（三）云棱镜

江西银通征信有限公司是一家主要提供消费金融服务的创新型金融科技企业，立足于大数据和机器学习技术，2014 年云棱镜系统 V1.0 正式上线，利用数据挖掘、数据仓库、机器学习等大数据研发技术，帮助解决信贷行业贷前审核、贷中监测、贷后管理成本高、时效低、覆盖面小等问题，为银行、小贷、消费金融、抵押租赁等金融机构提供互联网征信、大数据风控、反欺诈解决方案。云棱镜系统提供在线征信数据建模、在线生成个人征信报告、征信报告管理、API 接口技术对接、反欺诈模型等服务。

（四）曲龙团队信链

为解决互联网金融时代信用评估方面存在的问题，2018 年 1 月，"信链"通过激励机制调动各方协同参与，利用区块链的分布式互助协作机制、安全高效的记账机制、开源的民主共识机制，形成了一套开放式、普惠式、民主化的信用体系。

（五）Linkeye 区块链征信联盟

Linkeye 区块链和很多行业是天然的匹配。2018 年，Linkeye 团队会建立黑名单的共享平台，目前纳入黑名单数据库的数量已达到上千万，接下来是完善白名单，最后扩展至生活的方方面面。

此外，在市场发展方面，Linkeye 将在区块链技术创新以及征信体系建设方面不断深化和缅甸方面的战略合作，立足中国、东南亚和欧洲市场，着力打通各方的数据孤岛，建立起一个完善的征信体系，能够涵盖个人、企业、金融机构等各方面信用数据，实现征信信息的互联共享，共同降低社会经济运行风险，提高社会经济效率，用前沿的区块链技术促进全球信用社会发展。

（六）百行征信有限公司

2018年1月4日，中国人民银行官网公布了《关于百行征信有限公司（筹）相关情况的公示》，宣布受理了百行征信有限公司（筹）的个人征信业务申请。百行征信意在对中国人民银行的征信系统进行补充，主要服务对象为互联网金融个人借贷业务机构，纳入中国人民银行征信中心未能覆盖到的个人客户金融信用数据，构建国家级的基础数据库，实现行业信息共享，以有效降低风险成本。2018年2月23日，中国人民银行发布信息，百行征信有限公司的个人征信业务获得许可。百行征信的成立，实现了社会上自律征信机构的信息共享，提高了征信信息的收集传输效率。从百行征信股东结构来看，其股份来自9家机构，包括芝麻信用、腾讯征信、考拉征信等自律机构，其中中国互联网金融协会的持股比例为36%，为第一大股东。

第三节　区块链在征信行业的应用模型

区块链具有去中心化、去信任、时间戳、非对称加密和智能合约等特征，在技术层面保证了可以在有效保护数据隐私的基础上，实现有限度、可管控的信用数据共享和验证。针对目前我国征信行业现状与痛点，区块链可以在征信的数据共享交易领域着重发力，例如面向征信相关各行各业的数据共享交易，构建基于区块链的一条联盟链，搭建征信数据共享交易平台，促进参与交易方最小化风险和成本，加速信用数据的存储、转让和交易。

一般情况下，平台节点成员包括征信机构、用户、其他机构（互联网金融企业、银行、保险、政府部门等），平台主要的共享交易模式有两种：一是征信机构与征信机构共享部分用户信用数据；二是征信机构从其他机构获取用户信用数据，形成相应信用产品。

一、共享用户信用数据

在共享用户信用数据模式下，征信体系的各方参与者把征信原始数据保存到自己的内部链上（私有链），把少量摘要信息提交到公共的区块链保存。有查询请求，通过区块链转发到原始数据提供方查询，这样各方既可以查询到外部海量数据，又不泄露自身核心商业数据。这种模式主要运用了区块链的不可篡改性，保证了原始数据的可信性，构成了可行的技术架构基础（见图2-2）。

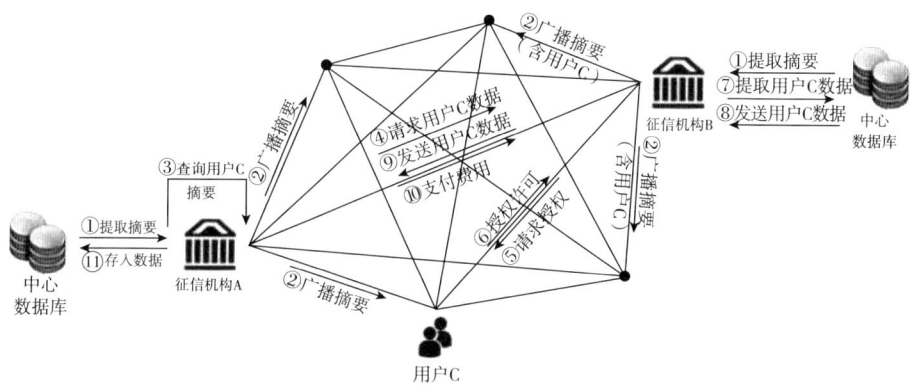

图2-2 征信机构与征信机构共享部分用户信用数据

如图2-2所示，征信机构各方参与者是主要参与节点，既作为数据查询使用方，也作为数据提供方。征信机构A、征信机构B原始数据均保存在自己的中心数据库。其架构如下：①从中提取少量摘要信息。②通过区块链广播，保存在区块链中。当征信机构A对用户C的信用数据有查询需求时，③首先查询自己所在节点中公开透明的摘要信息，匹配到征信机构B的摘要信息含用户C。④查询请求可通过区块链转发到征信机构B。⑤征信机构B向用户C请求授权。⑥用户C向征信机构B许可授权后。⑦征信机构B向中心数据库申请用户C的信用数据。⑧中心数据库返回用户C的信用数据。⑨征信机构B向征信机构A发送用户C的信用数据。⑩征信机构A向征信机构B

支付费用后。⑪将用户 C 的信用数据存入自己的中心数据库。这样征信机构各方既可以查询到外部征信机构的信用数据，又不会泄露自身核心信用数据。

二、获取用户信用数据

除以上模式外，还有一种模式可以在不共享原始数据的情况下，做到多方数据共享，放大数据价值。相比模式一，其数据真实有效的程度更高，且不能被人为篡改，参与者不是被动地提供数据，而是主动参与共享；企业间查询共享的数据，能分享部分收益；信息不对所有机构开放，对于查询权重大于共享数据的机构，查询其他机构的授信数据，需要缴纳查询费用（见图 2-3）。

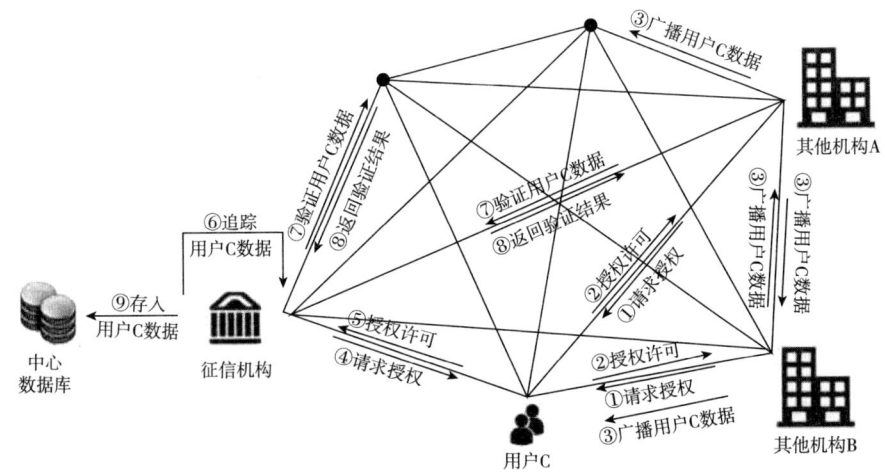

图 2-3　征信机构从其他机构获取用户信用数据并形成相应信用产品

具体来说，在这种模式下，①其他机构 A、其他机构 B 向用户 C 请求授权。②经过用户 C 授权许可后。③将各个环节关于用户 C 的数据进行广播添加到区块链中，在链上显示的这些数据只有用户 C 的地址属性，并不会泄露用户隐私。④征信机构向用户 C 请求授权。⑤经用户 C 授权许可后，在自身节点中对这些数据进行追踪，获知用户 C 过往的贷款记录、还款记录、逾期记录、当下大致的债务情况等数据。⑥征信机构在区块链中验证得到数据的真实性。⑦存入中心数据库，继而对其信用状况进行分析判断。该模式中信用数据是可以多源交叉验证的，因此数据真实性有所保证，且无法被企业或者个人篡改。

第四节 "区块链+征信"的未来发展路径

一、"区块链+征信"的主要"瓶颈"

信用是我们的另一张身份证。征信行业在未来金融领域的作用会越发重要，区块链技术很好地解决了当前征信行业所面临的困境，融入区块链技术的征信系统可以直击传统征信业的"痛点"，但是应用于征信业的道路任重而道远。值得注意的是，从传统征信体系到基于区块链技术征信系统的过渡和衔接，依然会存在较大的成本和替代风险，且存在区块链信息无法修改、私密泄露以及基于区块链的征信系统无法适应当前的监管体系等问题。

（一）替代成本与风险较高

现有征信业在征信系统和基础设施方面，已经耗费了大量资源，传统系统与新系统的过渡和衔接存在较大的成本替代风险，并且替代成本高。区块链能够无缝嫁接在现有征信业的实际应用，将是一个非常漫长、艰巨的过程。

（二）与现有征信"五年被遗忘"制度存在冲突

区块链具有无法被篡改的特征，区块链的结构就是依托密码学算法，实现一个环环相扣、无法删除的数据结构，这就导致了用户征信数据一旦被写入就永远存在且无法篡改。但是，根据我国2013年3月15日实施的《征信业管理条例》第十六条的规定："征信机构对个人不良信息的保存期限，自不良行为或者事件终止之日起为五年；超过五年的，应当予以删除。"根据以上要求，征信监管制度赋予了市场主体"五年被遗忘"的权利。如果采用区块链来记录个人的征信记录，也同样需要保存五年以内的信用信息，同时删除超过五年的不良信用信息，用户"被遗忘"的权利与区块链无法篡改的特性存在本质矛盾。因此，如何在区块链系统中确保用户不良信用信息的及时删除，仍需重点研究和实践证明。

（三）公有链的架构并不适应征信系统的等级保护

我国2013年12月20日开始实施《征信机构管理办法》，其中第三十条规定："征信机构应当按照国家信息安全保护等级测评标准对信用信息系统的安全情况进行测评。征信机构信用信息系统安全保护等级为二级的，应当每两年进行测评；信用信息系统安全保护等级为三级以及以上的，应当每年进行测评。"根据我国《信息系统安全等级保护基本要求》（GB/T 22239—2008），公有链的技术架构在物理访问控制、网络安全保障、服务性能要求和系统可靠运行等方面，并不适应国家的相关规定。从本质上说，公有链系统允许系统中的多个节点失效、退出，甚至是恶意节点的存在。因此，征信机构只能采用联盟链或者私有链的架构方式，而这两种架构方式在信任建立和模式创新等方面，都有一定的权衡取舍。

（四）基于区块链的征信系统无法适应现行征信业的监管体系

我国现行征信业监管体系有待完善。一方面，征信法律法规保障体系薄弱。我国自2005年相继出台了《个人信用信息基础数据库管理暂行办法》《征信业管理条例》《征信机构管理办法》《征信机构监管指引》《企业征信机构备案管理办法》等行政法规和部门规章，虽已形成多层次制度体系，但法律效力较低，在保障和推动征信业发展方面稍显不足。另一方面，现行征信业监管策略与技术管理手段落后，对征信机构监管和处罚的法律依据不足，且监管手段单一、影响力有限，已不能满足实际监管需要。

区块链匿名性与去中心化的特性，可能对现行监管模式形成一定挑战，导致监管体系无法适应新形势下的监管要求。目前，可考虑将监管部门作为系统的一个节点，加入征信系统区块链中，并通过合法的手段取得监管权限，不过这种方式有待实践。

（五）存在密钥丢失风险

相比于其他互联网技术，区块链在数据交易共享的安全性方面具备得天独厚的优势。这一假设前提是用户私钥是安全的。区块链技术与以往任何技术体系不同的是，私钥是用户自己生成并且自己负责保管的。理论上没有第三方参与，具有较高的保护性，但是一旦用户私钥丢失，便无法对原有的数字资产做任何操作。所以，若在征信系统中遗失私钥，则用户无法为征信机构及其他机构授权，征信机构无法追溯其信用数据，也无法使用其信用数据。用户即便重新加入区块链，征信机构也无法对其之前的信用数据进行追溯，影响用户信用资产，造成利益损失。

目前，这一问题还没有很好的解决方案。虽然多重签名某种程度上能解决一部分问题，但仍存在具体实施上的障碍，而且要设计与之相配套的非常复杂的密钥管理和使用体系。

（六）基于区块链的征信系统存在技术风险

构建合理完善的智能合约，使信用主体的信用信息得以全面、安全的上链，尤其是区块链模式征信体系数据初始化阶段，如何保障初始征信数据的准确性，是以不适用增删操作的区块链所面临的挑战；对于区块链模式的征信体系共识算法，无论选择工作量算法（PoW）还是未来的权益证明算法（PoS），都会面临51%的节点或节点群引发潜在的绝对控制力问题，使得某些节点联合起来恶意进行数据掺假或者篡改征信数据，如何分配调剂各节点的控制力权重将是一大挑战；工作量算法（PoW）和权益证明算法（PoS）在创建共识的过程中将大量消耗计算资源和通信资源，随着需确认节点的增加消耗也会逐级的增加，通过分配节点的确认权重，尽可能在保障确认算法安全的情况下降低资源的消耗，平衡两者的关系，是维护区块链模式的征信体系性能和安全性的平衡又一挑战。

根据目前区块链在征信业的应用场景，主要集中在数据交易共享、打破数据孤岛等方面，且存在不少发展障碍。但可以肯定的是，区块链在征信领域的应用空间非常广阔，其应用于征信行业的优势和前景值得期待。

二、"区块链+征信"的发展路径

为"区块链+征信"的发展提供良好的外部环境，促进其健康、良好、可控的良性发展，需要国家有关部门加大相关投入，从技术研发、监管模式创新、业务模式探索等方面做出具有前瞻性的布局。

（一）深入研究区块链征信监管

《"十三五"国家信息化规划》中指出，要强化包括"区块链"在内的战略性前沿技术基础研发与超前布局，提高前瞻性，体现了我国对加快创新技术应用十分重视。然而，区块链技术应用于征信领域，尚处于初级发展阶段，与征信业的融合面临技术规则与监管要求等层面的挑战，并存在监督和制度建设的损失，大规模实际应用还面临诸多困难。针对现有区块链技术的属性，应构建一套符合法律规定、能够有效地保证信息主体权益和各参与方健康发展的安全监督体系。监管者也需要在新的监管模式下进行有益探索。技术与监管的结合是加强监管的重要思路和方向，主要涉及监管模式的优化和监管框架的修改，应积极探索监管新模式，确定监管的范围和边界，寻求监管者在系统建设和市场发展中合理的定位，将这一全新业务纳入制度的框架下促进其规范有序发展，为"区块链+征信"的发展提供制度保障。

（二）建立自有技术标准

区块链技术从被创造之初就有着去中心化、不可篡改、开放、共享、协作、融合的精神。从目前情况来看，区块链的发展日新月异，尤其在金融等领域首先获得较大突破，部分基于区块链技术的金融及征信应用已经开发完成并投入使用。我国应该尽快在创新科技领域掌握话语权，取得发展先机，在关键领域抢先制定我国自己的标准，成为行业标准的制定者。这就需要加大政策和资金投入，推动政府管理部门、金融机构、征信机构、科研机构加大对区块链技术和网络安全等领域的研究力度。国家从货币政策、财政政策等方面加大对相关企业的扶持力度，促进其跨越式发展。商业银行对相关科技型企业探索相关合作模式，可采取投融联动等方式加大资金支持力度。

（三）加快区块链与征信融合

促进区块链征信与传统征信的迅速融合，构建全国统一的区块链征信信用平台。要快速促进区块链征信应用平台的建设与发展，需要一个强有力的牵头机构进行组织和吸引有实力的参与方。建议在技术层面研究相对成熟的基础上，由征信业监管部门牵头，充分调动市场参与主体的积极性，在现有征信体系的基础上，鼓励区块链技术作为补充的融入，并主导相关业务的开展，从身份证、职责权限、业务规则、防欺诈等方面对平台建设及相关规则进行明确，可以考虑由中国人民银行征信中心、各金融机构、国内大的网络企业、征信机构共同出资构建一个全国统一的区块链征信信用平台，促进区块链征信与传统征信的融合。

第三章　区块链与金融稳定

随着区块链技术迅速发展，许多金融机构或组织使用区块链技术改革商业模式和流程，提供更多的金融产品。由于区块链具有分布式记账、可靠性、可编程和拓展性，依靠独特的运行机制，很多金融应用场景都可以采用这一技术，如数字货币、支付清算、银行征信、资金托管、证券交易和智能合约等。但是由于区块链出现的时间较晚，技术本身还存在安全性、效率性和隐私保护等问题，此外，金融基础设施配套尚不完善，监管缺失现象存在等因素都限制了区块链技术的大规模开发与应用。从长远来看，区块链技术作为金融科技领域的一项重要创新，必将重塑传统的金融体系和金融市场格局，并对金融稳定产生深远影响，其对金融稳定带来的潜在效益和损失需事前充分评估和衡量。我们分别从正面效应和负面效应两个方面阐述区块链对金融稳定可能产生的影响，正面效应包括提高金融服务的专业性和普及性，降低金融体系的交易成本，提高服务效率，增加金融产品供给，提高交易透明度和金融机构风险管理能力，这些都是对金融稳定产生正面影响的因素。与此同时，区块链技术可能从根本上改变货币供给的基础，使金融监管部门面临货币政策调控难度增加、操作风险更加分散、监管及时性和有效性难以保障、消费者保护难以实施、反洗钱等职责难以有效履行等困境。

第一节　区块链在金融领域的应用

区块链所具备去中心化、集体维护、去信任、可靠数据库的特点，使得区块链具有非常广泛的应用场景，区块链在金融领域的应用最早也最为成熟。

根据西班牙桑坦德银行发布的一份报告显示，2020年前后如果全世界的银行内部都使用区块链技术的话，大约每年能节省200亿美元的成本，以上数据足以说明区块链给传统金融领域带来的巨大变革，目前区块链在金融领域如数字货币、支付清算、银行征信、资金托管、证券交易以及智能合约等方面都有广泛应用。金融机构纷纷积极开展基于区块链技术的数字货币、数字票据、金融资产交易、股权众筹、抵押贷款、清算/结算、金融资产管理、互助保险、积分兑换、跨境支付、供应链金融等应用。如工商银行的金融资产交易验证、中银香港的抵押贷款估值系统验证、中钞信用卡的智能数字票据系统验证、微众银行的银行间联合贷款结算清算、阳光保险的航空意外险卡单验证等。

一、区块链在数字货币领域的应用

区块链利用分布式算法和保密结构，解决了传统数字货币必须依赖第三方机构才能完成支付的问题，以比特币为代表的数字货币是区块链技术最为广泛的应用场景之一。作为一种不以主权信用为担保的虚拟货币，比特币对传统的货币体系构成严重挑战，主要国家和地区对以区块链为底层技术的数字货币发行高度重视。2016年1月，中国人民银行在数字货币专题研讨会中指出："发行数字货币既可以降低传统纸币发行流通的高昂成本，又可以提升经济交易活动的便利性和透明度，减少洗钱逃漏税等违法犯罪行为，提升央行对货币供给和货币流通的控制力，还有助于我国建设全新的金融基础设施，进一步完善我国支付体系，提升支付清算效率，推动经济提质增效升级。"此后，中国人民银行成立数字货币研究所，专门从事数字货币技术与应用研究。

二、区块链在支付清算领域的应用

无论是个体之间还是机构之间的往来，传统的支付清算活动都需要借助复杂的中介系统对账目、活动等流程进行记录与跟踪处理。中介系统承接对账、结算等操作，相关活动的成本较高。区块链的去中心化特点能够从根本上解决这一矛盾，区块链支付和清算可在交易主体之间直接达成，不依赖中介机构，大大提高相关业务活动的速度。同时，区块链自身的透明化及公开化使交易个体对资金的流动性得到极大的掌控，提高了支付清算的安全可靠性。

三、区块链在银行征信领域的应用

在金融机构开展信贷业务时，必须考虑借款者自身的信用问题。传统的银行征信由于在实际操作中较为复杂，存在成本高、效率低、数据漏洞大和依托第三方的中心化机构等问题。具体到我国而言，信用数据主要来源于中国人民银行征信系统，银行客户办理贷款业务时需授权该银行从中国人民银行征信系统中收集相关数据。区块链技术可以借助算法实现海量数据的记录和分布式储存，在成本、安全性能以及透明性上具有较高的优势。当银行机构需要收集相关征信数据时，不再需要通过传统的手段获得。因此，很多征信的数据主体都利用区块链技术进行加密储存，建设更加完善的银行征信体系。

四、区块链在资金托管领域的应用

资产托管是指托管人接受受托人委托，对其财产进行保管，并根据受托资产特点，提供投资清算、会计核算、资产估值、投资监督、信息披露、对账等金融服务的业务。一般而言，资产托管业务包括资产委托人、投资管理人、投资顾问以及托管人等各方，业务流程涉及签订合同、开设账户、价值评估、资金清算、投资管理、信息披露等多个步骤，流程较为烦琐。区块链技术应用于资产托管业务后，可以实现在线托管合同签订、依照投资监督指标运行、对托管资产进行控制和跟踪，以及估值数据存储及更新结构化和自动化等。2016年10月，中国邮政储蓄银行正式上线基于区块链的资产托管系统，实现了信息的多方实时沟通与共享，免除了复杂的价值确定和信用校验过程，大大提升了业务效率。

五、区块链在证券交易领域的应用

证券交易是依靠中心化的组织或机构开展业务的典型代表,世界各国的证券交易所承担了这样的职能。证券在交易所进行交易时,资金交收和证券交割必须在清算结束后完成,因此,传统的证券交易所面临证券交易过程效率低、成本高以及程序复杂等问题。同时,证券交易过程中的操作风险、技术风险以及系统性风险等控制难度较大,成本较高。由于区块链技术的分布式数据存储以及去中心化特征,依托区块链进行的证券交易,具有信息公开透明,无法篡改,节省大量人力和时间成本的优势,可以有效提升服务水平。2016年,美国纳斯达克证券交易所推出基于区块链技术的Linq金融服务平台。2017年12月,澳大利亚证券交易所确认,将使用区块链技术取代其现有清算及结算系统,成为世界首个真正采用区块链技术的主要交易所。

六、区块链在智能合约领域的应用

智能合约的概念出现后,由于缺乏适合的环境,一直未得到较大发展。而区块链技术大大促进了构建可信执行环境的可能性,使得智能合约逐渐走进大众的视野。以区块链技术为背景,智能合约以计算机代码的形式,对交易信息进行读取、发送以及储存,经过每个交易方的确认后进行记录。智能合约虽然没有实体形式,但仍然是以计算机技术将人们所需要的信息进行处理,并通过法律、程序等强有力的系统支持,具有与实体合约等效的作用,达到人们的交易签署目的,提高了人类社会中商业活动的效率。

第二节 区块链金融应用面临的挑战

一、技术安全与效率及隐私保护

由于区块链发展时间较短,很多技术细节还不成熟,因此在很多方面还存在不少亟待解决的问题。在技术层面，区块链的安全性问题不容忽视。一是区块链的安全性是建立在多数计算节点无法被攻克的基础上，但如计算机技术发展或参与的计算节点数较少，51%的计算节点被攻克是可能存在的。二是区块链技术无法完全解决由于信息不对称导致的信任问题。以私有链为例，如果仅有少数几家合作机构参与区块链应用的一个较小领域，如小额跨行转账、供应链融资等，由于信息不对称导致的合作组织之间的信任问题仍然存在，并可能对区块链安全产生较大影响。三是用户端层面的安全保障是亟须解决的技术难题。以比特币为例，用户的比特币钱包密钥存储于计算机或者其他硬件之中，在本地生成、传输以及保存均可能受到网络攻击或黑客窃取。

在效率上，区块链技术并没有达到完全符合人们运用的理想标准，现有的处理速度难以保证海量的运算需求，区块链的运用还无法实现流畅处理。以比特币为例，每秒7笔的交易处理速度无法满足日益增长的支付需求，也无法应用于多数应用场景。此外，全部交易数据需占用庞大的存储空间，可能需要依赖于少数大公司或者政府提供系统支持，容易形成新的信息和技术垄断，违背了去中心化的设计理念。

区块链对于个人隐私的保护也存在一定的问题。传统的数据存储于中心服务器上，由服务提供方保护用户的个人隐私，但在区块链交易过程中，每一个参与主体都能够获得较为完整的交易数据，这意味着区块链的运行几乎透明，这种较为透明的交易模式使得人们逐渐会产生各种各样的隐私保护问题。在区块链信息公开模式下，每一个人都可以采用匿名的形式进行交易，但是如何使交易过程具有一定的复杂性，如何在智能合约的履行过程保护个人隐私，就需要更加深入的设计，让每一个节点完美地执行好智能合同的内容。

二、金融基础设施匹配性

现代金融基础设施，一般来说包括支付、存储、清算、结算等方面以及与其对应的系统。金融基础设施的存在促进了全球市场环境更加稳定可靠，区块链技术的产生使得之前的商业模式和服务方式产生较大的变化，其以一个账本的形式存在，一方面确实精简了很多中间环节，在完善基础设施上具有巨大的潜力；另一方面，实现这种潜能存在很多不确定的因素。金融基础设施与其之间的匹配程度不足限制了区块链的进一步发展。

这种不匹配性，主要体现在以下几个方面：一是现有金融市场基础设施参与者众多、业务流程复杂，很多业务操作尚存在手工处理与系统支持并行情况，信息与数据整合较为困难。二是为保障市场上每一个参与者的数据库独立及利益相关方的知情权，金融基础设施中各系统之间的对账过程繁杂。三是交易、结算、资产管理等系统之间缺乏统一标准，系统对接与整合难以进行。四是区块链发展需要大数据、云计算和物联网等相关技术作为支撑，在金融基础设施层面尚缺乏制度框架的顶层构建。

因此，要想实现区块链技术大规模开发与应用，除了需要不断完善区块链技术之外，更需要为其技术发展提供一系列的金融基础设施支撑，如为区块链的发展提供匹配的网络服务、成熟的区块链数据库与存储技术、具有较高安全保障的密钥应用、金融产品等消费者使用理念与偏好以及金融系统和数据信息的整合等。薄弱的金融基础设施将会导致区块链应用各自为营，容易在监管方面引起争议。

三、金融监管困境

区块链的发展给金融体系带来了一定的冲击和影响，由于其技术还处于初期的发展阶段，因此相关监管部门还没有对整个行业技术有充分的了解与认识，相关的法律法规尚不完善，政府对于区块链的监管手段比较缺乏。由于区块链去中心化的性质，使得金融交易过程中缺乏一个实际的中介机构，淡化了监管的实际力度，使得金融监管中很多政策以及技术在实施的过程中难度上升，对金融监管产生很大冲击。一是由于区块链产品在一定程度上呈现跨市场、跨机构以及难以与其他产品有效隔离等特点，造成数据统计困难，难以量化其潜在影响。二是区块链推动金融机构和非金融机构业务不断融合，参与主体多元化、信息量急剧增长、业务交叉性增强，风险具有较高的隐蔽性和传染性,风险暴露可能在极短的时间内演变为系统性风险。如缺乏相应的技术及监管手段,很难在短期内做到对风险的及时识别与应对。三是区块链去中心化特征导致监管空白屡见不鲜,增加了监管套利的空间,各监管部门之间的协调统一难度较大。

第三节　区块链对金融稳定的影响分析

虽然区块链发展较为迅速,应用场景逐渐丰富,但是其对整个金融体系和金融市场发展的影响面仍然较小,仅在个别领域以及局部层面有较深入的应用。

由于区块链技术在金融领域的应用尚未系统化和规模化,数据和信息不全面,监管主体和标准不明确,关于区块链对金融稳定的影响尚未有统一和权威定论。金融稳定理事会下设的金融科技课题组在其2017年工作报告中指出:评估数字货币、区块链等应用程序及商业模式对金融稳定产生的影响缺少数据,一是由于以上金融科技创新出现的时间较晚;二是缺乏有效机制及监管框架收集相关风险信息。

展望未来,随着区块链实践与应用的不断深入,作为金融科技领域的一项重要技术创新,必将重塑传统的金融体系和金融市场,促进金融基础设施的加速发展,并对金融稳定产生深远影响。区块链不仅会给金融稳定带来潜在的效益,也不可避免地带来各种风险,对金融稳定产生负面影响。

一、正面效应

(一)提高金融服务的专业性和普惠性

普惠金融的最终目的是为全社会各个阶层和群体提供金融服务。普惠金融的普惠性和包容性,决定普惠金融相关服务具有分散化、风险高、成本大和收益低等特点,而金融科技的发展可以通过技术手段让金融服务更加专业和普惠。就我国而言，在金融需求方面，随着城镇居民收入水平的迅速提升和小微企业的快速发展，个人和小微企业金融服务需求日益强烈；在金融供给方面，广大乡村地区金融普及程度不高，小微企业融资难和融资贵现象长期存在而难以得到有效解决。

金融供需矛盾的本质是金融服务的专业性和普惠性不足，以区块链技术为代表的金融科技给普惠金融的创新发展提供契机：一是区块链的信任机制和数据无法篡改特征可有效解决信任问题；二是区块链的去中介化和点对点交易机制可有效减少交易摩擦，降低交易成本；三是信息公开透明特点提高了整个社会的公信力，有助于推动普惠金融发展。

具体到我国银行体系而言，商业银行可以充分利用区块链以及大数据、云计算等相关支撑技术，对传统的金融产品和服务进行升级改造，开发出更多适销对路的产品，提升客户的满意度和黏性，提高金融服务的专业程度。区块链、大数据以及云计算等技术有助于扩大商业银行提供金融服务的范围，一些偏远地区以及边缘性群体更有可能被纳服务范围之内。区块链以计算机领域中的算法为背景，在同一个庞大的系统中以公开透明的算法机制为基础建立规则，因此能够获得不同文化、教育背景的人的信任，从而有效扩大普惠金融的覆盖面。

2017年9月，"普惠金融科技联合实验室"在贵阳成立。在揭牌仪式上，该实验室宣布，将依托区块链技术扩大金融服务范围，重点以城镇低收入群体、困难人群、创业人群、农民等群体为金融服务对象，构建出面向普惠金融服务对象的金融科技产品体系。据了解，这是我国首次将区块链技术应用到普惠金融领域中。实验室由贵阳农村商业银行牵头，联合贵州远东诚信管理有限公司及上海分布信息科技有限公司共同打造。实验室将发挥区块链的技术优势，采用分布式账本技术，依托可信身份数据生态，利用大数据风控技术，建立银行账户和数字钱包的分层并用架构，进行多样化数字权益管理。既能为普惠金融风控管理提供更多数据支撑，又可以为金融的监管提供有效措施。在此基础上，构建出面向普惠金融服务对象的金融科技产品体系，促进普惠金融发展。

(二) 降低金融体系的交易成本,提高服务效率

由于区块链技术以信息网络为基础,在进行转账、支付等交易时,交易双方都能够以最快的方式和手段完成,降低了交易成本,提高了金融服务效率。首先,区块链的典型特征就是去中心化以及信任机制,这使得跨越国界的国际性贸易能够自主地进行,解决了传统贸易中中介产生的缺陷与问题,不再因为中介的速度慢、流程复杂、环节多而产生效率低下的问题。

其次,区块链由于去除了第三方中介平台,不需要使用这些机构进行担保交易,在交易过程中不需要考虑交易对方的信用程度,区块链的共识机制确保了金融交易双方不需要进行信用证明就可以交易,这就以一种技术性的视角解决了传统贸易的天然信任难题。区块链技术使用智能合约模式来储存交易信息,而不是传统的纸质记录,不仅能够增高交易的效率及安全性,也使得交易数据的保存更加稳定。

再次,区块链技术的应用在跨境支付领域发挥巨大的作用。在跨境转账中,传统的支付存在诸多手续以及政策的影响和限制,而利用区块链技术,使用虚拟数字货币,在短短几秒钟就可以完成交易过程,这对跨境业务效率的提升有着里程碑式的意义。麦肯锡研究报告指出,在跨境支付中,区块链将跨境支付的结算方式的成本从 26 美元直接下降到 15 美元,在降低的成本中,大部分都是用于维护第三方中介平台的费用,其中也包括小部分用来核查成本的费用。

最后,区块链账本对本身的账户内容进行集体维护,在整个信息网络中建造了一个生态系统,在这个系统中的交易由于不同于传统的纸上记录,可以借助信息技术对账簿进行审计、核查,简化了很多审计机构的工作。因此,区块链技术诞生意味着更少的交流成本以及更低的交易风险。

(三) 打破现有金融体系格局,增加金融产品供给

区块链有助于解决很多传统金融中存在的问题。在数字货币、股权众筹以及证券业等金融领域,产生了深远的影响和变革。第一,区块链在实现数字化货币的过程中被很多家权威机构认定为重要的技术手段。区块链有助于解决传统货币体系中存在的弊端，能够降低人力、物力、财力的使用，降低货币体系的成本，实现传统货币中非常复杂的跨区域互信问题，并且比传统的货币具有更好的稳定性。2016年英国央行就对以区块链为基础的数字货币代码进行了调试，并与韩国、俄罗斯等国家联手打造新的内部数字货币技术。第二，在股权众筹上，区块链技术基本上实现了技术管理，用数字化技术进行记录和监督，促进交易的高效性、安全可靠性，降低股权流通过程中的成本和风险。第三，帮助证券行业真正实现了实时交易，大幅降低交易的成本和难度，给证券行业带来了巨大的变革影响，欧美国家的很多金融机构以及相关交易所在证券方面开展了基于区块链技术的研究，根据区块链的相关结构，构建新一代金融交易平台，增加金融产品。

区块链正逐步成为现代信息系统的基础物理构成，对金融系统甚至社会体系的格局都产生本质化的影响。很多发达国家的商业机构，在区块链技术的研发上开始加大投资力度，以期能够在未来的市场上取得一定的优势，并逐渐对区块链相关的企业加强投资，一方面对区块链的底层技术进行改进，构建合理的技术体系，强化区块链的技术储备；另一方面根据相应的平台开发更多的应用，利用现成的技术环境进行产品的测试与开发，聚焦于产品的应用性能。例如，IBM的超级账本、微软实验室的BaaS都在金融的各个领域中发挥更多的作用，促进金融行业产品的拓展。

此外，区块链技术的运用，有助于促进国家统一标准的形成与完善，使得金融领域中的沟通交流更加频繁，给金融产品提供更好的发展环境。

(四) 增加交易透明度，提高金融机构风险管理能力

金融业务的高风险主要是源自交易双方的信息不对称，金融机构业务运营的核心是如何充分掌握客户信息并对风险进行准确定价，进而依此进行风险管理。区块链技术可以完整记录客户交易及其他活动等信息，有助于金融机构判断客户的信用状况和风险水平，据此提高风险识别与管理的能力；在流程建设上，区块链技术的运用有助于促进风险管控流程的标准化建设，有效节省人力资源和简化各式复杂手续，提高风险管控能力和水平。

一是区块链技术增强了交易的透明化程度，有助于进行风险控制和风险

评估。风险控制的关键需要解读数据，数据自身的累积最终会形成所谓的信用。因此，区块链有助于打造一个数据公开的环境，有利于促进互联网在透明化程度上的竞争力。同样重要的是，确保数据的搜集和分析过程具有一定的可靠性，对交易透明度来说也非常重要。以数据为重要的技术支持，利用区块链的技术特征完善现代商业银行风险管理体系，采用一种独特的视角缓解金融体系中存在的问题和风险，促进整体经济的有序发展。二是区块链技术分布式结构不仅保障交易安全，而且使得交易过程不可逆，可对整个交易过程实时验证和永久追溯，将人工操作可能带来的风险降到最低，避免人为因素造成不必要的损失。区块链的交易信息对于每次交易的记账都会使用一个时间节点进行标记，并公开时间节点，保障交易唯一性，防止伪造交易的现象发生，最大限度地降低金融领域风险的发生。

二、负面效应

（一）改变货币供给的基础，货币政策调控力度难以把握

一般而言，货币供给是指中央银行通过银行系统向经济体投入、创造、扩张（或收缩）货币的金融过程，基本环节包括中央银行供给基础货币和商业银行创造存款记账货币。在信用货币条件下，中央银行根据法定授权，以国家信用为背书，成为货币垄断供给的机构；货币政策是指中央银行为实现一定的宏观经济目标，对货币供给或信用进行管理和调节的政策。本质上而言，中央银行在货币供给和货币政策调节中的地位兼具垄断性和中心化的特征，是国家实现国民经济宏观调控的重要机构，带有明显的国家意志。而区块链技术具有典型的去中心化特征，其独特的信任机制和交易模式改变了中央银行货币供给的基础，中央银行依靠传统的货币政策工具进行调控的难度也逐渐加大。

区块链模式下的数字货币无须第三方背书，不需要任何印刷和运输等成本，数字货币的清算仅仅通过交易双方就能完成。从目前的发展情况来看，其未来有两种发展方向：非法定数字货币和法定数字货币。

（1）非法定数字货币。非法定数字货币是未以国家信用作为背书，以社区、企业等发行主体的数字货币，常见的有社区数字货币和企业虚拟货币，比特币是去中心化的社区数字货币的代表。在基于区块链技术的非法定数字货币体系中，政府没有扮演中心节点的角色，并未履行清算职能，打破了现有的"中央银行—商业银行"二元体系，对货币供给的方式渠道以及货币政策执行产生深远影响。

一是由于没有国家信用的价值支撑，货币价值的稳定性难以有效保证，货币供给的源头缺少价值锚定，货币价值尺度的功能受到限制。

二是由于区块链本身的技术缺陷和交易频次的指数级增长，非法定数字货币在交易中需要进行确认而带来的交易延时问题可能会更大，并在一定程度上影响了货币供给渠道的安全可靠性。由于区块链模式以去中心化为特征，非法定数字货币最主要的作用就是作为货币储备进行大额交易，多用于机构之间的非实时性交易，类似于金本位制度条件下黄金的交易和清算。

三是以比特币为代表的社区数字货币由于总量有限，因此难以成为国家货币供给的基础。

四是就货币政策而言，由于非法定数字货币的供给主体是社区或者企业，中央银行丧失了独立执行货币政策的法定基础，货币政策目标和中介工具操作难以有效执行。

（2）法定数字货币。与社区币和企业币不同，法定数字货币是国家结合自身货币发展需求，组合现有技术，以国家信用背书发行的货币，具有法定货币的性质。世界各国央行充分认识到数字货币是历史发展的必然，它能够降低货币发行和流通的成本，增加支付结算尤其是跨境结算的便利性和透明度，降低洗钱等犯罪风险，提升央行对货币流通的控制力。

国家货币政策的主要目的之一就是能稳定物价，当以去中心化为特征的区块链货币设置成法定货币时，能够限制货币的额外发行，避免公众对通货膨胀的担忧。利用区块链货币作为合法的货币发行，那么区块链货币约定的控制权分配在很大程度上能够影响中央银行对于货币政策工具的控制力。如果先赋予区块链法定货币的权力，并且将控制区块链的权力完全交给政府来进行操控，货币政策上中央银行与现行的体系较为统一，这就可能造成中央银行对于货币政策的掌握返回到金本位时代，降低了中央银行对货币政策工具的掌控能力。

（二）操作风险更加分散，监管及时性和有效性难以保障

一般而言，现行金融体系和金融市场，存在较为集中的中介性机构或组织，承担信用中介、集中交易对手方等职责，相关的操作风险也往往集中于这些中介机构或组织，因而在监管模式上更加注重机构监管和层级式监管。在区块链交易背景下，由于其去中心化和数据分布式存储特点，操作风险分散至单个的个体或交易节点。监管模式上需进行穿透式管理，更加强调功能监管和业务监管；同时由于操作风险的分散，层级式监管也逐步过渡至网状化监管，监管的难度也随之加大，监管及时性和有效性难以保障。

首先，区块链技术本身就能够被利用成为一个匿名平台，各种各样的交易都难以去追究，例如毒品交易等违法的交易，导致这种模式被很多不法分子使用。由于区块链技术基于数字虚拟网络，很多交易过程往往只要一台电脑或一部手机就可以进行。多样化的操作平台以及操作模式使得操作过程中产生的风险增加，在任何一个操作的方向上都有可能产生风险，与传统风险相比较而言更加分散。

在区块链系统中，由于区块链的交易方式都是点对点交易，这种技术上的革新给人们带来了便捷性的同时也使得监管部门难以在发生违规、违法行为时及时获得相关信息，等到确认违规之后往往无力回天，因此监管部门很难及时采取行动来防范区块链技术带来的操作风险。

其次，在现行监管体制下，银行等金融机构需向监管部门输送大量的数据，区块链技术的产生，会使得监管部门面对的管理数据呈现几何式的爆炸增长。如果对区块链交易进行清算，那么带来的风险将远远超过传统的金融模式。区块链技术的透明化和自身的匿名性也对操作风险的监管构成严重挑战，如果要对区块链中的某一条操作风险信息进行查处将面临相当大的困难。

最后，由于区块链具有高度自治性，监管部门缺乏行之有效的监管手段和监管方式，例如证券借贷、融资融券等在区块链中进行交易，监管部门难以找到一种合适的理由和手段对这种公共账本中的信息进行高度监控，这就使得交易操作流程中产生风险的可能性越来越大，容易出现各种钻漏洞的情况，使得人们对区块链技术产生质疑，降低交易的有效性。

此外，针对区块链产生的操作风险，传统的监管措施可能面临监管手段失效、无法获取授权的困境。如业务发展限制、更换管理层等手段有可能面临难以操作或无法从根本上管控风险的问题；如需控制操作风险影响，常见的监管措施，如交易限制或撤销、账户冻结等无法获得相应的区块授权。

(三) 缺乏合适的法律主体，消费者保护难以实施

消费者的隐私保护和密钥管理是区块链技术中不能忽视的重要问题。按照现行的区块链技术规则，每个消费者的私人密码都是属于自身的隐私信息，如果一旦遗失或者被窃取会带来很大的风险，用户自身的权益难以得到很好的保障。在证券行业中，证券机构作为提供中介服务的机构，可以帮助消费者识别和防范风险，促进市场能够按照良好的秩序运行下去，因此在资本市场中承担着"保安"的职责，正规的证券机构在实际中为消费者提供多种多样的服务，可以为相关的发行人提供保护、推荐以及理财顾问等活动，以发行人为中心，提供相关的调查和辅导工作，也可以帮助建设更好的治理平台，构建一个规范、良好的平台及秩序，并且在必要的时候对相关风险进行分析和揭露。证券机构也帮助投资者提供各种代理服务，并发挥自己的行业优势，帮助投资人了解更多的知识，促进投资者的教育及管理。同时，证券机构帮助金融活动双方保管各种交易信息，承接各种交易程序，能够最大限度地保护消费者的财产安全。但是区块链完全摒弃了这种服务模式，以点对点交易技术让交易双方跨越中介平台直接进行交易，弱化了代理、清算、交接等重要的中间流程服务。

由于区块链技术刚刚兴起，法律的保障体系还没有很好地完善，交易者很难在法律中找到合适的规章条文对自身的权益进行保障。区块链的法律基础仍然非常薄弱，在区块链技术下至今尚未找到合适的法律主体对可能产生的风险负责。

从宏观角度来看，区块链虽然对交易流程进行了简化，但是在实际的交

易操作上，市场会面临很大的问题，例如在没有法律的支持和保护下，投资者应该依靠谁来保障自身的权力？如何安全地去面对可能出现的风险？当风险出现时，消费者在虚拟的平台上应该采取怎样的措施才能最大限度地降低自己的损失？怎样才能将发行人的权力进行制约和限制？这些问题在现有的区块链环境下尚未得到有效解决。现行证券机构中的教育、管理功能在区块链中也无法得到有效实现。如果仅仅将所有的责任都推给消费者，那么消费者的利益很难在这种条件下获得全面保护，消费者合法权益就将面临巨大的风险，缺乏传统金融机构体系下的稳定保障。

（四）洗钱和欺诈等更加便利，反洗钱等职责难以有效履行

从区块链运行机制来看，区块链技术用数据区块取代了互联网对中心服务器的依赖，并通过所有数据节点数据一致更新的形式实现数据的自我证明。由于区块链节点之间的信息交换遵循固定算法，区块链中计算程序规则会自行判断活动是否有效，在交易中，接收方不需要知悉发送方的身份信息，更不需要知悉交易资金来源，从法律意义上无法构成反洗钱或欺诈的主观故意的要件。一笔交易可能存在多个源头及方向，涉及的交易主体复杂多样，交易链条长，交易主体未知。普遍来说，反洗钱相关法律法规要求自然人、法人和其他组织，要对自己的客户作出全面的了解，即"了解客户原则"（Know Your Customer，KYC）。但在区块链技术中，知晓客户信息存在难度，唯一可以追溯的是客户 IP 地址，使得不法分子可通过篡改 IP 地址的方式逃避反洗钱等调查。

从法律制度层面来看，尚未制定专门的法律法规来监管由区块链技术引起的反洗钱和欺诈等活动。以证券行业为例，证券发行需按照相关的法律法规，并通过有关部门的审核和监督，在完成注册或者得到批准后才可以实施。但是区块链技术结合数字证券和数字货币的功能特点，打造了一个"完美"的生态系统，这个系统超越了传统的证券发行通道，利用数字货币解决传统的初期企业存在的融资问题。对于这种模式在现阶段都没有明确的法律条文以及专门的部门进行监管，面临监管层面和法律层面的空白，不法分子披着"区块链"的外衣，在暗地里却进行欺诈、洗钱等不法行为，侵害消费者的合法权益。

从跨境协调层面来看，针对区块链技术背景下的反洗钱和欺诈，需要加强国际间的双边或多边协调。基于区块链的技术手段，能够在信息网络上以数字货币、数字证券等形式进行跨境金融交易活动，而不受所在活动地区的限制，例如通过相关的数字货币直接购买大量的境外数字证券，通过开放的网络平台进行证券转让。数字证券的交易与清算能够在国际上较为活跃的二级市场进行货币转换，这种便捷的跨境交易一旦被不法分子利用将带来非常严重的后果。数字货币和数字证券依靠这种性质很有可能被不法分子用来进行洗钱、欺诈等，数字证券能够帮助人们隐藏实际的金融交易活动，打着正常购买证券的旗号，私下里却能够迅速地完成融资、洗钱、转让等交易。这种不法行为依靠区块链技术，在全球化不断深化的背景下变得越来越便捷，使得监管部门越来越难以履行反洗钱的职责，给金融稳定带来了很大的风险与挑战。

第四章　区块链在金融领域的应用

在比特币备受追捧的同时，世界各国对比特币底层技术——区块链的关注度在持续升温。作为一种分布式记账数据库，区块链去中心化、信息不可篡改、公开透明的特点，有助于进一步加速"金融脱媒"、改善金融资源配置效率、降低金融交易成本、提升金融交易信息透明度。鉴于此，区块链在金融领域的应用备受学界和业界关注，"区块链+金融"业已成为当前关注度最高的经济社会焦点议题之一。

第一节　区块链能否拯救 P2P 网络借贷？

P2P 网络借贷作为互联网金融的重要业态，在我国本土化的过程中出现提现困难、非法集资、非法吸存、"跑路"等诸多"水土不服"的现象。部分 P2P 网络借贷平台搞资金池、归集出借人资金并放贷、信息不对称、征信体系不完善等因素，是导致当前 P2P 网络借贷行业风险频发的重要原因。

一、区块链能否"治疗"与 P2P 网络借贷的"痛点"？

P2P 网络借贷行业存在的各种乱象，是由于部分平台搞资金池，归集出借人资金并放贷，掌握出借人资金调配权以及征信体系不完善、监管不到位等因素所造成的。在 P2P 网络借贷行业规范整治、告别"野蛮生长"的大背景下，尝试利用区块链"治疗"P2P 网络借贷的"痛点"，对于助力 P2P 网络借贷平台加速转型、缓解征信难题、完善和健全行业监管体系具有一定的积极作用。

(一) 区块链实现点对点之间直接交易,为 P2P 网络借贷平台加速转型信息中介提供了技术支持

P2P 网络借贷行业表现出的"水土不服"现象,是劣质平台违规经营、非法获利行为所导致的,是劣质平台通过互联网渠道归集投资人资金并进行放贷造成的,一旦资金链断裂,这些劣质平台无法按期偿付本息,必然关张"跑路"。在图 4-1 这种经营模式下,P2P 网络借贷平台成为"中心"机构,平台不仅掌握参与者个人信息,增大了信息安全风险,也降低了信息传递效率、增加了信息不对称;与此同时,借贷平台也控制着资金价格决策权,决定了资金投向。平台实质上成为建立在互联网渠道、技术上的"传统金融中介",违背了互联网金融降低金融交易成本、提高交易效率、增加信息透明度的诉求。

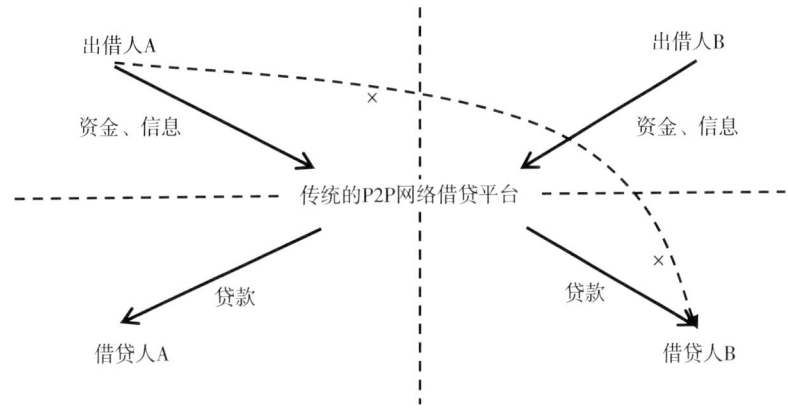

图 4-1 传统 P2P 网络借贷平台的经营模式

P2P 网络借贷平台在未来发展中要明确信息中介地位,平台要坚守政策"红线",做到不碰钱、不放贷、不增信,只为撮合出借人和借贷人达成交易提供便利条件,为参与者之间信息、价值和资金的流通交换提供"场所"。从这一点来分析,区块链在提供一个可靠的规则约束的基础上,为出借人和借贷人直接进行交易提供了可能,帮助平台加速向信息中介转型。平台将无法接触参与者资金,也不能向参与者发放贷款;同样不需要去关注每一个参与者,也不需要关注每一笔交易,而是提供便利条件帮助出借人和借贷人达成

交易。如图4-2所示，在"信息中介"提供"场所"中，出借人和贷款人"点对点"直接交易，有闲置资金、有理财需求的出借人在平台上发布资金信息，明示资金价格、借贷周期等信息，甚至可以对资金用途做出范围限定，借贷人根据需求，在平台上众多出借人中进行选择并完成交易；有资金需求的借贷人通过平台发布需求信息，出借人根据借贷人信用状况、资金用途等信息判断是否贷款；每一个出借人和借贷人都保存着所有交易信息的副本，随时从平台下载信息更新账本，可以查询交易信息，共同验证交易的合法性。

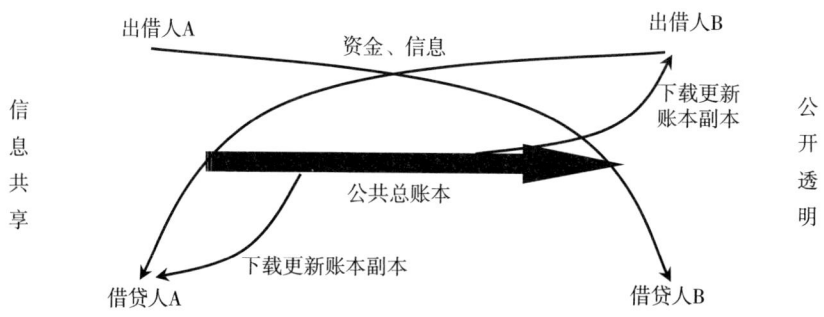

图4-2 嵌入区块链P2P网络借贷平台的经营模式

（二）区块链为智能合约的发展提供了无限可能，有利于规范P2P网络借贷行业各方参与者行为

出于抢占市场份额或攫取利润的目的，部分P2P网络借贷平台违规经营行为，干扰了P2P网络借贷行业的正常秩序，对依法合规平台的正常经营活动产生了不良影响。与此同时，劣质平台参与者恶意违规、违约行为，也让P2P网络借贷这种创新模式备受争议。基于区块链的智能合约，能够做到有效控制资金用途、增加违约成本，提高合约执行力，对于规范P2P网络借贷行业各方参与者行为大有裨益。

首先，智能合约构成了对平台经营行为的约束。智能合约能够杜绝平台搞资金池、非法集资、非法吸存、发布虚假标的、自融自保、承诺本息等违规经营行为。区块链上的交易信息都是公开透明、可追溯的，虚假标的将无法达成"共识"，交易将不被认可。出借人的资金可以附加一串代码，当符合出借人预先设定的投资偏好时，则自动执行交易，将资金直接划转到贷款人账户，平台将无法再接触出借人资金，也没有必要提供增信、担保、承诺本息，将严格按照信息中介定位开展经营活动（见图4-3）。

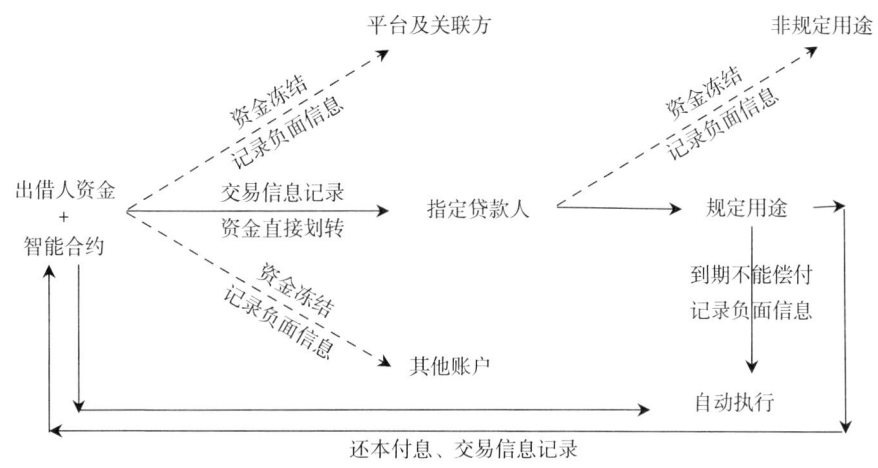

图4-3 基于智能合约的P2P网络借贷行为

其次，智能合约能够降低贷款人违约风险。当贷款人收到贷款时，则意味着事先公布的所有信息都已经成为智能合约的要件，智能合约能够确保贷款只能被认定的贷款人用于规定用途，也能对贷款人使用资金的过程进行跟踪监控，违约行为难以付诸实施。

最后，智能合约能提高执行力，保障出借人权益。出借人的贷款决策是基于贷款人在平台上公布的贷款金额、信用状况、资金用途等信息做出的，任何改变贷款用途的行为对出借人都意味着风险，智能合约降低违约风险则意味着对借款人权益的保护；当一笔贷款确实出现到期无法偿本付息的情况时，智能合约可以自动强制执行，对贷款人抵押物进行及时处置，弥补出借人的资金损失。

（三）区块链能够在一定程度上缓解征信难问题

随着P2P网络借贷行业竞争程度的日益加强，平台为了占领市场可能放松平台进入资格审查，导致劣质参与者进入平台，增加平台经营风险。在这种情况下，缓解信息不对称、解决信用问题就成为P2P网络借贷行业未来发展的关键。在资产端,完善的征信体系可以帮助 P2P 网络借贷平台识别良性资产并有效规避坏账;在资金端,完善的征信体系将成为吸引资金、积累客户的重要砝码。从现实情况分析,征信信息难以准确衡量个人信用程度且不能实现共享,是我国征信行业目前发展面临的"瓶颈"所在。

区块链对于 P2P 网络借贷平台来说,意味着一种新的征信手段,可以使平台征信不再依赖银行、征信机构,逐步建立一套新的征信体系,从而缓解信用难题。首先,区块链依靠计算机程序和算法,可以自动、完整记录平台上发生的所有交易,能够形成较为完整的征信记录;其次,包含出借人、贷款人真实交易信息(包括履约情况、违约信息等)的账本副本,保存在平台每一个参与者所持有的终端上(电脑等终端设备),征信记录实现了一定范围的共享;最后,信息公开透明、不可篡改且可查询,平台上每一个参与者都可以通过自己保存的账本副本,快速、便捷、低成本地查询其他参与者的交易信息,为借贷决策提供信用依据;此外,平台也可以利用海量的交易信息,通过大数据、云计算等手段对参与者信用状况进行分析预测,为资金交易达成提供借贷咨询等服务。

(四)区块链实现交易信息不可篡改、可追溯,有利于监管、净化 P2P 网络借贷行业

信息披露是 P2P 网络借贷平台日常化、制式化的工作,公开、透明应成为依法合规经营平台的重要特征。但是,平台信息披露的真实性和可靠性如何保障,成为相关办法能否落地、监管能否落实的重要因素。

区块链交易信息不可篡改、可追溯能够为监管提供便利,加盖时间戳的交易信息让监管机构对平台交易发生情况、交易余额情况、参与者数量、交易逾期情况等信息具有连贯性的了解,使监管更加富有效率。同时,区块链保证了信息披露的真实性和可靠性,进一步压缩了劣质平台的生存空间,行业内违反法律底线、屡屡触碰"红线"的劣质平台必将面临市场出清,P2P 网络借贷行业去芜存菁的大幕即将拉开。

(五)区块链能够有效保障 P2P 网络借贷平台参与者的信息安全

一方面,根据信息对称和共享开放的要求,参与者进入平台须填写真实有效的身份信息，或被要求绑定银行卡、手机号码等，以便核实参与者真实身份信息；另一方面，IT 系统不牢靠、信息安全保障低是 P2P 网络借贷平台面临的一大风险。由于 P2P 网络借贷行业暂无统一标准和准入门槛，且监管主体暂时缺位，导致部分劣质平台进入 P2P 网络借贷行业，这部分平台既无风险管理手段也无牢靠的 IT 技术，极其容易受到黑客攻击，使平台参与者信息面临较大的个人信息泄露风险。

区块链利用分布式智能身份认证系统，可以在确保平台参与者身份信息真实可靠的基础上，防止参与者个人信息泄露。平台参与者将在区块链上注册的用户名与个人其他有效身份信息（可以是微信、QQ、银行卡、驾驶证信息）相互验证并达成"共识"，从而在区块链上创建专属的、真实可靠的"智能身份信息"。在分布式管理的基础上，参与者的个人信息丢失、被恶意篡改的风险也被大大降低。区块链利用加密技术，帮助平台参与者隐匿真实身份信息，其他参与者通过公钥查询也仅限于交易信息，当查询参与者身份信息时，得到的结果仅是区块链上的用户名或者是一串地址代码，只有参与者本人通过私钥才能获得身份信息，从而能够对参与者的个人信息形成有效保护。

二、区块链仍然无法帮助 P2P 网络借贷行业解决的问题

如前所述，区块链的嵌入能为 P2P 网络借贷行业带来一系列"新鲜元素"，但区块链在当前仍存在一定的风险和亟待解决的问题。

（一）点对点直接交易与当前资金存管的要求形成冲突

P2P 网络借贷平台搞资金池，归集出借人资金并放贷、掌握出借人资金调配权是导致当前 P2P 网络借贷行业风险频发的根本原因。严格落实客户资金第三方存管，要求平台选择符合条件的银行业金融机构作为资金存管机构，理所应当地成为 P2P 网络借贷行业的进入"门槛"。而区块链实现的出借人与贷款人之间点对点的直接交易与资金第三方存管的要求相冲突，未来如何在两者之间权衡，需要监管方、P2P 网络借贷平台以及银行业金融机构等共同

探索、不断尝试。

(二) 去中心化是个伪命题吗？

区块链去中心化的特点解决了"中心"机构（或中介）带来的信息不对称和信息安全风险，提高了金融交易的效率。不可否认的是，在用户数量较小的初期，掌握区块链上 51% 以上的计算能力相对容易，区块链受到攻击且信息被篡改的风险不可忽视。因此，在发展初期，一个能够有效保障交易达成、信息安全的"中心"机构（或中介）还是有必要存在的。

(三) 反洗钱和恐怖融资风险依然是区块链的一处软肋

在区块链上，任一节点都可以将资金转移到其他节点，虽然交易信息被记录下来，但由于区块链的匿名性，使得客户真实身份识别难度增大，反洗钱和恐怖融资犯罪取证相对困难。但也应该看到，区块链在追踪资金流向、交易记录保存方面还是存在一定技术优势的。

(四) 技术风险不可能完全避免

区块链的交易规则以及智能合约，实际上都是由计算机程序和语言控制的，是自动化的。在去中心化的作用下，因缺乏强有力的指导和控制，出现技术性、操作性失误的风险是不可能完全避免的。当失误未被及时发现时，系统将按照错误程序继续执行，可能放大单次失误带来的影响，且修正这些失误带来的损失将付出较大成本。

(五) 平台参与者固有使用习惯短时间内难以迅速转变

由于现有 P2P 网络借贷平台部分技术具有的客户黏性，区块链要嵌入到平台中并被参与者广泛接受和认可，还需要打破路径依赖，围绕参与者需求对区块链进行改造完善，主动迎合参与者使用习惯。

鉴于此，区块链的本质和特点与 P2P 网络借贷行业规范发展的要求确实存在一定程度的契合性，但离广泛应用还有一段距离，也面临一系列技术问题，同样需要在监管部门的支持下允许 P2P 网络借贷平台开展尝试。总之，区块链是否能够真正嵌入 P2P 网络借贷行业还有很长的路要走。

第二节 区块链在互联网保险行业的应用

随着互联网、大数据、云计算等新兴技术的快速发展，我国互联网保险得到了长足的发展，互联网保险保费呈现出爆发式增长态势。在互联网保险激烈的竞争格局之下，随着金融科技概念的兴起，如何将高新科技与保险行业进行深度融合已逐渐成为互联网保险平台发展自身竞争优势的主流方向。鉴于此，研究和探讨区块链能给互联网保险行业创造哪些发展机遇，互联网保险平台应如何"拥抱"区块链应成为监管部门和业界共同重点关注的议题。

一、区块链在互联网保险行业的创新应用

区块链是一串使用密码学方法相关联产生的数据块，每一个数据块中包含了一次网络交易的信息，可以验证交易信息的有效性并生成下一个区块。区块链在记录交易信息的同时，可以有效保护交易参与者的身份信息，并将交易信息盖上时间戳后在全网公开，同时发送给网络内的每一个节点，由所有节点共同验证达成"共识"，从而形成无须第三方介入的创新型信任机制。区块链的特点与互联网保险未来发展所关注的"互助保险、数据安全、信息公开透明、降低管理成本、提升客户体验"等要求存在很高的契合度。

（一）区块链分布式、去中心化的特点使"点对点"交易成为可能，为互联网微型互助保险提供了发展机遇

"中心"机构（或中介）具有专业化优势，由其为达成金融交易提供相关服务是较为经济的，但"中心"机构（或中介）在掌握交易各参与者信息的同时，隔断了参与者之间相互联接的渠道，阻碍了参与者之间信息、资源的流通，实际上增加了交易过程中的信息不对称性。

分布式记账的区块链是一种基于共享理念的技术，在既定交易规则约束下，所有交易都能自动进行，无须第三方进行管理或提供信任。交易数据不

是存储在某些特定的服务器或中心节点上,而是在每一个节点之间共享。从这个角度分析,区块链使"点对点"交易成为可能,使保险可以不再依赖"中心"机构(或中介),形成"去中心化(或中介化)"的自治型保险组织,提供了一种点对点之间的风险融资解决方案,为互联网微型互助保险创造了发展机遇。在区块链的支持下,这种自治型保险组织可以通过预先设定的规则,在不需要第三方干预的情况下,让具有共同需求和面临同样风险的客户自行完成保险交易,通过预交风险损失补偿分摊金,实现直接、主动管理风险。

(二)区块链有利于加强对客户信息的保护

区块链能保障参与者信息不被他人窃取,虽然全网每个节点都保存着每笔交易信息数据,但通过公钥和密钥的设置,每个节点在进行信息查询时只能查询到交易数据,而参与者个人信息则是隐匿的,保障了参与者个人信息免于泄露,也能够使参与者在完成交易的同时,不受其他信息干扰。

在信息保护层面,购买保险需要提交客户真实有效的身份信息,以及健康状况信息或财产信息等,这对互联网保险平台信息保护能力提出了较高要求。信息安全保障水平低、信息泄露是互联网保险平台目前面临的一大风险。2015年7月,《互联网保险业务监管暂行办法》明确提出:"保险机构应加强客户信息管理,确保客户资料信息真实有效,保证信息采集、处理及使用的安全性和合法性。对开展互联网保险业务过程中收集的客户信息,保险机构应严格保密,不得泄露,未经客户同意,不得将客户信息用于所提供服务之外的目的"。由于信息管理、信息保护暂无统一标准和管理细则,导致互联网保险平台面临较大的信息泄露风险。

区块链利用分布式智能身份认证系统,可以在确保客户身份信息真实可靠的基础上,防止信息泄露。客户将在区块链上注册的用户名与个人其他有效身份信息相互验证并达成"共识",实现个人信息数字化管理,个人信息丢失、被人为篡改的风险也被大大降低。借助加密技术,客户真实身份信息被隐匿,其他节点查询也仅限于交易信息,只有客户本人通过密钥才能获得身份信息,从而能够对个人信息形成有效保护。

(三) 区块链使智能合约从虚拟转化为现实

智能合约实际上就是按照既定合约条款，当某些条件触发时，能够自动执行的计算机程序。区块链的出现，为智能合约从虚拟转化为现实提供了无限可能。

智能合约的出现对互联网保险发展具有重要的意义。比如，通过区块链储存一个到货延迟险，并借助互联网渠道与电商平台、物流平台相连接，获得购买信息、物流信息。交易完成并确认后，区块链会自动对购物交易进行记录，包括物品信息、发货信息和商家承诺到货时间等，一旦到货时间发生延误，智能合约就会被触发，对投保人进行支付理赔。由于此前交易信息已经被记录且在区块链上并达成"共识"，故而排除了个人主观判断因素，也不会存在信息伪造或篡改，一切都是在智能合约事先设定的程序下运行的，做到了自动和及时理赔，也避免了欺诈行为，同时减少了理赔处理成本，提升了客户和保险平台双方的满意度。

(四) 区块链构筑的信任机制能进一步提升消费体验

互联网保险打破了保险销售的地域和时间限制，客户通过互联网可以随时随地选择符合自身偏好的保险平台与保险产品。在互联网保险带来便捷、低成本、信息透明、低费率保险服务的同时，由于固有消费习惯和偏好的影响，客户通过互联网购买保险产品可能存在是否操作失误、是否购买成功、线下理赔是否会被受理等疑虑，这对客户的购买体验产生了负面影响，且一旦产生纠纷，这部分客户可能将不再选择通过互联网渠道购买保险产品。

区块链在互联网保险平台和客户之间打造一种全新的交互方式，向客户提供了一种全新的购买体验。客户购买保险服务后，全网所有节点都保存有购买行为的副本，购买行为在全网范围将被共同验证并达成共识，确保购买行为真实有效。

(五) 区块链能在一定程度上降低互联网保险平台信息不对称风险

以互联网健康险为例，客户的身体状况、体检信息、职业信息、住院医疗信息均由客户提供，互联网保险平台很难全面核实客户提供信息的真实性，从而会对产品费率、理赔等环节产生不可预期的影响。

区块链作为一种公开记账的技术，在记录交易的同时向全网内所有节点公布交易信息，保证各节点能同步交易信息。区块链可以实现互联网保险平台、客户、体检机构、医院等相关交易方共同验证的信任机制，形成一个完整的保险生态圈。客户身体状况、职业信息、体检、医疗等相关信息和数据将被记录并在全网内实时广播，并得到相关交易方的共同验证，确保信息真实有效，从而有效降低信息不对称风险。

（六）区块链能够进一步压缩互联网保险成本

从传统保险到互联网保险，传统的代理人制度受到了冲击，保险营销成本下降，保险费率得到释放。从目前互联网保险发展来看，保单审核、合规审查、理赔等环节还是需要人来操作，如这些环节由电脑程序来控制，可以预见，保险成本还将有较大的下降空间。

区块链可以保证所有交易按照既定的规则执行，这对于定制化风险评估、缩短承保周期大有裨益。同时，区块链上的规则是公开透明的，可以被用户查验。以比特币为例，整个比特币软件的源代码是公开的，任何人都可以查验，这种交易信息的公开透明，保证所有交易都是可查询的。基于区块链的保险服务，投保、承保、理赔等环节基本可以不需要人为操作，能够有效避免欺诈等不诚信行为，降低保险成本和互联网保险平台面临的风险，进一步释放保费空间。

（七）区块链能保证交易信息安全、真实可靠，提高了保单的可查询性

区块链上的每一个节点都可以验证账本的完整程度和真实可靠性，确保所有交易信息是没有被篡改的、真实有效的；区块链上每一个节点都保存着所有交易信息的副本，当区块链上的数据和参与者数量非常庞大时，修改信息的成本将会非常高，至少需要掌握超过全网51%以上的运算能力才有可能修改信息，修改成本可能远超预期收益；当部分节点的信息被恶意篡改了，区块链上其他节点会在短时间内发现这些未达成"共识"的信息并进行维护和更新，故而理论上区块链上的交易信息是不可篡改的。

源于区块链数据的真实可靠和不可篡改等特点，其能够保证保单信息的真实性，可以进一步保障客户权益，提升客户满意度。鉴于区块链分布式记账的特点，保单不仅是存储在"中心"机构（或中介）的服务器，还在全网所有的节点保存有交易副本，即使"中心"机构（或中介）存储系统受到黑客攻击或因操作失误等因素造成数据丢失，客户的保单依然可以通过区块链上其他节点的交易副本进行查询，提升了保单的可查询性。

二、区块链在互联网保险行业推广应用需要解决的几个问题

（一）从目前发展情况分析，互联网保险平台"中心"机构的作用是不可或缺的

区块链去中心化的特点，在互联网保险行业表述为"弱中心化"将更为贴切。区块链去中心化的特点解决了"中心"机构（或中介）带来的信息不对称和信息安全风险，提高了金融交易的效率。但不可否认的是，在互联网保险行业，由于互助保险发展尚不充分以及"大数法则"的影响，只有保险平台才有能力集合大量面临同样风险或有同样保险需求的样本群体，只有保险平台才具有在大量出险时进行支付理赔的能力。因此，保险平台作为"中心"机构（或中介）存在还是有必要的。

（二）主观上道德风险依然存在

区块链上的节点与技术设计人员依然是委托—代理关系，在缺乏有效激励手段的情况下，技术设计人员人为设置交易规则漏洞的情况将难以有效避免。

（三）缺乏区块链的监管法律和制度

有必要对区块链的监管法律和制度进行研究，尽快明确区块链的法律属性。当监管大幅滞后于技术发展时，一旦发生区块链被攻击、客户个人信息泄露等事件，区块链的发展前景将受到质疑，整个区块链生态环境将受较大负面影响。

第三节　区块链能否将产品众筹送上发展的快车道？

随着共享经济、共享金融概念的兴起，互联网金融新业态、新模式不断涌现，产品众筹作为一种新兴融资模式对社会生产方式和公众生活方式产生着广泛而深刻的影响，整个行业展现出良好的发展前景。近年来，区块链逐渐受到金融行业热捧，国内外政府部门、金融机构纷纷开始研究区块链的具体应用并积极进行探索和实践，其去中心化、信息公开透明、信息不可篡改、匿名性、重视契约精神与当前产品众筹行业健康有序发展的内在要求存在较高的契合度。

一、我国产品众筹行业发展现状及存在的风险

（一）我国产品众筹行业发展现状

近年来，互联网金融的迅猛发展使产品众筹融资模式迅速获得公众青睐，电子商务平台、传统金融机构与互联网金融机构、互联网企业纷纷上线产品众筹平台，越来越多的初创型企业、个人创业者开始通过产品众筹平台满足创业和发展的资金需求。

2015 年 9 月，国务院印发《关于加快构建大众创业万众创新支撑平台的指导意见》，明确了众筹在拓展创业创新与市场资源、社会需求对接通道，搭建多方参与的协同机制，丰富创业创新组织形态，优化劳动、信息、知识、技术、管理、资本等资源配置方式领域所发挥的重要作用，提出要顺应"互联网＋"浪潮，按照"坚持市场主导、包容创业创新、公平有序发展、优化治理方式、深化开放合作"的基本原则，营造众筹发展的良好环境，使众筹在更大范围、更高层次、更深程度推进"大众创业、万众创新"。

在我国产品众筹行业高速发展的同时，也应看到自 2011 年至今，我国产品众筹行业仅仅经历了 8 年的时间，目前仍然处于起步阶段，产品众筹行业

标准、规范及相关制度（信息披露、消费者教育与权益保护等）尚未建立；同时由于监管主体尚未到位、监管制度缺失等因素，众筹平台违规经营、虚报项目信息、筹资人违约、信息泄露等潜在风险不容忽视，一旦风险事件频繁爆发，将对产品众筹行业的健康有序发展产生不可预计的负面影响。

(二) 产品众筹行业的业务流程

目前，我国产品众筹行业已经形成了较为规范的业务流程（如图4-4所示）。

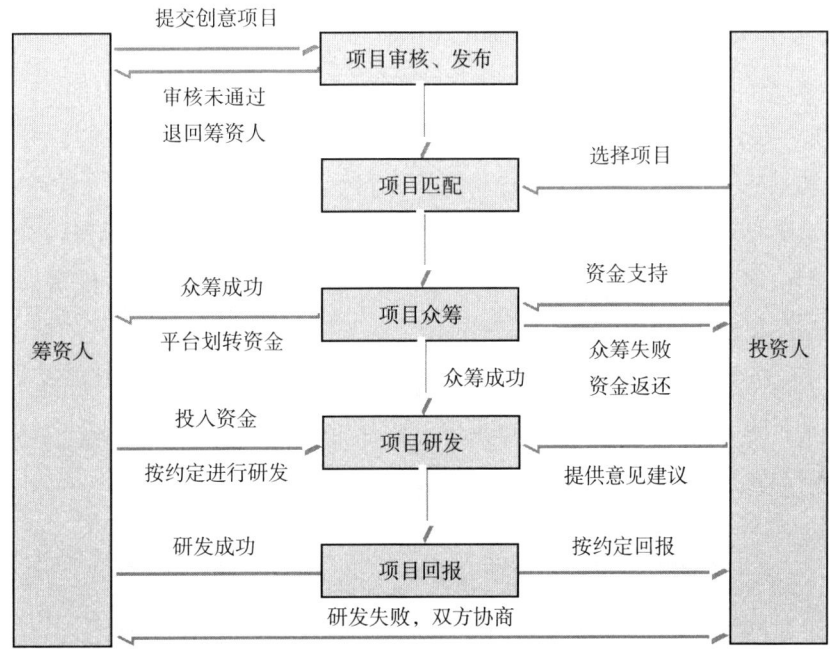

图4-4 我国产品众筹行业业务流程

1. 项目审核与发布环节。筹资人向产品众筹平台提交创意项目。项目审核通过的，在平台发布；项目审核未通过的，退回筹资人。

2. 项目匹配环节。投资人根据项目信息、自身投资偏好选择项目并提供资金支持。

3. 项目众筹环节。根据实际众筹进度判断项目是否众筹成功。如果项目众筹总额达到或超过预先设定的众筹额度,则项目众筹成功。平台扣除佣金或手续费后将剩余项目众筹资金划转给筹资人;如果项目众筹总额未达到预先设定的众筹额度,则项目众筹失败。平台将已募集的资金返还给投资人。

4. 项目研发环节。筹资人收到资金后,按照事先公布的项目信息,进行产品设计研发。在此期间,筹资人、投资人双方可就项目研发进行沟通交流,以便不断完善项目实施方案,提升项目研发成功率。

5. 项目回报环节。项目研发成功的,筹资人按照事先约定回报投资人;项目研发失败的,筹资人向投资人返还资金或双方协商沟通确定补偿方式。

(三) 我国产品众筹行业存在的主要风险

从产品众筹行业业务流程来看,其风险主要体现在以下几个方面:

1. 产品众筹平台在项目众筹期间掌握投资人资金,可能存在违规经营风险。项目在产品众筹平台发布后,投资人将资金存入产品众筹平台账户,在项目众筹成功后,平台扣除佣金或手续费后将剩余项目众筹资金划转给筹资人,即从项目众筹开始到结束期间,产品众筹平台实际上掌握了投资人资金的调配权和使用权。在平台管理不规范或第三方资金存管制度缺失的情况下,存在资金挪用、延期划转给筹资人等风险。在极端情况下,不排除产品众筹平台发布虚假标的、为项目提供担保、误导投资人的可能。违规经营是导致产品众筹平台出现清盘、恶意跑路、无法回款等乱象的重要原因。

2. 众筹进度信息造假,放大"羊群效应"危害性。经济学中的"羊群效应",是指投资者在没有形成预期或未完全掌握一手信息的情况下,会根据其他投资者的行为来改变自己的行为。在产品众筹平台信息披露标准尚未制定的情况下,平台出于提升知名度、抢占市场份额等目的,可能虚报众筹进度信息,人为提高众筹进度来吸引更多的投资人。虚高的众筹进度信息可能吸引那些缺乏互联网投资经验、金融知识较为匮乏的投资人"盲从跟投",使实际无法完成众筹的项目最终众筹成功,对投资人权益构成潜在威胁。

3. 筹资人违约风险。第一,投资人根据项目信息(项目期限、资金用途等)作出投资决策,未按照项目约定使用资金对投资人意味着风险、意味着可能的资金损失。在产品众筹平台缺乏有效的筹后管理手段时,筹资人更改资金用途、违背约定将资金用于项目研发设计以外用途的风险难以避免。第二，如果项目研发失败，筹资人可能难以按照约定回报投资人或偿还投资人资金。第三，即使项目研发成功，筹资人也可能不按照约定回报投资人。

4. 客户信息泄露风险。投资人、筹资人在参与产品众筹时须使用真实身份信息注册，需要绑定手机号码、银行卡等，部分众筹平台甚至将投资人参与众筹情况在网站公布，对客户个人信息安全构成较大威胁。如何在合法采集客户信息的基础上，有效防止泄露客户信息、杜绝出现未经客户同意擅自将其信息用作产品众筹服务以外用途等行为，已经成为目前我国产品众筹行业面临的一大挑战。

二、区块链在产品众筹行业的应用

(一)"点对点"直接交易能够有效防范产品众筹平台违规经营风险

区块链为产品众筹提供了一种全新的交互方式，投资人可以不再依赖众筹平台这一"中心机构"，能够将资金直接划转至筹资人账户，项目众筹成功后，筹资人可以在第一时间将资金投入到项目研发中，提升资金使用效率；投资人与筹资人"直接交易"使众筹平台无法接触资金，只能充当信息中介，为众筹融资提供"场所"和配套服务，从而更有利于平台做到合法合规经营，消除平台归集投资人资金搞资金池、提供增信或担保等潜在风险。

(二) 区块链能够保证交易信息公开透明、不可篡改，保障项目众筹相关信息真实可靠

区块链的应用能够确保如实反映项目众筹进度等信息，为投资人投资决策提供正确导向和参考依据。区块链可以随时记录项目众筹进度，投资人投给筹资人的每笔资金都会被自动记录，然后加盖时间戳在全网内进行公开，由所有节点共同验证后达成"共识"，确保交易信息真实可靠。当众筹进度被恶意篡改时，在下一个投资人投资支持项目后，所有节点的账本副本会被同步更新，真实众筹进度将自动覆盖被篡改的进度，且恶意篡改行为将被及时发现并纠正，同时提示该项目存在风险，为投资人提供警示。

(三)智能合约能够进一步降低筹资人违约行为的危害性

一方面,嵌套智能合约的产品众筹项目能够降低筹资人违约风险。投资人可以在投给筹资人的资金上附加一串代码规定资金用途,当筹资人未按照约定将资金用于众筹项目研发之外的用途时,资金将被冻结,同时记录筹资人违约信息并在全网公开,增加筹资人违约成本、降低违约风险发生概率。

另一方面,智能合约能提高执行力,保障投资人权益。当筹资人未按约定对投资人进行回报时,智能合约能够强制执行,对筹资人资产、项目风险保证金等进行及时处置,弥补投资人权益损失。

(四)区块链利用分布式智能身份认证系统加强对客户信息的保护,有效防范信息泄露风险

区块链利用个人信息数字化管理技术,在防止客户个人信息丢失、被人为篡改的基础上,通过公钥和私钥的设置有效保障客户个人信息安全。区块链使众筹平台上的每个节点都可以验证众筹项目交易信息的完整程度和真实可靠性,但这也仅限于查询交易信息,投资人、筹资人的个人身份信息是隐匿的,只有投资人、筹资人本人通过私钥才能查询,从而对其个人信息形成有效保护,使其在完成交易的同时免受其他无关系信息干扰。

第四节 "双链融合":供应链发展新机遇

一、传统供应链金融的发展"瓶颈"

供应链金融的本质是给供应商提供融资支持。在实践中,供货商提供产品给核心企业后,并不会立刻得到货款,而是经过一个账期才能拿到货款,一般1~6个月的账期是比较常见的,在此期间对供应商来说只是一笔应收账款。相比之下,供应商的资金压力较大,客观上需要得到银行贷款支持。但是在一般的企业贷款中,银行需要供应商提供抵押物,这个抵押物可能是固

定资产，如土地、房产等，也可能是与行业相关的产品，而产品的价值是随市场波动而波动的，这就导致许多中小企业供应商融资比较困难。

在供应链金融中，供应商可以将应收账款、商业汇票、银行汇票等作为抵押物获得贷款。以应收账款融资为例，供应商将应收账款抵押给银行后，银行扣除一定利息后将款项支付给供应商，应收账款到期后，核心企业将款项直接支付给银行而不是供应商。显然，在这种融资方式下，核心企业的信用非常重要，银行需要评估核心企业能否到期支付这笔款项。如果应收账款背后的交易是真实的，供应商与核心企业之间的合作关系是长期稳定的，那么融资过程会相对容易一些。

但是由于种种原因，实践中传统的供应链融资模式存在以下几个"瓶颈"问题。

（一）与核心企业关系较远的中小企业融资难

供应链金融是以核心企业生产过程和产品销售过程中的资金需求为中心，供应商根据与核心企业的关系，可以分为不同级别的供应商，比如一级供应商是指直接为核心企业供货或者经销产品的企业，二级供应商则是一级供应商直接的上下游企业，其他级别的供应商以此类推。为了控制风险，商业银行往往倾向于为一级供应商提供服务，从而导致更多的二级、三级供应商融资需求得不到满足，在某种程度上减弱了金融发挥其在整条供应链上的润滑剂作用。

（二）核心企业在供应链融资中作用过大

核心企业的信用直接决定了应收账款、票据等标的物的流动性。核心企业作为供应链的中心，掌握了行业中核心数据，核心企业在供应链金融中掌握控制权。核心企业模式也是供应链金融的主要模式，但是核心企业模式拓展性较小，只能适用于本行业的供应链金融。

（三）由于供应链交易过程环节多，透明度低，银行风控成本较高

由于交易链条过长、交易环节较多，很难追溯所有的交易过程，银行很难确定交易的真实性、票据等标的物是否存在重复抵押的问题。而且，供应

链金融是典型的多方交易,涉及商业银行、核心企业、供应商以及一些增信机构等其他金融机构,多方参与就需要多方协调和认证,过程比较繁杂,各方参与主体将进行大量的人力、物力的投入去辨别信息的真实性、准确性,从而导致交易成本较高。

二、"区块链+供应链金融"能产生怎样的化学反应?

区块链在记录双方交易中具有较强的优势,不仅提高了效率,还保证交易能被追溯,并且永久保留交易记录,非常适合应用在资产领域、溯源、存证等场景。而供应链金融正好融合了资产确权、票据贴现和质押等资产交易,电子合同、身份信息、票据追踪等元素。区块链与供应链的融合将带来新的变革。

(一)区块链将使得供应链更加透明

区块链有许多技术手段可以增强供应链的透明性,比如开发数字票据,构建联盟链,追溯标的物,将关键信息和交易过程上链,进入账簿记录以及为供应链金融的交易状态提供实时的视图等。

(二)区块链将重建供应链多方交易主体的信用机制

基于加密数字技术,区块链创造了一种独立于第三方的共识机制,因为每一个录入系统的数据都将通过某种加密数字技术的验证,并且数据都带有时间戳,加密技术的不可破解和时间的不可逆转保证了记录过程的不可篡改性。此外,区块链上的数据是公开的,参与主体均能平等地访问相应的数据,满足参与方的知情权,因此供应链金融的多方参与者更能达成共识。这种信用共识不是基于核心企业,而是基于技术,并且这种信用机制使得交易能够跨越地域限制,减少交易环节。

(三)区块链将有效降低供应链金融的交易成本

由于交易过程更加透明,凭证统一,多方交易主体的信任得到加强,标的物的流转效率和灵活性都得到提高,并且银行能掌握更多的贷款企业的信息,风控成本也会大幅降低。

(四) 区块链将提供一个更安全、更稳定的供应链金融系统

区块链是分布式的网络架构，由网络上所有节点共同维护账簿，每个节点都有所有交易数据的副本，每一笔交易被加入账簿之前，都会经过复杂的验证，一旦进入账簿，就不能修改，并且任何一个节点的崩溃都不会影响整个系统的运行。

(五) 区块链将催生供应链金融新的业务模式

从参与主体上来说，除了传统的参与主体——核心企业、供应商、银行等金融机构以及其他金融机构之外，科技企业比如提供算法服务的公司将成为新型供应链金融平台中的一个重要角色。从产品创新上来说，由于交易过程透明化，可以根据每个时间节点标的物的特征开发新的金融产品。

第五节 区块链在银行证券业的应用

一、区块链在银行业的应用

银行业是我国金融业的重要组成部分，占据了整个金融行业70%的体量。银行业还具有丰富、庞大的业务体系，这既对"区块链+银行"领域的应用提出了要求，也为区块链在银行领域的应用提供了土壤。区块链在银行领域的应用主要包括数字票据、结算业务、信贷业务、数字货币和风险防范等多个方面。

(一) 基于区块链的银行票据业务

票据是金融业的传统业务，近年来，随着中国人民银行电子商业汇票系统的上线，票据业务在整体规模上有了较快的发展，成为银行业务的重要组成部分。基于区块链的银行票据业务主要是通过区块链实现银行的票据业务数字化，同时实现数字票据流转过程的优化管理。基于区块链的数字票据能够实现非中心化的信息传递，通过底层智能合约框架实现自动化流程降低操

作风险和道德风险。区块链合约的全网广播和不可篡改的特性保证交易的可靠性，同时为票据交易业务提供了可追溯的途径，为持票方增加了商业信用。银行实现数字票据的优化管理具有去中介化、便利性、安全性、可追溯性等特点。通过区块链的应用，能够强化防伪和杜绝欺诈，支持多种票据创新业务模式，为金融系统健康稳定提供根本保障（如图4-5所示）。

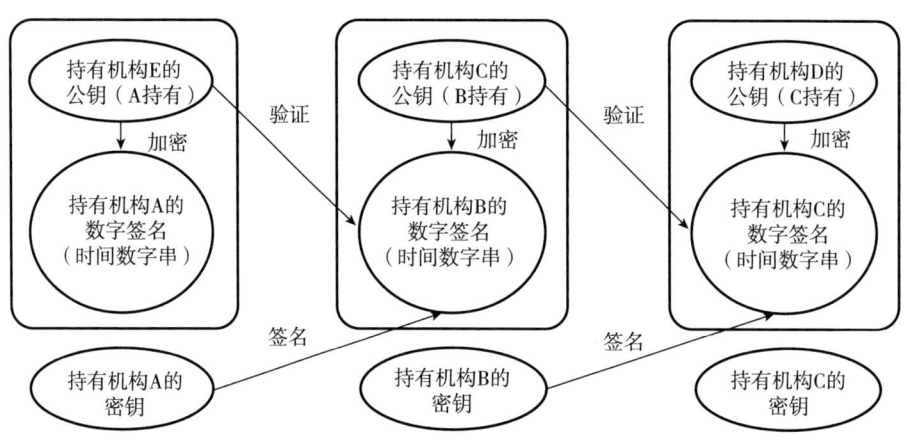

图4-5 数字票据的流转

目前，国际区块链联盟联合以太坊、微软共同研发了一套基于区块链的商业票据交易系统，高盛、摩根大通、瑞士联合银行、巴克莱银行等著名国际金融机构加入了试用，并对票据交易、票据签发、票据赎回等功能进行了公开测试。

(二) 基于区块链的银行结算业务

银行的结算业务主要是为了实现商业交易中的交易流和资金流的融合，如何更有效地提升业务效率，降低信用风险，是银行结算业务的核心。基于区块链的银行结算业务可以实现结算业务的去中心化，使用分布式记账方法，数字交易不可篡改，能够提升银行结算业务的处理速度，降低交易成本和信用风险，从而实现结算流程的优化（如图4-6所示）。

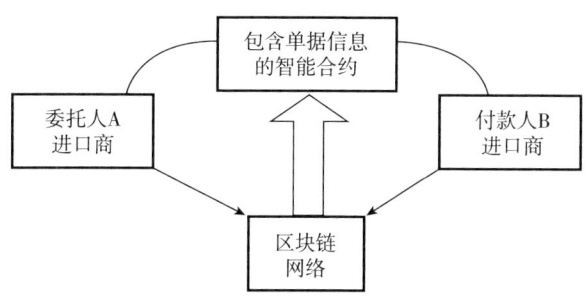

图4-6 基于区块链的结算业务流程

区块链在银行结算业务的应用对于银行系统的跨境支付及跨境贸易都有更加积极的影响。在跨境支付中，区块链的安全性和可追踪性能有效解决流程复杂、成本高昂、风险识别等问题。在跨境贸易中，银行可以通过区块链和智能合约，在保证交易真实可靠的同时实现交易的可追踪性和可执行性。

（三）基于区块链的其他银行业务

银行传统信贷业务，尤其是小微贷款和涉农贷款等一直受到信息不对称、管理成本高、授信和信用场景线上化难度大等问题的困扰。通过区块链的应用，不仅能有效控制信贷业务成本，提升信贷业务效率，也对促进金融普惠发展有积极的影响。

二、区块链在证券业的应用

区块链作为去中心化、点对点的分布式记账系统，具有分布式去中心化存储、信息高度透明与不可篡改等特征，对现代金融业的发展产生了巨大的影响。证券业作为金融业的重要组成部分，其与区块链在证券发行、交易、结算清算、场外业务和司法监管等各流程环节的融合应用将加速证券行业的进步步伐。"区块链+证券"的应用能够提高证券行业效率、增加行业透明度、降低交易成本和提升可靠性。美国证监会主席玛丽·怀特（Mary Jo White，2016）指出："区块链在提升证券市场交易、清算、交收环节的现代化水平，简化业务流程，甚至替代某些业务环节等方面具有潜力。"

(一)"区块链+证券"技术应用

随着区块链的不断发展和成熟,其与证券业务的应用融合将不断加深和拓展。具体来看,区块链技术在证券发行与转让、登记与存管、清算与结算等环节都具有较大的发展潜力。此外,一些学者还强调,区块链在证券行业的场外业务中具有广阔的发展前景。

1. 区块链在证券发行与交易中的应用

证券在发行的过程中,由于存在信息不对称、信息披露不完整、潜在利益冲突等不足,容易造成欺诈和造假。将证券发行布局到区块链以后,能够进一步提升首次公开募股(Initial Public Offering,IPO)透明度,去中心化的分布式记账方法会增加企业的造假成本,弱化造假行为同时降低成本、提升效率。发行人利用区块链及智能合约能够实现证券发行的智能化办理,可增强发行的便捷性和灵活性。

基于区块链的证券交易可以改变传统交易模式,通过分布式交易网络实现点对点的交易模式,减少了内幕交易和"暗箱操作",减少了证券交易成本,提高了市场效率。基于区块链构建一套通用的分布式券商交易系统,无须第三方托管机构,以实时方式自动建立信任,实现价值转移,区块链将所交易的资产转化为"智能合约",完成点对点的实时交易,从而显著降低价值转移的成本,大幅提升清算与结算流程效率,缩短清算与结算时间,并通过效率和透明度的提升来增强投资者的信心。当前,全球的各大证券交易所已经纷纷布局区块链,纳斯达克 Linq 平台已经实现了第一笔交易。

2. 区块链在登记与存管业务中的应用

将区块链技术应用在证券登记与存管中,将不再需要传统中心化的集中登记与存管,数据和信息将分布在每一个节点上,透明可追溯。还可以借助"区块链+智能合约"实现登记的派生业务,如股份拆分、权益分派和股票质押等。同时,证券的交易和变更可实现智能化,交易变更还可进行全网广播,提升了效率、透明度和可靠性。此外,去中心化的服务可以弱化中心化登记存管行为,传统的登记机构或将被取代。

3. 区块链在清算和结算业务中的应用

证券的清算和结算是证券交易系统的核心。结算过程中面临操作风险、违约风险、技术系统风险和系统性风险等多种风险。区块链能够弥补清算、结算技术的不足，通过智能合约降低操作风险。区块链分布式记账本身能够降低违约风险。在证券行业中，资金托管、产品登记、信息披露等都是为解决金融中最为核心的信息不对称问题，即解决信任问题。区块链基于共识的数学算法，通过技术背书而非中心化信用机构建立信用，有望低成本、高效率、高安全性地解决证券行业的信任问题。

4. 区块链在场外业务中的应用

首先，区块链可较好地实现类似于中央证券机构承担的数据中心职能、信用担保职能、强制执行职能，并且可缩减执行上述职能所需要的成本，有效控制场外交易风险。其次，利用区块链，可针对不同发展阶段、发展规模的中小企业建立一本账，以全网透明、主体匿名方式记录、管理和保存企业证券发行相关信息，通过智能合约设定证券公开、非公开的发行方式，并设立监管节点进行不同主体的差异化监管，有利于改变当前单一的发行核准制度，可简化场外发行和交易流程，提升交易效率，创造价值。最后，引入区块链可通过分布式、全网互联、数据共享、多中心化的技术体系，打破各个区域股权市场之间的数据孤岛问题，充分发挥区块链的开放性、共享性、匿名性，实现高效征信，对参与交易的各相关方的身份、信用状况、投资经理、风险承受能力等进行信息可追溯性管理，从而打破各地股权市场割裂的格局，构建区域股权市场间联动机制。此外，区块链还有助于解决场外分散交易市场信息化建设和运营的困境。

（二）"区块链＋证券"应用的行业监管

与其他区块链的应用相同，"区块链＋证券"的应用要重点防范技术安全和应用安全，加强"区块链＋证券"行业的技术监管和应用监管。区块链每个节点都拥有全链总账，一旦区块链系统被黑客攻陷，不仅被攻陷节点的信息会被窃取，全链储存的总账信息都可能被复制。有专家指出，风险安全隐患是证券区块链大规模应用的重要难题，这类风险隐患可能会给整个交易市场和金融市场的基础设施带来较大影响，包括证券交易所、中央证券存管、证券结算系统或交易信息库。此外，对于区块链在证券行业的具体应用，应当符合金融市场规定和金融行业规则，行业的规范化应用和经营不容忽视。2017年1月，中国人民银行对国内3家比特币交易平台进行检查和约谈，指出其存在超范围经营、违规开展配资业务、投资者资金未实行第三方存管、未建立反洗钱内控制度等问题。

第五章　区块链在非金融领域的应用

区块链可以形成去中介的、无须信任积累的信用范式，被广泛应用于多个行业和领域。除金融领域应用外，区块链技术在非金融领域的运用也非常广泛，如政务领域、食品溯源领域、教育领域、医疗领域和能源领域等。

第一节　区块链在政务领域的应用

在政务领域，区块链技术逐渐成为优化政府运转的工具，助力"阳光政府"建设：一是区块链能有效增加政府信息和数据的透明性、可靠性以及安全性，减少政府腐败；二是将区块链技术应用于选举制度等可以提升政府的制度效率；三是将区块链技术应用于公共服务领域，可以降低政府提供公共服务的成本并提升效率。区块链作为透明政府难题解决方案的共识已经初步获得了联合国相关人员的认可。联合国区块链技术顾问 Yoshiyuki 认为，一旦区块链被成功部署，记录资金去向和分配情况，将能够减少内部纠纷、提高资源分配效率。英国、美国、俄罗斯等多国政府，都积极尝试和推动区块链技术在多场景公共服务的应用。

一、增加政府信息和数据透明性

分布式区块链网络能够有效增加政府信息和数据的透明性、可靠性以及安全性。首先，系统中所有节点之间无须信任也可以进行交易，因为数据库和整个系统的运作是公开透明的，在系统的规则和时间范围内，节点之间无法欺骗彼此。其次，区块链的系统是开放的，除了交易各方的私有信息被加密外，区块链的数据对所有人公开，任何人都可以通过公开的接口查询区块链数据和开发相关应用，因此整个系统信息高度透明。最后，一旦信息经过验证并添加至区块链，就会永久地存储起来，除非能够同时控制住系统中超过51%的节点，否则单个节点上对数据库的修改是无效的，因此区块链的数据稳定性和可靠性极高。

二、加强政府制度建设

在美国，政府部门正稳步推进区块链试验。区块链逐渐引起立法者和监管者的兴趣，国会和监管机构分别成立了国会区块链核心小组和技术研究工作组来研究这项新技术的潜力。在美国的纽约州和西弗吉尼亚州都开启了将区块链应用于选民投票上。纽约州议会会员 Clyde Vanel 向纽约议会提出的四项区块链法案中就包含研究区块链确保选民记录、选举结果方面的应用。这将有效避免类似2016年金斯县丢失12万份选民记录的事件再次发生。如果提案获得通过，还能够协助解决选举舞弊的问题。西弗吉尼亚州则率先实施了区块链移动投票解决方案，成为美国的首例试点项目。

哥伦比亚总统伊万·杜克·马尔克斯（Iran Duque Marquez）决心通过使用区块链技术促进该地区的政治透明度，并更好地控制公共资金在全国的流动。哥伦比亚已经有很多政府部门在讨论如何使用区块链技术管理政府，他认为："为了应对该国日益严重的腐败现象，他将利用各种技术来追踪数据，以便更好地监控公共资金在全国的'流动'。"

三、提升政府公共服务效率

区块链在公共服务领域的应用主要分为四个方面：身份验证、鉴证确权、共享信息及透明政府。哥伦比亚总统表示："我希望移动应用程序可以帮助政府思考如何提供更加便利的公共服务。因此，我建议使用大数据和区块链作为工具，在健康、农业、基础设施、技术和安全等方面应用大数据。如果我们想让国家的招标流程更加透明化，必须有区块链技术的帮助。"表5-1列出了区块链在国家或地区政治和公共服务的应用,并给出了部分正在推广和试点该项应用的国家或地区。

表5-1 区块链在国家或地区政治和公共服务的应用

区块链功能	应用领域	案例	开展试点国家或地区
身份验证	身份	为居民建立区块链身份,提供身份信息、护照信息、驾照、出生证明甚至生物特征等身份信息	爱沙尼亚、波兰
	安防	用区块链记录安防数据及非法移民	美国
鉴证确权	产权、土地登记、数字版权	用区块链记录、追踪房产和土地交易	英国、瑞典、巴西
鉴证确权	版权交易	中国版权局下属机构开始推进区块链版权交易	中国
信息共享	社会福利	用区块链记录福利支付,养老金兑换,减少社会安全按诈骗 使用区块链实现精准扶贫	英国、中国
	公益	建立"区块链寻人"共享账本,连接公益机构,打破各公益平台的信息壁垒	中国
	海关、物流	用区块链技术记录交易装货清单,保护进出口货运公司免受诈骗	新加坡
	医疗保健	区块链在临床实验记录、监管合规性、医疗和健康记录	美国、爱沙尼亚
透明政府	政府预算	用区块链实时同步政府预算监督系统	美国
	政府效率	为城市交易建立无纸化数字层,提高政府运营效率	阿联酋(迪拜)
	竞选投票	用区块链记录公民对法律和政府选举的投票	美国、俄罗斯、西班牙

资料来源:搜狐网。

(一)身份认证

身份验证是指将公民的身份信息、护照信息、驾照、出生证明甚至生物特征等身份证明,都可以存储在区块链账本中。将这些数字身份存储在区块链中，不需要任何物理签名，就可以在线处理烦琐的流程，随时掌握这些文件的使用权限。2017 年 11 月，英国智库 Reform 发布的研究报告《公共服务身份的未来：区块链》，探讨了区块链技术在未来公共服务的交付中所扮演的角色，展示了区块链技术如何被用于身份管理。该报告认为区块链技术能够克服当前身份认证的烦琐流程的困扰，可以提供一个更好的身份认证系统，优化身份管理模式。

区块链是一个分布式的点对点数据库。它可以被看作一个互相通信的计算机网络。所有区块链网络的成员都可以通过共享账簿访问数据，确保某一版本的真实性。由于数据对区块链的成员（如政府部门）来说是可见的，公民不需要为了验证他们的身份而重复输入相同的信息来获取公共服务。通过该系统，由区块链技术驱动的身份管理模式也可以将个人数据的所有权从政府转移到个人。这意味着要从政府部门持有不同版本的个人数据模式转变到用户存储的身份模式。与今天的模式不同，个人可以访问他们的个人信息，并且能够授权谁能看到它，以及以什么形式看到它。

日本金融服务管理局正在开发一个通用身份平台，即在一个区块链平台上进行身份认证登记。客户可以在平台上拥有一个共享"ID"，登记个人身份信息。共享"ID"所保存的个人信息和数据将会被输入、记录和安全存储在一个由日本金融服务管理局和其他金融机构共同开发的不可更改的共享区块链上。随后，这些个人身份信息可以被多个银行或者金融机构共享。这个平台的建立取消了客户在新的金融机构申请银行服务时需要重新输入个人信息的烦琐程序。

（二）鉴证确权

鉴证确权是指将公民财产、数字版权相关的所有权证明存储在区块链账本中，大幅减少权益登记和转让的步骤，减少产权交易过程中的欺诈行为。例如，借助区块链中的时间戳技术对作品进行确权，可证明该作品的存在性、真实性和唯一性。一旦在区块链上被确权，作品的全生命周期，包括创造、生产、传播、传递、消费等环节都能做到可追溯、可追踪，产权能够得到有效保护。

日本计划将大约2.3亿块土地和5000万栋建筑纳入单一区块链的房地产登记的系统中,其中包含城镇建筑和农田及森林占地面积、售价及其他详细信息。该计划2018年首先在试点城市实施,如果试点成功,未来5年里,日本将会在全国范围内推行该计划。

(三) 信息共享

将区块链技术应用于社会福利、公益、海关、物流、医疗保健等领域的信息登记。通过区块链技术可以实现信息共享,将信息记录在区块链账本中用于机构内部以及机构之间信息共享,实时同步,减少协同中的摩擦。政府各部门通过部署本地化的区块链节点,能够快速实现区块链分布式账本与业务系统数据的同步。各部门业务数据不需要再全量向中心化数据交换系统进行冗余复制,既减少了各部门工作量,也在具体跨部门业务发生之前保护了部门间的数据隐私,还减少了信息化服务中心对中心化系统的维护负担。

(四) 阳光政府

通过区块链技术,可以将政府预算、公共政策信息及竞选投票信息用区块链的方式记录及公开,增加公民对政府的信任,实现透明政府。区块链技术不仅仅意味着无纸化办公、效率成本优化,还意味着从数据管理流程的优化到治理思维的一系列转变。

第二节 区块链在食品溯源领域的应用

一、食品溯源

随着社会生活水平的提高,人们对食物的要求从数量需求提升为质量需要。食品安全危机、食品信任危机以及人们对食品质量的追求推动了食品溯源技术的发展。随着世界范围内疯牛病、禽流感等畜禽疾病以及严重农产品残药等危机的爆发,食品安全危机成为全球关注的重点,人们迫切需要找到一种可靠的途径来确保食品的可靠，食品溯源技术应运而生。食品安全越来越成为最基本的生活保障，而对食品质量的追求不断成为人们生活的目标。食品溯源技术的发展不仅可以增加对食品安全的监管，重建食品系统的可靠性，还能够公开透明地为消费者提供对称信息。

一项数据显示，2017年中国生鲜食品网购用户对食品安全的关注度为92.8%。另一项数据统计则提出，城市居民愿意为购买安全放心的农产品和食品多支付30%的溢价。如何满足消费者对于食品安全和质量的需求，是食品行业的重要课题。食品溯源技术的发展为这一课题提供了切实可行的实现路径（如图5-1所示）。

图5-1 食品传输

目前，国际上对于食品溯源的解释各不相同。国际食品法典委员会认为，食品溯源是指在食品生产、加工、分销环节中，追踪食品运转情况的能力。国际标准化组织则将食品溯源定义为对产品在需考虑范围内的来源、应用及其所在处进行回溯或追踪的能力。然而无论哪一条定义，都强调的是在食品生产到销售过程中对于食品信息和运转的追溯的能力。区块链技术的发展为满足这一需求提供了可靠、有效的便捷途径。

二、溯源链

区块链具有去中心化、分布式、透明性、不可篡改、防伪溯源、安全和可编程等特性，区块链技术在食品安全领域的应用，能够提升食品运转信息的可靠性，为食品传输提供了向前追踪和向后回溯的路径。通过智能合约和分布式节点形成的溯源链可以确保食品信息的完整、可靠和可追踪。区块链通过哈希函数的摘要将信息进行数字化的链接，使得信息能够保持完整性和可追溯性。但与历史传承又略有不同，受政治、文化的影响，历史记载可能会有隐讳、虚构、夸张的部分，而区块链是通过数学和技术来保证信息传递过程不会失真。所以，区块链的透明、共享和不可篡改的特性天然适合于溯源应用场景。

溯源系统的技术架构如图 5-2 所示，主要分为物理层、通信层、数据库层和应用层。其中，区块链技术应用于数据库层与通信层。

物理层采用的密码加密技术和访问控制机制，类似于物联网结构中的物理层。通过智能传感器进行数据采集，并将数据传输至上层协议。通信层主要包括网络结构与协议。基于区块链技术的溯源系统的通信层通过以太坊平台、Telehash 信息传递协议。数据库层主要指分布式存储数据库。区块链中每条记录都包含时间戳及唯一的加密签名，同时完成的交易进行全网广播，任何合法用户都可以对交易记录进行验证与审核。公有链中不设访问权限，信息记录对网络中所有节点公开。这一特性使得账本便于审查且具有高透明度，同时也增加了执行共识机制的时间成本与耗能。应用层主要提供人机交互入口，嵌入应用程序或协议。

在产品从生产到消费的全过程中，为其他参与节点提供唯一的身份账号的注册机构、定义标准条例的标准化组织、原材料供应商、生产企业、加工制造企业、分销商、零售商以及消费者都是重要的信息节点。从消费者角度来看，溯源链的应用能够为消费者提供更加有效、安全的食品信息；从生产者角度来看，可以让农民和生产者实时获取商品价格和市场数据，避免了信息不对称性。

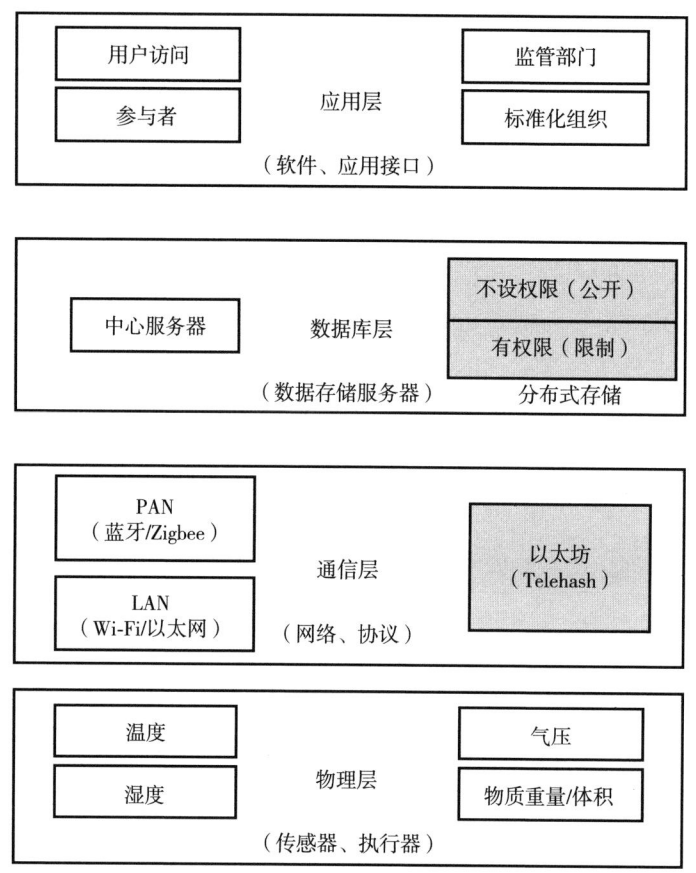

图 5－2　溯源系统的技术架构

基于区块链技术的溯源链系统，能够帮助经销商和消费者建立相互信任机制。对食品进行全程追踪，实现食品从生产到销售的运转过程透明化，系统能够自动淘汰不合格的食品，过滤虚假信息。这一机制解决了传统食品销售中的信息不对称问题，增加了食品安全保障，同时建立了消费者信心。

三、食品溯源区块链

(一) 利用区块链帮助难民重建生活

2018年4月中旬，叙利亚战争导致了大批难民流离失所，粮食问题成为难民求助的关键。联合国世界粮食计划署和一批区块链行业合作伙伴共同开发了一个利用区块链技术保护数据隐私的人道主义项目——Building Block。从叙利亚逃离到阿兹拉克难民营的难民，可以通过Building Block获得世界粮食计划署提供的援助，从零售商那里获得日常所需的食物，而这些难民的个人数据会被安全地存储在区块链上。技术人员设立了名为"EyePay"的支付系统，能够通过照片里用户的眼睛来识别身份。叙利亚难民可以访问当地超市，结账时只需要用摄像头提供一个自拍照片就能完成支付。

在应用区块链技术以前，由于身份难以识别，难民无法进入劳动市场并实现生活独立。Building Block区块链项目的诞生能够为那些没有正式身份证件和居住证明的人，提供一个经过验证的数字身份。此外，通过Building Block确认难民身份之后，就能给他们直接提供资金。通过区块链技术支持的人道主义项目减少了银行转账的大部分成本和摩擦，可以减少98%的成本。这样就能给难民留下更多的钱让他们重建自己的生活。负责此项目的架构师Houman Haddad说："希望有一天，这些叙利亚难民能够通过一个独立数字钱包进行交易，该钱包会记录他们的购买消费历史数据，并且包含他们的识别信息，再通过一个区块链技术支持的ID系统来访问财务账户。"

(二) 突尼斯教育部推出区块链学校膳食追溯系统

2018年4月8日，突尼斯教育部与区块链供应链初创公司Devery.io签署了一项合作协议，协议内容指出双方将会推出一个基于区块链技术的学校膳食追溯系统。突尼斯政府推出了一项学校膳食项目计划，每天为小学和初中的贫困学生提供一次新鲜餐饮，该项目由联合国世界粮食计划署负责管理。该项目会首先在1500名小学生中试运行，如果成功，将会推广覆盖到突尼斯国内40万儿童。此外，突尼斯政府还在积极探索区块链技术在膳食交付追踪方面的潜力。

区块链系统可以提供更加透明且更负责任的送餐追踪系统，任何问题都可以直接向突尼斯卫生部门报告。世界粮食计划署希望将突尼斯的这项区块链学校膳食计划拓展到世界其他国家和地区。

四、食品溯源案例分析

（一）TAC 溯源链

溯源链（TACChain）主要是通过区块链技术搭建的溯源公链，依靠区块链去中心化分布式账本、不可篡改、透明化的特性构建溯源云平台。通过落地项目的子链及对应的数据作为平台来解决企业在商品生产、流转、分销、终端消费过程中的信息溯源、防伪鉴真、精准营销难题，构建产品追踪和溯源系统，为企业和消费者解决"信任"的难题（如图5-3所示）。

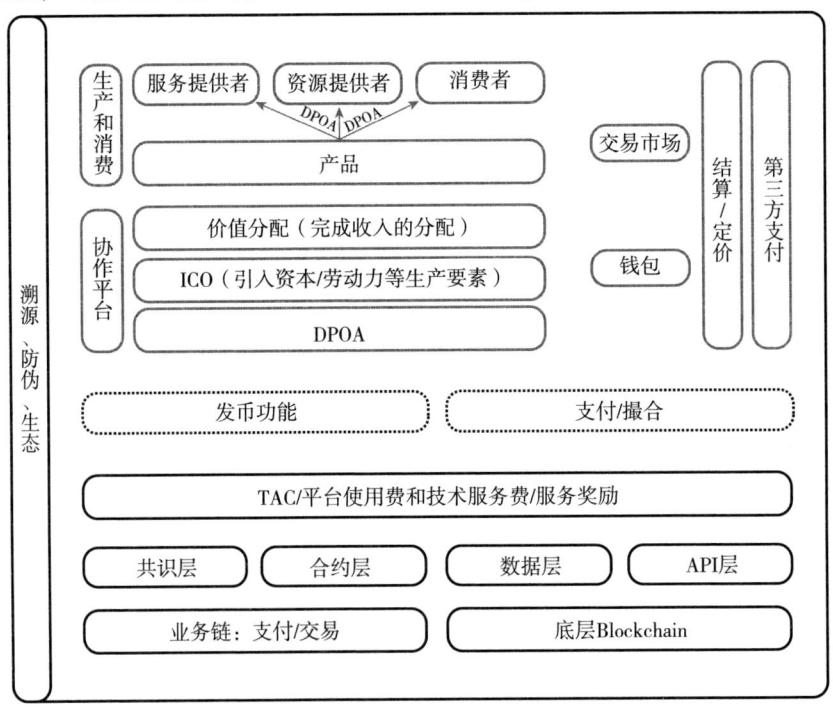

图 5-3 溯源链底层架构

(二) 中国食品链

太一云是国内最早一批投入区块链研究和应用开发的团队之一，也是中国第一家新三板区块链上市公司。太一云与中国食品工业（集团）公司、中华思源工程扶贫基金会及优质食品企业和多家食品信息追溯公司共同建立了中国食品链。中国食品链由多中心化地方监管机构共同维护，在不同的节点上建立信息交互。

首先，中国食品链通过基本信息上链、多中心系统信息上链、多维度进行查询和支持查看政府对企业的监管等措施解决了传统食品溯源中信息不对称的难题。其次，中国食品链还采用了多种追溯方法，解决了传统食品溯源信息源头的追溯不健全的问题。主要包括生产追溯、加工追溯、运输追溯、交易追溯、认证追溯和验真追溯。再次，中国食品链的应用，确立了其在食品溯源领域的品牌地位。中国食品链能够收集客户信息、加入增值服务、扩展市场营销，同时树立企业形象，获取政府的信任。最后，中国食品链的建立解决了企业信任问题。中国食品链为链上企业提供了资产可查，并且信息透明、真实可靠。

第三节　区块链在教育领域的应用

目前，世界各国不断探索区块链在教育领域的应用，部分教育机构或研究单位对区块链技术的教育应用开展了早期的试验。区块链在教育领域的应用主要分为四个方面：一是建立可靠的学信大数据作为个人的学历身份；二是实现教育方式的重构；三是构建网络教育交易系统；四是建立教育资源平台和互助社区。区块链技术有助于推动教育体系改革，加快教育系统发展，提升教育效率（如图 5-4 所示）。

2016 年 10 月，工信部颁布《中国区块链技术和应用发展白皮书》，指出"区块链系统的透明化、数据不可篡改等特征，完全适用于学生征信管理、升学就业、学术、资质证明、产学合作等方面，对教育就业的健康发展具有重要价值。"

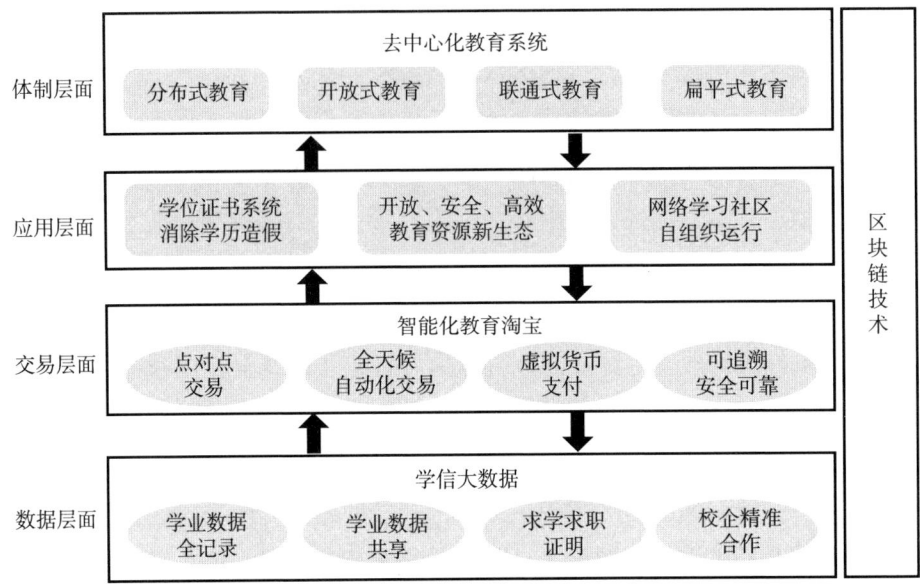

图 5-4 区块链在教育领域的应用

一、建立可靠的学生信息大数据

当前阶段，对于学生身份以及学历身份的认证主要是通过颁发证件或者登录学信网数据库进行查询。这一认证系统存在较大漏洞，只需要较低的成本就可以购买一个假的学生身份信息，容易被投机者利用。

将区块链技术应用在教育领域，能够对学生的学习经历和学位、学历数据进行分布式记录和保存。接入到区块链的教育机构、学习组织可以实时更新和提交学生最新的学习行为和结果，并永久保存在云服务器，构成学生信息大数据。这些数据具有可靠性、透明性以及不可篡改性。需要进行学历审核的单位可以通过接入区块链，随时对数据进行审核，同时可以使用学历数据精确评估应聘者与待招岗位间的匹配度。

索尼全球教育在一份研究区块链应用的报告中指出，区块链作为一个去中心化且防篡改的安全系统，应用于教育领域能有效促进学术进展记录，可以传输加密的学生数据。此外，依托区块链技术设计和可靠的基础设施系统，能够记录其他的水平测试类考试,供随时查询、获取。这些数据永久安全地存储在云服务器,可以在区块链中获取,为学业水平的测评和记录方式开拓新的可能。

麻省理工学院的媒体实验室应用区块链技术研发了学习证书平台,目前该软件系统仍在不断完善中。霍伯顿学校是一所软件工程师培训学校,也是世界上首个使用区块链技术记录学历信息的学校,它从 2017 年开始将学历证书信息在区块链上共享。霍伯顿学校的联合创始人 Sylvain Kalache 认为,"利用区块链去中心化的、可验证的、防篡改的存储系统,将学历证书存放在区块链数据库中,能够保证学历证书和文凭的真实性,使得学历验证更加有效、安全和简单,同时能节省人工颁发证书和检阅学历资料的时间和人力成本,以及学校搭建运营数据库的费用,这将成为解决学历文凭和证书造假的完美方案"。美国高考基金会和未来教育研究所提出了"Learning as Earning"计划。根据学生在各个时间和地点的学习记录形成学生的"收入"信息数据库,形成学生求职面试时的简历,也可以作为招聘单位选拔人才的重要参考依据。

另外,一些国家也积极推广区块链在教育领域的应用。例如,肯尼亚政府为了严厉打击造假文凭行为,与 IBM 合作尝试建立一个基于区块链的学历证书网络发布与管理平台,让所有学校、培训机构等都可以在区块链网络上发布学历证书,实现学历证书的透明生产、传递和查验。

二、实现教育方式的重构

区块链可以将现实的陌生社会转变成链上的可信社会,原本需要专门学科、专门场所或者专门机构进行教育的培训方式可以实现去中心化教育,实现教育方式的重构。第一,区块链和交叉学科领域的应用将会被逐渐推广。例如,西班牙数字商学院的学生,开始把区块链教育跟其他领域包括社交媒体进行结合。第二,实现去中心化、点对点的教育信息传授方式。

现阶段的教育体系仍以正规教育为主导,由政府机构、学校或者相关培训机构提供教育服务并进行认证,个人对某一特定学科的精通程度,仍需由受认可的大学颁发文凭或证书来证明，导致教育的管理权被学校和政府机构所垄断。

利用区块链技术开发去中心化教育系统，有助于打破教育权利被学校或政府机构垄断的局面，使教育步入全面开放发展阶段，形成全民参与、协同一体化的教育系统。未来，将有更多的机构承担专业教育服务提供商的角色，并且基于区块链的开源、透明、不可篡改等特性能保证其教育过程与结果的真实可信。此外，校际边界也将逐步模糊，学习者可以自主选择在任何学习中心或培训机构学习某门课程，获得具有同等效力的课程证书，有效证明自己在某一领域的专业知识和技能。多门课程证书的获得以及学分的积累，将使学生有资格申请获得国家以及国际教育组织认定的学历学位证书。由此，逐步实现区块链技术对当前教育方式的重构。

三、构建网络教育交易系统

通过区块链底层的智能合约，在区块链教育交易平台，可以进行教育的购买、支付、使用全流程的智能化服务。同时，购买记录无法篡改、真实有效，所有的交易和合约数据都将被永久保存。

依托于区块链技术的教育交易平台与其他交易平台相比，具有独特的优势：一是智能合约程序记录在区块链上，具备公开、透明、不可篡改等特性，可以保证交易信息的真实有效，杜绝欺诈行为的发生。二是智能合约程序由区块链自动执行，信息无法篡改，既能提高交易效率，又能够保证交易平台的可靠性与稳定性。三是智能合约程序能够存储并转移数字货币和学习资料，消费者购买资料和服务等交易信息可随时被追踪查询并被永久保存，为保障商家和消费者权益提供强大的技术支撑和过程性证据。四是智能交易可以实现去中心化交易，实现学习者与培训机构、学习者与教师、机构与机构之间的点对点交易，在降低成本、简化流程的同时还能够有效保证交易效率和教育产品质量。

四、建立教育资源平台和互助社区

当前，开放教育资源（Open Educational Resources，OER）不断发展壮大，为全世界的教育者和受教育者提供了大量免费、开放的数字资源，但同时也面临版权保护弱、运营成本高、资源共享难、资源质量低等诸多现实难题。将区块链技术的去中心化应用到开放教育资源建设中可节省大量中介成本。用户与用户间可直接通过点对点的传播方式进行资源共享，从而减少在大量中介平台上研发与管理维护的投入，改变开放教育资源运行机制，有效降低运营成本。

利用区块链的分布式账本技术，可以促进资源共享。将教育资源分布式存放在不同的区块中，通过点对点的传播方式，所有节点将通过特定的、达成共识的软件协议直接共享学习课件和工具软件等资源。基于非对称加密算法保护的版权信息，其安全性与可靠性更高。同时鉴于区块链公开透明的特点，任何资源创建信息都可以被使用者查询、追踪、获取，进而有助于从源头上解决版权归属问题。资源上传者可将开放教育资源的版权信息和交易信息记录在区块链上，包括资源创建者、创建时间、资源类型等内容。开放式的教育资源平台既有助于提高共享效率，又可以解决资源孤岛问题。

区块链技术可以优化和重塑网络学习社区生态，实现社区的真正"自组织"运行，这也是区块链技术在教育领域的重要应用。使用虚拟币提高社区成员参与度，形成社区智慧流转体系。应用区块链技术建立社区虚拟币产生与流通机制，学生可通过发帖、提问、回答等行为的发生自动赚取虚拟币，并可利用虚拟币购买社区学习资料与服务，从而激发社区成员的参与度。

区块链技术可以保护社区成员智力成果，生成观点进化网络。利用区块链的可追溯性，能对社区成员发表的帖子和观点自动追踪、查询、获取，从源头上保护社区成员的智力成果，防止知识成果被抄袭，从而有利于创新性、原创性观点的迸发。此外，依托分布式账本技术，将发表的观点分布存储在网络中，根据各个观点之间的语义联系生成可视化的知识网络图。随着观点的不断生成与进化发展，社区将聚小智为大智，形成具备无限扩展能力的群体智慧网络。

区块链技术有助于净化社区生态环境，实现社区成员信誉度认证。智能合约保证网络社区的自动运行，发帖、提问、回答等内容将自动推送到社区平台，根据预先定义好的规则程序对社区论坛进行自动化监控，对于歪曲客观事实或具有误导性的谣言信息自动屏蔽删除，以达到净化社区生态的目的。同时，可根据社区成员发帖内容与次数对成员信誉进行认证，信誉度认证较高的社区成员可享有社区特权，如多次下载学习资料或发言无限制次数等，以此鼓励积极向上的发言，从而营造健康向上的社区氛围。

除了促进社区的"自组织"运行，区块链技术还可以在增强社区学习的适应性方面发挥作用。

第四节　区块链在医疗领域的应用

据 IBM 推测，全球 56% 的医疗机构将在 2020 年前投资区块链技术。目前不少全球互联网大佬都顺应潮流，积极推进区块链的医疗应用。国外飞利浦医疗、Gem 医疗巨头和 Google、IBM 等科技巨头都将积极探索区块链技术的医疗应用。

IBM 在 2017 年发布了一份医疗保健与区块链的报告，指出国外医疗保健组织在区块链技术应用上已经领先于金融行业。报告显示，区块链技术会在临床试验记录、监管合规性和医疗/健康监控记录领域发挥巨大作用，在健康管理、医疗设备数据记录、药物治疗、计费和理赔、医疗资产管理、医疗合同管理等方面都能有所作为。2018 年 4 月 12 日，腾讯 CEO 马化腾表示，将支持区块链将落地医疗领域，借力腾讯区块链技术实现电子处方不被篡改。目前，区块链在医疗领域的应用主要表现在以下几个方面：一是构建链上患者身份的同时保护病人隐私；二是建立电子病例档案系统；三是用来确保医疗服务的准确性；四是应用于医疗药物运输领域；五是应用于医疗保险领域。

一、建立链上患者身份保证病人隐私

传统的医院身份认证，需要患者使用身份证或者医保卡进行登记挂号，更换不同医院时需要重复使用身份证登记。在身份登记时，病人的身份特征、疾病情况、治疗方案、支付情况以及病人的生物特征等都属于敏感信息。利用区块链技术充分利用这些信息进行身份标识将大大简化看病的登记流程，提升部门效率。与此同时，区块链还能确保病人医疗隐私信息的安全。

区块链具有可靠性、不可篡改性和多私钥管理等特征，能够有效解决医疗数据中身份识别和隐私保护的问题。首先是可靠性，因为每个节点都有备份，所以单节点故障不会对数据完整性造成任何损害。其次是区块链上的数据无法被篡改。存储在区块链上的数据都将会在可视权限内全网广播，如果要篡改信息，必须要改正51%的节点数据，才能有效，篡改单个节点信息并不能产生影响。这点对于医疗数据非常重要，任何篡改都会留下密码学证据从而被快速发现。最后是区块链能做到多私钥的复杂权限保管，能有效保护病人的身份和相关信息。在有权限限制的区块链上，各方可以通过协定，确定哪些主体可以查看哪些信息，从而维持信息的隐私性。通过智能合约技术可以设置单个病例分配多把私钥，并且制定一定的规则来对数据进行访问。

二、构建电子病历档案系统

传统的医院病历仍旧是纸质病历的形式，一旦患者需要更换医生、转院等，都需要带上之前的病历说明、检查记录、用药记录等一系列文件，过程较为烦琐和复杂。一旦这类资料出现丢失，情况将更为复杂。第一个"电子病历系统"（Electronic Health Record，EHR）诞生于1972年。在此后的几十年里，电子病历主要被用来计费。电子病历的结构和应用流程既不直观也不友好。EHR主要存在两方面的问题：一是设计缺陷，输入和访问患者数据所需的时间比纸质病历还要长。二是信息不共享。一个EHR不能与另一个EHR连接起来，医生难以访问患者来自其他医院的信息。

在采用区块链进行患者身份登记之后，在个人身份下建立病人的检查记录、治疗情况的电子信息，并将其储存在云系统中的某个位置。不仅患者的检查将记录在区块链中，医疗设备更新也会记录在区块链中，通过医生和医院会就可以得到验证，并且区块链中的这些信息将会永久保存，是透明的和可查询的。在允许医生访问该患者数据之后，医生可以实时更新患者数据。一旦新的数据被录入了，系统就会及时更新。下次就诊时其他医生将会看到最新数据，不再需要重复的表格和文件。这个新的模式中，患者的健康数据将不再被分散到多个医疗保健提供商中，而是由患者自己对数据的访问进行控制，这些数据将存储在个人的虚拟档案中。

三、实现药物回溯

区块链的可追溯性，可以充分应用在药物追溯领域，从而充分保证医疗安全。通过区块链体系建立药物物流配送与管理体系，将对假冒药品造成致命打击。因为区块链的数据是即时更新、广泛共享的，药店、厂商、买家、监管部门等多方都能实时观察数据流动，包括药品制造和分销信息，从而加强药品监管，阻止假药进入市场。据悉，英国 Blockverify 是开展药品来源试点项目的组织之一，医疗人员通过扫描来验证药品真伪。

此外，将物流与药物运输相结合可以保证药物在运输过程中的安全性。根据欧盟的新规定，制药公司必须确保药品在运输过程中温度条件保持在可接受的范围内，并证明药品在运输途中没有受到损害。为了适应新规，2018年4月，瑞士邮政称将整合创业公司开发的基于区块链的解决方案 Modum，用于监控交付过程中的药品和其他温度敏感产品。Modum 通过区块链技术可以为制药行业提供一个可靠的、可扩展的用于监控货物的状况的方案。检测的主要原理是给运输的药物配备传感器，这些传感器可以持续监控环境状况，并验证区块链的智能合约与预先确定的需求是否相匹配。同时，使用区块链的智能合约来记录发货的温度阈值，如果温度被记录在这些阈值之外，就会向发送者和接收方发送通知。

四、实现医疗普惠

与传统医疗不同的是，区块链能够在最大限度上解决医生与患者之间的直接诉求和利益冲突。通过构建一个分布式的普惠医疗金融区块链平台，实现医院、医生、患者、保险、药企、企业厂商等之间的结构重组，达成"共识"利益，最终实现医疗"普惠"。

目前，Life Banker 就正在构建一个分布式的健康金融区块链平台，基于健康医疗大数据重新连接医疗机构、健康保险、医生团体等健康相关产业，形成运动、健康、保障、医疗、康复的正向循环，打造普惠医疗健康金融生态系统。首先，Life Banker 能够实现智能化医疗管理。它以一种承诺服务的形式，通过智能合约将服务分发给用户。其次，能够利用 Life Banker 平台实现"普惠健康险"。医互保为用户带来了定制化"普惠健康险"，用户可以通过加入切合自己的保障计划与医生形成一对一的交流，有效解决医生与用户之间的直接诉求。最后，Life Banker 还能在病前预防中发挥积极作用。其借助区块链技术激励机制帮助人们有效改善运动习惯，用户可在平台内进行运动记录、上传病例报告，观看科普文章或者与医生进行健康互动，可以使用户获得奖励（如医疗数字货币等），从而有效帮助用户做好疾病预防，降低生病概率。

五、改善医疗保险现状

从整个医疗保险的发展现状来看，区块链技术有助于提升医疗保险效率：一方面，能够防止骗保行为的发生；另一方面，可以为真正需要医疗保险的人提供支持。

据相关部门统计指出，美国医疗保健行业每年更新和追踪保险计划信息的管理成本超过 20 亿美元。2016 年，美国联邦卫生部门官员就发现，近一半的医疗保险计划的名单信息都不准确，无法提供正确的地址和电话号码。保险市场存在信息不完全的问题，降低了市场的整体效率。目前，包括联合健康集团和 Humana 公司在内的相关公司正积极与区块链公司合作，计划推出医疗保险的区块链计划，希望通过共享数据来降低成本，并减轻更新保险计划信息列表、维护其列表准确性的管理负担。

在我国，据艾瑞咨询《2017 年中国商业健康险研究报告》预测，2020 年健康险市场规模将达 1.3 万亿元。在此背景下，不少相互保险和保险科技公司设计出"家庭保障计划""在线问诊"等互联网产品，以类保险的方式重新分配高度集中化的优质医生资源，一定程度上缓解"看病难"的问题。近期，部分机构将区块链应用到医疗保障领域，把病人的部分数据写入区块链，由智能合约自动执行保障计划，可以减少互联网保险中的逆向选择和道德风险，也有助医生树立个人品牌。鉴于此，2017 年成立的"医互保"应运而生，利用去中心化地存储和共享数据，支撑用户健康信息以外大型文件的存储，比如医生的科普讲座、报告和影像资料等。在应用上，"医互保"定位于区块链普惠医疗保障平台，为医生、医院、医疗机构、病人及触达他们的金融公司设计定制化产品。提供一系列保障服务，包括远程咨询和会诊、医院绿色通道、陪诊 Watson 医生等工具以及科普讲座等。

第五节 区块链在能源领域的应用

能源行业应用区块链技术可以提供一个去中心化的能源系统。通过区块链技术，能源供应合同可以直接在生产者和消费者之间传达，降低交易成本，实现能源来源可追踪，并提高交易效率。

一、世界各国积极探索区块链在能源行业的应用

2018 年 3 月，智利政府宣布计划在国家电网中应用区块链技术，旨在检测电力能源是否符合该国可再生能源的相关法律要求，同时也可以根据市场平均价格来评估电力能源价格。

2018 年 3 月底，中国中化集团下属中化能源科技有限公司针对一笔从中

国泉州到新加坡的汽油出口业务，成功完成了区块链应用的出口交易试点。这是全球第一单有政府部门参与的能源贸易区块链应用项目，也是全球第一次包含了大宗商品交易过程中所有关键参与主体的区块链应用。这次试点将跨境贸易各关键环节的核心单据进行数字化，全程记录贸易流程中的交易信息。相比传统方式，此次利用区块链进行试点能整体提高50%以上的时间效率，减少30%以上的融资成本。

2018年4月18日，英国能源巨头英国石油的一位高管表示，英国石油在内部进行了代币测试，考虑与正在进行"首次代币发行"的区块链初创企业进行合作。英国石油数字创新组织技术总监朱利安·格雷（Julian Gray）指出，要积极进行企业内部的创新教育，发展区块链在能源行业中的应用。

二、实现能源交易和管理

能源点对点交易是目前区块链在能源行业的主要应用场景，区块链的去中心化和分布式特点，可以大幅降低电力的交易成本，提升交易效率。那些拥有能源生产资源（如太阳能电池板）的公司，也可能将未使用的能源出售给社区。相比于从中央电网购买电力，点对点能源销售的优势在于价格更加便宜。

美国纽约的一家区块链创业公司LO3 Energy与西门子公司合作，建立了纽约布鲁克林微电网项目，允许用户通过区块链向其他人购买或销售电力能源。这意味着，他们不需要通过公共的电力公司（也就是提供电力的中央电网）就能完成电力能源交易。

总部位于英国的Electron公司计划利用区块链技术建立一个分布式的天然气和电力计量系统。该公司正在开发一个区块链平台，允许消费者在不同的能源提供商之间切换服务，通过区块链技术对能源计量表进行有效的管理。目前这种切换能源服务通常需要两周的时间，而且成本较高，但通过区块链技术可以把这个过程缩短至几分钟。

德国能源和天然气供应商RWE的子公司Innogy也在积极探索区块链在能源行业的应用。该公司在德国各地启动了基于以太坊区块链的充电站服务。

一旦用户在平台注册登记了车辆信息，就能把法定货币转到数字钱包里。之后，不管在什么时候，只要他们连接到充电站，以太坊区块链就会把对应的充电费用转给充电站运营商，并将每笔交易记录下来。

毋庸置疑，区块链在能源行业的应用具有无限潜力。这一应用的大规模实施，可能会彻底改变能源领域的生产关系。然而，当前的技术发展仍旧存在部分问题：一是底层公链处理速度亟待提高；二是传统能源系统的灵活性不够。一旦有效解决了这两个难题，区块链在能源行业的应用效率将得到飞速提升。

第六章 区块链的全球监管探索与实践

对于区块链技术的发展,一方面,包含欧盟在内的多数国家秉持技术中性的原则,不干涉技术发展,同时推动技术在多个领域的积极创新应用;另一方面,以美国为代表的部分国家正在积极讨论实施各类法案,为区块链技术发展提供法律背书。比特币作为当前区块链技术最为火热的应用,同样受到了诸多关注,但是各国对于比特币的发展采取了不同的态度。美国支持比特币投资,但要求在法律和技术上予以严格监管;中国和韩国对比特币发展持否定态度,认定"首次代币发行"(Initial Coin Offering,ICO)属于非法公开融资;日本和新加坡成为比特币发展的"新大陆",同时也推出了一系列比特币交易监管和税收措施。

第一节 美国区块链监管实践与经验

在区块链技术发展这一议题上,美国各州相继出台法案,鼓励推动区块链技术发展和创新。而对于比特币,美国各州均认为应当采取谨慎态度,加强法律和技术监管。

一、各州相继讨论出台法案支持区块链发展

自2016年以来,美国大多数州相继通过了区块链相关法案,支持区块链的创新研究,此外,部分法案还承认了区块链数字记录的法律效力和智能合约的有效地位。

2016年5月,美国佛蒙特州议会通过一项法案,法案承认基于区块链的

数字记录具有证据效力。法案提到要对区块链技术如何影响美国就业和创收能力的课题展开调查研究。法案批准了一项在 2015 年 11 月 30 日交付的研究，其中包括"关于金融科技发展的潜在机遇和风险的调查结果和建议"，金融科技发展包含了区块链技术的发展。2016 年 6 月，佛蒙特州政府认为："佛蒙特州在区块链技术等方面的立法，使佛蒙特州在创新技术中具有领导的潜力，将会为佛蒙特州扩大金融科技领域的经济活动，增加就业机会及税收等福利"。

2016 年 6 月，美国内华达州通过了区块链技术免税法案，并将法案纳入了法律框架中，同时还承认了智能合约的地位。对区块链技术的免税法案将有效推动区块链技术在该州的发展。

2017 年 3 月，美国亚利桑那州议会通过一项法案，该法案旨在将区块链签名和智能合约技术纳入法律，指在亚利桑那州将使用区块链上部署的智能合约将相关联的数据"当作电子化格式"进行记录，这标志着区块链智能合约成为新的信息传递途径。法案提出者认为，"智能合约可以看作一个事件驱动的程序，可以在一个分布式、分散的、可共享和可复制的账本上运行，并且能够针对账目中资产转移信息进行监管。"此外，企业通过区块链技术存储和共享数据将合法化。

2017 年 7 月，美国特拉华州议会也通过一项法案，根据该法案，注册于特拉华州的公司在股份发行和交易时，可以选择在区块链技术平台上进行。

2017 年 7 月，美国伊利诺伊州议会表决通过了 120 号决议，要求创建一个政府间的工作组，研究区块链在公共部门的应用。

2017 年 12 月，美国纽约议会成员 Clyde Vanel 向纽约议会提出了四项区块链法案：一是研究区块链确保选民记录、选举结果方面的应用；二是研究区块链在适当的政府记录存储的应用；三是提请建立研究小组对数字货币对纽约金融市场的影响进行研究；四是修改纽约的技术法，将区块链技术和智能合同纳入技术法范围，并为存储在链上的数字签名提供法律支持。法案旨在对这两项新兴技术提供法律定义，研究和评估如何应用区块链技术来保护选民记录和选举结果，呼吁进行研究及组建任务组，确定州政府是否可以用区块链平台迅速高效地进行信息的存储与共享。

2018年1月，美国田纳西州讨论区块链法案，法案规定，区块链技术担保的签字属于电子形式，是电子签名的一种。此外，法案也对智能合同中语言的使用进行了规定。

2018年4月，美国加利福尼亚州代表圣费尔南多谷的民主党参议员鲍勃·赫茨伯格（Bob Hertzberg）向参议院银行和金融机构委员会提交了一份被称为SB 838的区块链法案，法案允许全加州的公司将区块链技术写入公司章程以成为正式文件。法案的目的是在公司股票发行和转让中引入加密货币，以增加安全性，其中特别提到，股票发行和转让将"通过区块链技术或其他一个或多个电子网络记录并保存下来"。法案还指出："公司所有的股东姓名、地址及以每个股东的名义登记的股份数量均可通过加密货币的形式进行记录。"此外，法案涵盖的内容还包括一种公共或私人的分类账本可能"通过代币化的或无代币化的加密货币经济所驱动"。

此外，美国伊利诺伊州、夏威夷州、缅因州和北达科他州都通过了法案，鼓励对区块链技术进行研究。从美国部门州的立法来看，美国对于区块链的发展采取了积极响应和支持的态度，各州对于区块链技术的法律背书，都是对区块链技术发展和应用创新的支持。

二、积极推动区块链在各个领域的应用

美国各州对区块链技术的积极态度不仅反映在其制订相关区块链法案的积极程度上，还体现在国家及监管机构对于区块链技术应用的认可。首先，提倡对于技术的保护，美国银行提交了区块链专利申请；其次，积极推动区块链在航天等国有事业领域的应用，美国宇航局积极采用智能合约以推动航天设备自动化；最后，在政府治理中积极采用区块链技术，多个州出台法案，提议将区块链应用于选举中以避免选票作弊。

（一）美国银行可能利用区块链取代现有的数据共享系统

2018年4月12日，美国专利商标局披露了美国银行的专利申请信息。根

据专利信息，美国银行正在开发一个受许可的区块链，该区块链可以取代现有的数据共享系统，能够更加安全地记录和验证个人或商业数据、保存来访者日志，并且能够确保只有授权方才能进行访问。此外，区块链技术的使用能够克服传统数据电子记录方式的缺点和风险，避免内部流程重复使用和数据破坏。

（二）推动区块链技术在航天领域应用

美国宇航局发起并资助了一项名为"弹性网络和计算模式"的研究项目，该项目旨在利用以太坊区块链的智能合约实现航天设备自动化操作，同时避免航天设备撞击太空垃圾。该项目将由阿克伦大学电气工程学院的助理教授 Jin Wei Kocsis 博士负责。Kocsis 博士表示，在本项目中，以太坊区块链技术将用于研发一个去中心化的、安全的认知网络以及计算架构用于太空探索。区块链的共识协议将进一步提高这一架构的弹性。Kocsis 希望这个去中心化的架构能够帮助航天器实现数据的自动化收集等任务，这样一来，科学家们就不必花时间计算航天探测器的飞行路线以避免破坏环境，而是专注于数据分析。美国宇航局支持的这个研究项目将为太空探索带来重大意义，将会通过区块链技术的应用来提高太空通信以及航行的效率和安全性。

（三）将区块链技术应用于选民投票

美国纽约州和西弗吉尼亚州都开始尝试将区块链应用于选民投票上。纽约州议会会员 Clyde Vanel 向纽约议会提出的四项区块链法案中就包含研究区块链确保选民记录、选举结果方面的应用。这将有效避免 2016 年金斯县丢失 12 万份选民记录的事件再次发生。如果提案获得通过，还能够协助解决选举舞弊的问题。西弗吉尼亚州则率先实施了区块链移动投票解决方案，成为美国的首例试点项目。

三、对于虚拟货币的监管采取谨慎态度

布鲁金斯学会的报告显示，美国大多数州在比特币及其他虚拟货币和区块链技术等方面采取了较为谨慎的监管措施。

虚拟货币作为区块链应用的一种,是一把"双刃剑":一方面,虚拟货币是 token 的一种,其价值承载的功能有利于区块链商业贸易的广泛应用。区块链的去中心化、不可篡改和透明化的特点得到发挥,可以保证交易的公开、透明、可靠。另一方面,虚拟货币是区别于法币的存在,其不与黄金挂钩也不与其他货币存在联系,如果监管不当,将会被不当应用,如被用于洗钱或者恐怖融资。然而,由于美国各州的法律规则、商业制度和金融科技等发展水平的不同,对于区块链的虚拟货币采取的态度也存在一定的差异。

(一) 美国各州对于虚拟货币的相关态度

在美国各州对于虚拟货币的态度中,存在积极的支持者,如北达科他州、佛蒙特州、华盛顿州和新罕布什尔州等,这些州对于虚拟货币采取了积极支持的态度,并加快虚拟货币的监督立法进程。与此同时,也有积极的反对者,主要包括印第安纳州、艾奥瓦州和得克萨斯州,这些州认为虚拟货币具有不可预期的风险。还有一些州保持了中立的态度,在进行观望的同时给予部分监管,其中包含对虚拟货币进行征税。亚利桑那州是美国第一个向虚拟货币交易征税的州,乔治亚州紧随其后,也提出了向使用比特币交易的居民征税的方案。一些州通过对相关《货币转移法》的修改或新法案的颁布,对虚拟货币相关交易进行规范。另外一些州虽然没有颁布明文规定的法案,但在相关案件相关处理中表达了对于虚拟货币的态度。

2014 年 7 月,美国纽约州金融服务管理局对虚拟货币的监管出台了新的框架,命名为"虚拟货币许可证制度",该框架于 2015 年 6 月 3 日开始执行,纽约州在全美范围内率先对虚拟货币实行监管。

2015 年 6 月 10 日,美国康涅狄格州编号为 6800 的众议院替代法案在议会投票通过后,获得了州长丹内尔·马洛伊(Dannel Malloy)的签署,从而正式颁布实施。该法案重新对虚拟货币的概念进行界定,并且规定如果虚拟货币被用于商业领域将需要遵守改法案的全部规定。此外,是否使用虚拟货币进行价值输送以及输送者的商业行为也要严格遵守规定和要求。整体来说,康涅狄格州的法律给予了虚拟货币一定的发展空间。

2016 年 1 月,美国新罕布什尔州修改了本州的《货币转移许可法》,将虚拟货币交易纳入法案监管范围。修改后的法案要求，包含虚拟货币在内的，只要是转移货币价值的行为都必须向当地金融管理局申请牌照。尽管法案的推行对于虚拟货币而言是一种间接的认可，没有明令禁止，但法案仍然受到了虚拟货币持有者的反对。因而，新罕布什尔州金融管理局又通过众议院发布436号法案，该法案进一步放松了对于虚拟货币的监管。法案对"货币转移"的概念进行了拓展，将代别人掌管虚拟货币纳入"货币转移"行为，并规定："在商业活动中全部采用或部分采用虚拟货币完成交易的个人，都无须遵守该州的《货币转移许可法》。"

2016年7月，美国北卡罗来纳州对本州的《货币转移法》进行了修改，并经过州长签署成为法律。修改后的《货币转移法》将虚拟货币交易及代管虚拟货币行为一起纳入了"货币转移"的概念。法案指出："虚拟货币是价值的数字代表，可以用来交易和存储价值。"法案认可货币转移的交换方式及记账方式，但是规定虚拟货币不能充当本国法币，在美国不具备法律地位。

2017年7月23日，美国华盛顿州通过了《货币转移法》。法案规定所有的虚拟货币运营商如果涉及了价值转移等交易行为需要满足法案对许可证和债券发布的要求，并且交易要在该法案的框架下进行。此外，该法案还规定了强制性的客户信息披露、交易商品名规则和限制和第三方审计等要求。

还有一些州，诸如新泽西州、北达科他州、宾夕法尼亚州和犹他州等，目前已经提交了一些法案，但是后续行动仍需要继续等待和观察。

美国对虚拟货币持有反对态度的州主要有堪萨斯州、得克萨斯州、田纳西州和伊利诺伊州等。这些州都表示虚拟货币不符合《货币转移法》对货币构成条件的要求，因此各州的《货币转移法》并不适用于虚拟货币交易。不过通过第三方交易所将法币兑换成虚拟货币的行为可能是个例外，但仍然需要遵守《货币转移法》。

持观望态度的主要有夏威夷州和威斯康星州。这两个州尚未针对虚拟货币发布任何正式的监管指引，但是夏威夷州的金融监管部门私下通知部分虚拟货币公司，必须要遵守本州的《货币转移法》，获得监管部门的营业许可，才可以在本州进行虚拟货币交易或提供虚拟货币相关服务。威斯康星州的官网上写道:"当局当前并未有向从事虚拟货币转移业务的企业颁发许可牌照的意愿"。这些州的态度在未来也会进一步明确。

(二) 美国各行政部门及监管机构对于虚拟货币的态度

除美国各州对虚拟货币持不同态度外,美国行政部门及监管机构对于虚拟货币的认定也存在分歧。美国商品期货委员会将虚拟货币认定为"商品",美国证券交易委员会则主张虚拟货币构成"投资合同",属于"证券"范畴。美国国税局在 2014 年针对虚拟货币交易的税务征收问题颁布了一项通知(以下简称《通知》),《通知》将具备货币价值并且能够与法定货币相兑换的虚拟货币(如比特币等)认定为"可转换的虚拟货币",认为该类货币属于"财产"(property)的范畴,而并非"货币"(currency)。对于"财产"则需要根据买卖收益进行缴税。此外,《通知》还将虚拟货币的收益划分为资本性收益和经常性收益,两者对应不同的税率。

第二节 英国区块链监管实践与经验

虽然英国已经正式脱欧,但在区块链科技的发展和应用方面,英国仍然与欧盟各国密切合作。英国及欧盟各国在区块链的态度上较为一致。区块链被广泛应用于石油、太阳能行业、清洁供水、选举制度和慈善捐赠等领域。而对于虚拟货币,英国当局则采取了谨慎的态度,一方面,英国积极响应加密数字货币技术,推出央行发行的数字货币;另一方面,英国不断加强对虚拟货币的监管,并于 2018 年 5 月对加密货币企业展开 24 项调查。

一、加强区块链技术的国际合作和立法完善

英国与欧盟各国一直认为区块链的分布式应用和去中心化的特点能有效促进用户互信,每个节点都有一个 token 作为印记,能够验证交易。同时,区块链技术透明化的特点能够促进信息共享机制,区块链不可篡改的特点可以

增强和完善交易信息和记录的保存机制。区块链这些特点可以广泛应用于金融领域以及非金融领域。欧盟各国希望通过加强合作，共同促进区块链技术的进步和应用的发展。

（一）英国加强与欧盟各成员国之间的技术合作

自2012年达沃斯年会以来，包括英国在内的欧洲各国对于区块链技术和应用一直保持积极的态度。随后，欧洲银行业及其他机构不断推进区块链技术的应用研究。在监管层面，欧盟各国对区块链技术和应用保持了相对开放的态度。2017年10月，欧盟委员会开始推进欧盟区块链合作联盟。2018年2月，欧盟委员会联合设立"欧洲区块链观察小组"，并提供3亿欧元的资金支持区块链项目发展。

2018年4月10日，在布鲁塞尔举办的Digital Day 2018会议上，英国与瑞典、法国、德国、芬兰、马耳他、爱尔兰、卢森堡、荷兰、挪威、波兰、葡萄牙、斯诺文尼亚、西班牙、匈牙利、保加利亚、捷克、爱沙尼亚、拉脱维亚、立陶宛、斯诺伐克以及比利时等22个欧盟成员国签订区块链技术发展合约，各国出资3亿欧元，作为资助区块链技术研发的初始资金池。此外，欧盟宣布将推出"欧盟区块链合作"（European Blockchain Partnership），共同推进区块链技术发展，并对区块链的应用项目进行支持。

欧盟委员会副主席Andrus Ansip强调区块链将成为未来科技行业的主导技术之一，正在迅速传播，应当抓住机遇，充分发展。欧盟委员会数字经济专员Mariya Gabriel表示，未来欧盟各成员国可以将区块链应用于社会经济的诸多领域：一是可以利用区块链技术提升大数据时代下的信息安全；二是可以通过大数据技术提升国家的公共服务水平；三是区块链技术将带来商业和贸易领域的革新，为欧盟经济发展带来新的机会。欧盟的这次合作，对英国以及欧盟各成员国的区块链技术的发展都是一次推动，英国也将从合作中获取更多的发展机会。

（二）完善立法制度，避免区块链发展与现有条例冲突

尽管欧盟当局已经肯定了区块链发展的积极作用，然而，2018年5月25

日,欧盟《通用数据保护条例》(*The General Data Protection Regulation*)的生效实施对区块链的发展造成阻力。因而英国诸多专业人士呼吁,要完善区块链相关立法,确保区块链应用的正常发展。

《通用数据保护条例》规定:"如果欧盟公民要求将其个人资料从企业记录中删除,那么企业就必须要遵守。"然而,区块链全网广播和不可篡改的特点可能无法彻底清除任何存储的个人数据。华盛顿特区加密货币及区块链智库 Coin Center 认为,欧洲隐私法规的变更将对区块链技术产生影响。牛津大学法学院讲师 Michèle Finck 认为:"目前绝大多数区块链都不符合《通用数据保护条例》的要求,尤其是一些无许可的区块链。"避免由于法律法规的不完善造成区块链应用发展的限制,将是未来英国及欧盟立法的关注重点。此外,监管机构应当保持警觉和敏感,以更好地应对技术创新导致的监管壁垒问题。

(三) 英国政府机构积极推动区块链发展

2016 年 1 月 19 日,英国政府发布了《分布式账本技术:超越区块链》白皮书。白皮书长达 88 页,主要介绍了分布式账本的技术趋势和应用前景。在白皮书中,英国政府肯定了区块链的发展前景,认为其有助于减少金融欺诈,并提高交易效率。英国政府首席科学顾问 Walport 计划将区块链技术应用到政府管理中,提升政府信息安全。英国政府也计划开发能够在政府和公共机构之间使用的区块链应用平台。

此外,英国各政府机构都积极采取了包含区块链技术在内的金融科技的积极措施。首先,英国金融市场行为监管局推出金融科技监管沙盒为区块链等金融科技技术发展提供了良好的政策环境。其次,由英国财政部、英国金融市场行为监管局和英国央行联合成立加密资产特别工作组,积极探索区块链在加密货币方面的应用。最后,英国政府对于金融科技发展的相关策略也给予了支持,提供了稳定的发展环境。英国国会议员 Matt Hancock 认为,区块链技术是"具有超常潜力的",将从金融部门、政府服务、法律和监管等多个方面改变大众的生活。

二、积极发展区块链商业应用和合作

2018年4月19日，"伦敦区块链大会"提出，英国政府已经投资了1000万英镑用于区块链项目，这些项目涵盖了太阳能行业、清洁供水、选举制度和慈善捐赠等。除此之外，石油领域也在内部进行了基于区块链的代币测试。

（一）英国石油公司高管：已经在内部进行代币测试

能源巨头英国石油的一位高管于2018年4月18日表示，BP在内部进行了代币测试，考虑与正在进行ICO的区块链初创企业进行合作。BP数字创新组织技术总监朱利安·格雷（Julian Gray）指出，要积极进行企业内部的创新教育，发展区块链在非金融企业中的应用。

（二）英国央行将区块链技术应用于新支付系统

2018年3月27日，英国央行声明，它正在进行一项概念验证（Proof – of – Concept，PoC）项目，旨在探索如何将分布式账本技术与"不断更新的实时总结算"（Real Time Gross Settlement，RTGS[①]）服务进行交互。英国央行表示："尽管分布式账本技术还不够成熟，并不能为下一代RTGS提供核心内容，但英国央行将积极探索新服务与分布式账本技术之间的创新应用。"

三、对于虚拟货币的监管采取审慎态度

长久以来，英国一方面积极推动区块链技术的积极发展，另一方面则对虚拟货币则采取了较为谨慎的态度。2018年3月2日，英国央行马克·卡尼（Mark Carney）在爱丁堡举行的苏格兰经济学会议上表示，英国对于虚拟货币的监管应当与对证券交易所一样，执行严格的标准。此外，还应杜绝使用虚拟货币进行洗钱等金融犯罪或者进行恐怖融资。

（一）英国央行认为数字货币可能对传统银行构成威胁

英国央行在2018年5月底发布了一篇工作报告，报告主要是对数字货币

---

① RTGS是指从一家银行向另一家银行进行资产转移的方式。RTGS具有"实时"和"一对一"的特征，这与区块链的部分特性相吻合。RTGS与区块链技术的结合将大大提升系统运行效率。

的发行和影响进行了研究，研究认为，央行发行的数字货币可能会影响商业银行的净利息收益率的盈利能力，对传统银行构成威胁。商业银行的净利息收益率的盈利能力通常依赖于客户在银行的零散存取款，发行数字货币后，客户就可以将货币以数字货币的形式存储在银行中，并通过使用提供数字钱包和交易验证服务的运营商的服务进行交易和消费。如果客户大量采取在线交易，实现无现金社会，银行的存取款业务将会被替代，从而对传统商业银行的业务和盈利能力造成影响。

报告也指出，在金融风险和金融稳定方面，数字货币的发行并不会对个人信贷和流动性产生不利影响。

（二）英国财政部特别委员会对数字货币进行调查

为了更好地了解数字货币，由跨党派国会议员组成的英国财政部特别委员会在 2018 年 2 月 22 日对比特币和区块链技术等数字加密货币进行调查。调查重点是关注比特币等加密数字货币的应用领域及可能存在的风险，并且对数字加密货币交易所和用户进行监管和涉及的税收政策进行研究。

财政部特别委员会主席 Nicky Morgan 指出调查主要就以下几个方面展开：一是调查研究数字货币可能为消费者，企业和政府带来的潜在风险；二是调查研究数字货币与经济波动、洗钱和网络犯罪有关的市场风险；三是调查研究数字货币相较于传统货币存在的优势；四是研究数字货币的创新应用；五是调查如何在保护消费者和企业的监管之间取得适当平衡的同时不遏制创新。她还指出，当前数字货币领域缺乏有效监管。

特别委员会成员 Alison McGovern 表示："这项调查将有助于激励英国立法者和政治家在执行任何政策之前都对数字加密货币进行相关教育。"调查结束之后，特别委员会将和数字加密货币专家一起提出数字货币新的平衡发展路径，并对数字加密货币交易实行更加广泛的监管，同时实施具有针对性的税后政策。

（三）英国金融局对加密货币企业进行调查

2018 年 5 月 25 日，英国金融市场行为监管局针对金融监管合规问题对加密货币企业展开 24 项调查。虽然当局未提及被调查的具体企业，但是公开了调查方向，此次调查在于核实这些企业是否在进行需要英国金融市场行为监管局进行授权和监管的活动，调查的重点在于消费者保护，如果企业行为对于消费者构成严重风险，监管部门将和其他部门一同规范和加强对于加密货币业务合规性的监管。

第三节　日本区块链监管实践与经验

日本对于区块链的发展采取了积极的态度，积极推动区块链在各个行业的应用。对于数字货币的发行和交易，日本金融监管部门的态度有一定的变化，由一开始的不采取监管演变到当前阶段的适当监管。目前来看，日本仍旧是区块链技术及数字货币交易发展的"热土"。

一、政府积极发展区块链应用

（一）区块链在金融领域的应用不断深化

2018 年 4 月 13 日，日本金融巨头 SBI Holdings 俄罗斯分行加入区块链联盟 R3，并推进他们的 Corda 分布式账本平台，继而促进跨行业区块链技术应用。

日本瑞穗金融集团、三井住友金融集团和三菱 UFJ 金融集团合作，计划利用区块链技术实现银行间清算，使银行间通过区块链平台可以实现个体之间的资金流转。2018 年 5 月 25 日，瑞穗金融集团将赞助 Neutrino 公司，该公司是由以太坊公司旗下日本 Omise 公司创建的第一个区块链合作平台。此外，瑞穗金融集团子公司瑞穗银行和 IBM 日本共同开发区块链贸易金融平台，旨在提高供应链和贸易过程效率。

（二）积极发展区块链在一般领域应用

区块链在金融业以外的一般领域也有较为广泛的应用，主要包括房地产登记、身份证登记以及区块链评估等领域。

日本计划将大约 2.3 亿块土地和 5000 万栋建筑纳入单一区块链的房地产登记的系统中,其中包含城镇建筑和农田及森林占地面积、售价及其他详细信息。

日本金融服务管理局正在开发一个通用身份平台,即在一个区块链平台上进行身份认证登记。客户可以在平台上拥有一个共享"ID",登记个人身份信息。共享"ID"所保存的个人信息和数据将会被输入、记录和安全存储在一个由日本金融服务管理局和其他金融机构共同开发的共享区块链上。通过这个平台,个人身份信息可以被多个银行或者金融机构共享,从而简化了客户在新的金融机构申请银行服务时需要重新输入个人信息的烦琐程序。

(三) 积极发展虚拟货币的现实应用

2018 年 5 月 20 日,日本银行业巨头三菱 UFJ 金融集团称其将试用自己的数字货币 MUFG Coin,在测试阶段将允许 10 万名该银行账户持有者参与其中。参与人可以通过智能手机安装 APP 应用程序,将自己的存款转换成 MUFG Coin,一枚 MUFG Coin 估价为 1 日元。此后,MUFG Coin 将可以被应用于普通商业消费。

2018 年 5 月 23 日,日本大和证券表示,一旦加密货币的法律环境等有所改善,加密货币将有可能成为一个非常具有实用性的平台。如果有商业机会培养加密货币作为结算基础设施等,将考虑进入到加密货币产业中。

由于比特币被盗风波,日本交易所开始上线比特币保险业务。Bitflyer 与三井住友保险公司合作计划上线一款比特币保险,保护比特币交易商户,减少被盗风险招致的损失。此外,Coincheck 交易所正在联合东京海上日动火灾保险株式会社推出一款相似的保险产品。

最后,在消费支付方面,加密货币交易所 Bitpoint 与日本能源公司 Remix-point 合作,面向全日本推出了一项新的电费服务。该服务通过打折的方式鼓励用户使用比特币进行电费支付。Bitpoint 与乐桃航空合作,为航班附属商店提供比特币支付服务。Bitpoint 还和 Evolable Asia 一起,为全日本超过 1400 家酒店以及餐厅提供比特币支付选项。

二、数字货币在日本的发展态势

2017年9月，随着中国、韩国发布"首次代币发行"禁令，"首次代币发行"在全球范围进入"寒冬"。鉴于日本更为包容的监管态度，使日本成为全球比特币流通交易量最大的国家，且已经向比特币交易所发放了牌照，例如Coincheck交易所等。2018年3月2日，日本金融大臣麻生太郎在内阁会议后的新闻发布会上宣布，在日本金融厅注册登记的虚拟货币交易所就已经达到了16家。日本目前是全世界比特币交易量最大的国家，包揽了全球46%的交易量。

（一）日本数字货币监管梳理

2014年2月，日本数字货币交易所Mt Gox被盗85万个比特币（当时约合4.3亿美元）。随后日本相关立法部门以此为契机，开始实施对数字货币的政策引导。

2014年3月，日本内阁会议决定，禁止银行和证券公司从事比特币业务。但是会议并没有对数字货币交易提出监管措施，而且针对数字货币交易中产生的税收给出了灵活的税收政策。

2014年6月，日本执政党（自民党）对数字货币的监管做出了表态，表示暂时不对数字货币进行监管。

2015年8月，东京警视厅以篡改系统数据、虚报自身现金账户余额，涉嫌造"假币"为由，逮捕了运营公司Mt. Gox的法国籍CEO马克·卡普勒斯（Mark Karpeles）。日本政府着手加强数字货币监管。

2016年5月25日，日本国会通过了《资金结算法》修正案，将虚拟货币纳入法律框架之内，承认虚拟货币交易是合法的，同时还制定了一系列的标准和准则。该修正案将数字货币定义为财产，要求在日本运营的数字货币交易所需要在日本金融服务管理局进行注册，并给受影响的企业留出了一个宽限期。该修正案还指出要保护消费者权益、防范交易风险，并警惕该技术用于协助恐怖主义融资的交易应用。该修正案于2017年4月1日正式实施，在此基础上，日本政府相应修订了《资金结算法施行令》，并颁布《虚拟货币兑换业者内阁府令》。日本成为第一个为虚拟货币交易给予法律支持的国家。

2017年7月,日本政府正式取消虚拟货币8%的消费税。

2017年8月,根据日本金融服务管理局消息,有50家虚拟货币交易所提交注册申请,日本金融服务管理局因此成立了专门监督数字货币的小组。9月,日本金融服务管理局发布了首批得到许可的虚拟货币交易所名单,主要包含Bitflyer、BTCBOX、BitBank、Bitpoint、GMO、QUOINEX、Zaif等在内的11家交易所。

2018年4月,日本金融服务管理局对Minnano Bitcoin加密货币交易所进行了审查。根据交易所提交的报告和日本金融服务管理局审查的结果,对交易所进行了行政处分,并责令其进行以下改善:第一,建立经营管理架构;第二,构建防洗钱和恐怖融资的管理结构;第三,建立账本文件的管理架构;第四,建立保护用户的措施管理构架;第五,建立系统风险管理构架及外部委托管理构架;第六,所采取的措施将在2018年5月14日之前,根据日本金融监管部门要求随时进行书面报告。此次行动标志着日本金融监管部门正不断加强对虚拟货币交易所的监管。

(二) 日本虚拟货币发展现状

根据日本金融厅发布的《虚拟货币交易现状报告》,截至2018年3月31日,全球虚拟货币种类为1596种,时价总体估值27兆4339亿日元(如图6-1所示)。其中BTC约12兆4110亿日元,占比为45.2%,ETH约为4兆1341亿日元,占比为15.1%;XRP估价约2兆1208亿日元,占比为7.7%。主要的货币有以下五种:比特币(BTC)、以太币(ETH)、瑞波币(XRP)、比特币现金(BCH)、莱特币(LTC)。

从虚拟货币交易的货币结算种类占比、结算店铺数量以及交易额度三个角度来分析,日本已然成为世界虚拟货币交易的主要场所。从虚拟货币交易币种来看,60%的比特币交易币种是日元,日本金融厅据此推断比特币购买者的60%可能是日本投资者(如图6-2所示)。日本国内目前能用比特币结算的店铺已有52190家,能用以太币结算的有80家。日本虚拟货币整体的交易量2014年仅为26亿日元;2015年约为977亿日元;2016年为3兆5159亿日元；2017年总额达到69兆1465亿日元，约为2014年的26595倍。其中，现货交易占比18.39%，保证金、信用等交易占比较高，为81.61%。

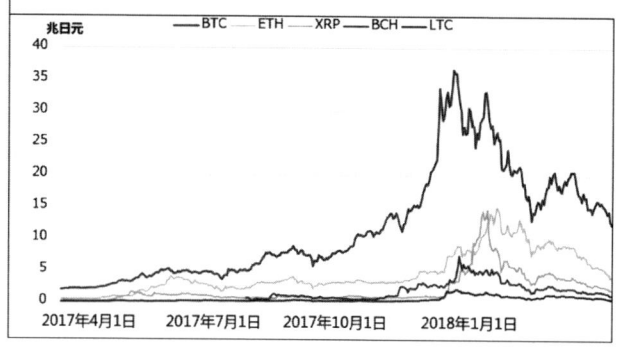

图6-1 主要虚拟货币价格及总额变化

资料来源：《虚拟货币交易现状报告》。

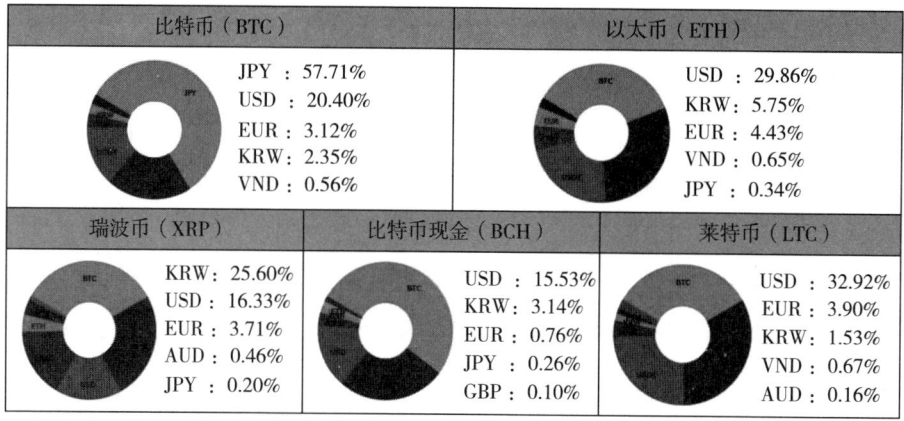

图6-2 交易中使用法定货币的占比

资料来源：《虚拟货币交易现状报告》。

（三）日本虚拟货币的交易方式

日本虚拟货币交易市场目前有两种交易渠道：一是贩卖所，通过与销售商直接买卖，贩卖所提供BID（卖价）和ASK（买价），差价是贩卖所利润所在；二是交易所，通过交易所向顾客贩卖，具有股票交易一样的"大盘"特征，交易所的利润来源是手续费。

(四) 日本"首次代币发行"面临的风险

虚拟货币投资方式具有众多优点。对于投资者来说，虚拟货币融资比其他融资渠道更加简单，能够在短期内盈利，且不需要承担相应义务；对于发行者来说，在获得融资的同时不需要担心股权被稀释。然而，虚拟货币也面临着相应的风险，主要包括技术风险、信息泄露风险、价格变动风险、流动性风险、法令和税制变更风险等。

2018 年 1 月，Coincheck 交易所遭受黑客攻击之后，将虚拟货币的技术和网络信息安全问题推到了风口浪尖。通过计算机系统设备进行交易，发生通信线路和系统障碍的风险不容忽视，同样客户交易的线路、设备和系统也存在产生故障的风险。

信息泄露风险主要在于区块链交易中包含客户注册时填写的邮件地址、姓名、账户号码、密码等个人信息。一旦受到窃听、丢失、损毁或者第三方遗漏均会给客户造成损失。

价格变动风险主要在于两个方面：一是虚拟货币交易价格几乎 24 小时变动，价格变动较大，具有在短期内急剧上升和下降的可能。二是虚拟货币交易所中进行交易对象的商品，无法保证虚拟货币交易价格与其他虚拟货币交易所交易相比较是最优价格。

2017 年 4 月 1 日，日本施行的修正资金结算法律要求虚拟货币进行登记，同日施行的收益转移法律，要求虚拟货币交易需要进行确认。一方面由于法律规制的限制，另一方面由于其他虚拟货币币种的加入，将导致未来产生的不可预期影响，会造成某一类虚拟货币流动性下降，导致持有该虚拟货币的客户无法出售，可能造成流动性风险。

尽管日本对虚拟货币具有相当包容的监管态度，但其对于虚拟货币的立法和征税制度都是不断变化的。未来，根据法律法规和税制等政策的变化，有可能出现禁止和限制虚拟货币交易或者对虚拟货币强制征税等情况，导致客户无法预期的损失，对虚拟货币持有者造成风险。2018 年 6 月 3 日，日本国家税务机构已经向日本政府提起加密货币交易与资产持有税增加计划,此轮加税计划预计每年为日本政府增加税收约 414 亿日元。此轮加税计划一旦落实,针对交易所的税收可能会高达虚拟货币交易所总收入的 55% 以上。

第四节 澳大利亚区块链监管实践与经验

长久以来,澳大利亚政府积极推动数字技术发展,并着力推广其在政府和其他多个领域的应用。区块链作为数字科技的最新技术也受到澳大利亚政府的重视,政府通过投入预算等方式来支持区块链技术的应用和发展。

一、政府助力区块链发展

(一)建立专业机构建设并加强管理

自 2011 年澳大利亚政府积极实行政府数字化转型。2015 年 7 月,澳大利亚政府成立了数字化转型办公室,主要负责实施信息通信技术战略,同时还帮助相关政府机构实施"数字化转型",从而更好地为公民提供服务。数字化转型办公室作为国家创新和科学议程的一部分,还积极参与开拓数字市场化服务,从政府层面为小微企业提供数字技术支持,促使市场公平有序竞争。

(二)政府加大资金支持

澳大利亚政府先后两次通过政府拨款的形式,给数字化转型办公室划拨资金,以支持区块链技术的应用和发展。在对区块链技术潜在风险和应用案例进行分析的基础上,澳大利亚政府于 2017 年底对区块链技术研究提供了第一笔资金支持,宣布计划向基于区块链的智能公用设施试点项目提供 800 万澳元的补贴。澳大利亚政府预算文件写道,"2018—2019 年政府会给数字化转型办公室提供 70 万澳元的补贴,用于研究区块链技术可以为政府服务提供最大价值的领域"。这笔资金将在四年内分批划拨,主要用于数字化转型办公室进行区块链技术研究,探索如何最大限度地利用区块链技术应用提升政府公共服务能力。

（三）区块链技术在金融领域的应用

澳大利亚联邦银行于 2015 年 9 月加入了国际区块链联盟，与包括富国银行、美国银行、花旗银行、德意志银行、汇丰银行、三菱 UFJ 金融集团、摩根士丹利、加拿大皇家银行、瑞典北欧斯安银行、法国兴业银行等在内的 42 家巨头银行共同协作，推动区块链技术的研究和落地。联盟将引导各成员银行一起，共同开发分布账本技术的发展和应用，推动区块链技术进步，同时降低区块链开发和应用的成本。

2015 年底，澳大利亚证券交易所开发出采用区块链技术的交易所交易系统，作为原有清算和结算系统的替代品。2016 年 1 月，澳大利亚证券交易所宣布采用私有区块链系统代替当前清算系统，并投资 1490 万澳元购买美国区块链公司 DAH 5% 的股权。这为交易所采用区块链进行清算和结算应用提供了技术保障。

二、积极支持数字货币应用同时加强监管

目前，澳大利亚并不是全球最大的数字货币交易市场，但其数字货币市场始终保持增长趋势，在全球范围内仍占据重要地位。截至 2018 年 4 月，在全球拥有比特币数量的排名中，澳大利亚排第 14 位。

澳大利亚政府在积极支持数字货币应用的同时不断加强监管措施：一方面，澳大利亚政府成为继日本之后又一个支持数字货币交易所注册的国家；另一方面，澳大利亚政府表示，要加强反洗钱立法同时采取监管措施防止数字货币被用于恐怖融资等不法行为。与此同时，澳大利亚政府还将数字货币作为一种资产，并将其纳入征税范围。

（一）对数字货币采取开放态度

继日本在 2016 年 3 月宣布比特币纳入货币行列之后，澳大利亚于 2017 年 7 月 1 日宣布将比特币和其他数字货币纳入货币范围，并免征消费税。由此，数字货币在澳大利亚成了货币的一种并可以用于交易支付。

2018年4月11日,澳大利亚政府通过澳大利亚交易报告和分析中心宣布实施数字货币交易新规的具体计划。交易新规指出:"澳大利亚境内的数字货币交易所必须通过澳大利亚政府进行注册,并符合政府反洗钱和反恐融资的合规和报告义务。"

截至2018年4月25日,澳大利亚境内已经有三家数字货币交易所完成了注册,分别是墨尔本的BTC Markets、Blockbid以及澳大利亚数字商业协会支持的悉尼独立储备银行。

数字货币交易所注册制度,一方面表达了官方的积极接纳态度,有利于交易所制度和业务发展;另一方面,注册制度有利于对数字货币交易所更好地审查和监督。

(二) 加强监管以防范风险

全球领域的不法分子正在利用加密货币的匿名性特征进行洗钱和恐怖融资等犯罪行为。澳大利亚刑事情报委员会发布的报告显示,目前比特币等虚拟货币越来越多地被有组织的犯罪集团所利用。因此,澳大利亚政府在建立交易所注册制度的同时要求数字货币交易所必须符合政府的反洗钱和反恐融资法规。反洗钱和反恐融资(AML/CTF)法规要求所有受监管的金融机构需要收集其客户身份信息数据并监控交易,该法规还规定:"必须报告10000澳元以上的交易及其他可疑活动"。

此外,澳大利亚税务局将使用数据适配技术和"100点身份识别"来追踪数字货币投资者,以保证交易双方遵守双边税收协定和反洗钱承诺。同时澳大利亚将对新的数字货币条例进行修改:一是加入反洗钱立法的内容,杜绝数字货币被用于反洗钱等非法领域;二是考虑数字货币的匿名性和全球性,要加强对数字货币的监测,以免其被用于恐怖主义融资等活动;三是授权金融监管部门监督和管理数字货币交易活动,以便更好地监管数字货币交易,迎接数字货币带来的挑战。对于数字货币的适当监管能够在充分发展数字货币技术的同时保护消费者和商家权益,降低金融风险和犯罪危机。澳大利亚交易报告和分析中心首席执行官Nicole Rose认为,适当的监管将有助于加强公众和消费者对数字货币行业的信心。

未来，澳大利亚政府将不断拓展数字货币的监管范围，下一阶段计划将立法扩展到律师、会计师、房地产中介和高价值商品等领域的数字货币交易环节。

（三）针对数字货币交易制定对应税收政策

澳大利亚是最早对数字货币进行征税的国家之一，从 2014 年颁布相关税收政策开始，其间不断对数字货币税收政策进行调整。

2014 年 8 月 20 日，澳大利亚正式发布数字货币交易的税收准则，对数字货币交易高额双重征税——消费与服务税（增值税 GST）。双重征税即在购买和销售数字货币时均需要征税，买方购买的数字货币的价格中应当包含 10% 的增值税，同时，卖方的出售行为也需要缴纳增值税，销售行为的增值税和价格包含的增值税需要同时缴纳给澳大利亚税务局。这一政策给数字货币交易双方带来沉重的税收负担，并引起了行业内部的不满。2017 年 7 月，澳大利亚财政部决定废除购买数字货币时所需缴纳的消费税。2017 年 9 月 20 日，澳大利亚宣布将取消对数字货币双重征税的法律。根据澳大利亚商品和服务税的规定，这项法律终止了对购买数字货币行为征税的做法，只需要在销售数字货币时缴纳增值税，取消了对数字货币进行的双重征税。最新的税收指南指出，数字货币被认为是一项资产，并须缴纳资本利得税。资本利得税包含以下几种交易类型：一是将数字货币兑换法定澳元的交易；二是不同种类的数字货币之间的相互交易；三是使用数字货币购买商品和服务的行为。

澳大利亚税务局专门成立了专业工作组，计划通过数据匹配和"100 点身份识别"从传统的匿名加密领域和市场中获取更多信息，以征税为目的追踪且识别国内所有数字货币交易，以保证税务系统在 2018 年能够准确核算数字货币交易产生的税收。根据规定，价值超过 1 万澳元的比特币或其他虚拟货币交易，都有可能被税务局审查。报税时，比特币和其他数字货币被列作资产，投资者须缴资本增值税。2018 年 4 月 9 日，澳大利亚税务局开始对与比特币相关的超过 36 万宗交易进行个人税务审查，审查项目主要针对工作相关开支及其他扣税申报项目。

第五节 新加坡区块链监管实践与经验

得益于优惠的税收政策、轻度监管和国家资助计划，新加坡在过去很长一段时间里都是设立企业的理想地点。新加坡基于全球金融中心的定位使得其在金融科技领域的发展一直保持领先，政府划拨巨额财政预算用于金融科技项目的开发和应用。2017 年，区块链异军突起，"首次代币发行"随之一度风靡，但由于其一系列风险问题的暴露，使之在各国受到严重打击，栖息地被逐渐压缩，而新加坡国内对于金融科技的积极支持态度正吸引大量"首次代币发行"项目落地，根据 Funder Beam 数据显示，新加坡在 2017 年成为继美国、瑞士之后的世界第三大"首次代币发行"项目市场，成为亚洲区块链贸易活动中心。

一、新加坡政府积极拥抱区块链技术

2013 年 6 月，新加坡宣布要成为世界上首个"智慧城市"。随后，为了给金融科技创造良好的制度环境，新加坡金融管理局于 2016 年 6 月提出"监管沙盒"（Regulatory Sandbox）的监管方式，为区块链技术发展提供了合适的土壤。2016 年 8 月 24 日，新加坡金融管理局设立"金融科技创新实验室"，推动本地金融科技发展，鼓励金融业者、初创公司和科技公司进一步合作和交流。

（一）财政部部长对于区块链技术积极表态

在 2017 年 4 月东盟国家财政部部长会议的开幕致辞中，新加坡财政部部长王瑞杰（Heng Swee Keat）强调了区块链技术发展对于经济发展和国家进步的重要性，并表示新加坡正积极研究推动区块链创新，进一步改善该地区的金融服务，并着重强调："我们将特别支持金融科技数字化创新，特别是底层分布式账本技术，这样可以为我们带来更多成本低且安全的金融交易。一方

面改善东盟金融服务欠缺的现状，另一方面提升金融包容性，为一些无法享受银行业务的人提供金融服务"。此外，2017年3月，新加坡信息通信媒体发展管理局启动了最高奖金达到10万新加坡元的区块链挑战赛，旨在推动新加坡当地的区块链技术创新。

（二）新加坡知识产权局加快授予区块链创新专利

2018年4月，新加坡知识产权局宣布了一项声明，旨在加速金融科技相关专利申请授予流程，区块链技术在支付领域的应用也被纳入该金融科技相关专利的范围。在确定专利申请如何归入金融科技类别时，新加坡知识产权局建议利用区块链促进银行支付的技术将符合条件。声明指出："结合区块链技术，提高跨境交易和支付结算和结算安全性及效率被视为金融科技的发明。"这标志着新加坡政府对于区块链技术的发展给予了积极的态度。新加坡正不断促进区块链技术应用发展，并将区块链技术作为推动科技发展的一部分。

（三）新加坡金融管理局积极支持区块链交易

2018年5月，新加坡金融管理局建议修改现有的监管规则，放宽基于区块链的以及去中心化交易所的市场准入门槛，对区块链交易给予了积极支持的态度。

目前，新加坡金融管理局将交易所市场的参与者分为两类，获批交易所以及单层的"市场认可运作者"。前者是重要的系统性平台，比如新加坡证券交易所，而后者则用于监管商品和衍生品交易等活动。新加坡金融管理局认为"市场认可运作者"监管框架已经无法满足新兴技术驱动的新型商业模式带来的需求，建议推出一种三层结构以降低小规模交易平台的市场准入门槛。在这个三层结构中，新加坡金融管理局提出的第三层结构允许规模较小的市场运作者在受监管的环境中部署区块链和点对点技术。新加坡金融管理局解释道："这一层结构用于驱动新的入场者为零售市场参与者提供解决方案，或者用于那些已经结束沙盒阶段而向商业化转移的运作者，同时其业务还并不符合现有的'市场认可运作者'制度规定。"

二、区块链技术发展迅速

(一) 区块链公司获得融资支持

2018年4月5日,新加坡区块链初创公司Zenprivex宣布完成了一笔130万美元的种子轮融资,领投方为SeedPlus,参投方包括硅谷风投Milliways Ventures、移动支付公司Square产品工程主管Gokul Rajaram、Freshdesk联合创始人Girish Mathrubootham、India Quotient联合创始人Anand Lunia,以及Zerodha公司创始人Nithin Kamath。Zenprivex公司是区块资产构建者和投资者,该公司的成功融资显示了区块链行业在新加坡境内发展的勃勃生机。SeedPlus合伙人Jr.迈克尔·史密斯(Michael Smith Jr.)指出:"区块链和加密货币正在以可投资工具的形式为金融市场创造更多新机会。Zenprivex公司将会成为互联网基础设施以及支持交易所流动性管理的关键部分。"

(二) 引领全球共同探索区块链发展

2018年4月17日至18日,由新加坡新跃社科大学联合Longhash主办的"全球普惠区块链峰会"在新加坡举行。新加坡金融管理局局长Roy Teo、世界银行首席信息安全官Clay Lin、新跃社科大学校长张起杰教授、万向区块链董事长兼总经理肖风等纷纷出席大会,从宏观经济、行业发展、技术路线等方面对区块链产业发展进行了深入探讨。

三、新加坡支持"首次代币发行"的发展并加强监管

(一) 新加坡成为"首次代币发行"发展的新大陆

2017年以来,"首次代币发行"在全球范围内受到从严监管的影响,在各国遭受严重打击,各路"首次代币发行"项目纷纷寻找新的栖息地。2017年9月,中国发布"首次代币发行"禁令,随后韩国也宣称"首次代币发行"非法,使新加坡逐步成为"首次代币发行"的交易新大陆,发行机构在新加坡将面临较小的监管压力,因立法者过度关注而导致"首次代币发行"项目违规的风险较小。在"首次代币发行"方面,区块链初创公司、孵化器项目

和资产管理公司均在新加坡大力推进加密货币项目。

(二) 新加坡对于"首次代币发行"的监管态度

1. 积极支持推动的监管态度

新加坡对金融科技发展持积极态度，推出了一系列税收政策和国家资助计划，推动"首次代币发行"相关项目发展。此外，在"首次代币发行"发展初期，新加坡并未将其列入监管资产的范围，鼓励了数字货币的发展；同时，新加坡金融管理局的宽松监管也使得新加坡在很长时间内成为"首次代币发行"企业的"理想国"。

2. 新加坡金融管理局对"首次代币发行"的规范监管

2014年3月13日，新加坡金融管理局发布关于《新加坡金融管理局为洗钱和恐怖融资风险监管虚拟货币中介机构》的声明，表示新加坡金融管理局会监管在新加坡的虚拟货币中介机构以应对潜在的洗钱和恐怖融资风险，即新加坡金融管理局不监管虚拟货币本身，但要求买卖或促进虚拟货币同真实货币交易的中介机构辨别其客户性质，将可疑交易报告给可疑交易报告办公室。新加坡金融管理局的这一举动使新加坡成为世界上首个因反洗钱和恐怖融资风险而监管虚拟货币中介机构的国家。

2017年8月1日，新加坡金融管理局首次就"首次代币发行"这种融资方式发表立场。一是明晰和界定了数字凭证和虚拟货币的概念和范围，数字凭据是一种通过加密保护的行为权的凭证，而虚拟货币是一种可以作为交换的中介物，或者价值的存储特定的数字凭据。二是继续强调要防止利用虚拟货币进行洗钱或恐怖融资等不正当行为。三是强调属于《证券与期货法》管理范围的数字凭据所构成的产品，其"首次代币发行"流程需要接受新加坡金融管理局的监管。例如，当数字凭据可以表示所有权，或者基于发行者资产的收益权时就可以视为股份或集资投资行为，应当受到《证券与期货法》的约束，受新加坡金融管理局监管。四是发行或交易这些代币，必须要满足《证券与期货法》和《财务顾问法》的许可（除非获得豁免），以及反洗钱/反恐怖融资的规范要求。除此之外，转换代币的二级交易平台，需要获取新加坡金融管理局的许可，并满足《证券与期货法》的要求。

2017年10月2日，新加坡金融管理局发布《答复议会有关在新加坡使用加密货币的问题及监管加密货币和ICO的措施》，表示目前正在制定一个新的支付服务监管框架来应对洗钱和恐怖主义融资风险。新加坡金融管理局同时表示，虚拟货币若超越其作为一种支付手段的身份，演变为代表资产所有权等利益的"第二代"代币，类似于股票或债券凭证，那么出售该类"第二代"代币来筹集资金的"首次代币发行"项目将受新加坡金融管理局监管。新加坡金融管理局还没有专门为"首次代币发行"发布新的立法，但会继续监控这类发行的发展情况，如有需要会考虑更有针对性的立法。

2017年11月，新加坡金融管理局发布了《数码代币发行指引》，指出若发行的数码代币代表投资者持有的企业股权、资产所有权，或可转换为公司债权，即受《证券期货法》管制。一旦"首次代币发行"发行的数码代币符合新加坡证券期货法令对股票的定义，除非发行方获得豁免，否则须事先向新加坡金融管理局提交售股说明书。

3. 新加坡对"首次代币发行"的最新监管动态

新加坡金融管理局表示数字代币发行商、中介机构以及提供数字代币交易的平台，应遵守所有相关法律。如果发行方代表一家公司的股权，发行方的招股说明书需要在新加坡金融管理局注册后才能发行，否则即视为违反《证券和期货法》。2018年5月24日，新加坡的8家数字代币交易所没有得到新加坡金融管理局授权，不被允许进行证券或期货合约等数字代币交易。新加坡金融管理局还禁止了一家"首次代币发行"发行方在新加坡发行数字代币。新加坡金融管理局表示，如果数字代币构成证券或期货合约，交易所必须"立即"停止此类数字代币的交易，直到交易所得到了授权，成为获得批准的交易所或被认可的市场运营商。

（三）"首次代币发行"相关的税收政策

新加坡国内税务局早在2014年就决定对包括比特币在内的各类虚拟货币交易征税。截至目前，其征收的税种主要包括所得税与消费税。

新加坡国内税务局将虚拟货币与商品或者服务的交易行为认定为易货交易/实物交易（barter trade）。也就是说，如果上述交易的任意一方为新加坡消费税注册纳税人（GST – registered business；一般而言，计税营业额在一个纳税年度超过 100 万新加坡元的供应商应当向新加坡国内税务局申请注册为消费税纳税人），则该方均应当就其销售行为缴纳消费税。

新加坡国内税务局将虚拟货币的销售方区分为委托方（principal）与代理方（agent）。如果代理方受他人委托代为销售虚拟货币（如虚拟货币交易所），那么新加坡国内税务局仅对代理方所获得的佣金征收消费税；而该种情形下的委托方则需要对销售虚拟货币所获得的全部收入缴纳消费税（上述主体缴纳消费税的前提是属于新加坡消费税注册纳税人）。

对于虚拟货币交易产生的消费税，新加坡国内税务局规定了两类豁免情形。首先，根据《消费税法》的规定，提供国际服务（International Services）无须缴纳消费税。由于虚拟货币的销售行为被认定为服务提供行为，因此如果虚拟货币的销售对象为非新加坡境内的客户（customer not belonging in Singapore），则该销售行为无须缴纳消费税。其次，新加坡国内税务局规定在虚拟游戏中的虚拟货币交易也免于缴纳消费税，前提是该类虚拟货币不可兑换实际商品或服务。

（四）新加坡"首次代币发行"的发展前景

新加坡金融管理局助理董事总经理 Lee Boon Ngiap 表示："新加坡的数字代币交易所和数字代币的数量一直在增加。如果他们是不错的企业，我们不认为有限制他们的必要。但是，如果任何数字代币交易所、发行方或中介机构违反新加坡的《证券期货法》，新加坡金融管理局定将采取行动。"未来，如果消费者选择在不受监管的数字代币交易所进行交易，或者投资不属于新加坡金融管理局监管的数字代币，其合法权益就无法获得保障。

第七章 区块链的发展前景与展望

自 2015 年以来，随着比特币概念的普及，区块链也随之风靡起来。区块链作为比特币的底层技术，已经引起社会各界的关注，各个领域都在研究并探讨区块链技术的发展与应用问题。

第一节 区块链技术层面发展方向

一、分片技术的发展将提高区块链的吞吐能力

目前，区块链的一个局限性就是对交易的处理能力，即整体的吞吐能力。根据数据显示，现如今的公共以太网络和比特币网络平台的处理速度为每秒 7~10 笔交易。这一数字低于现有的支付清算体系，例如 Visa 在集中处理方面的能力可达到平均每秒 8000 笔。交易处理速度较慢是由区块链本身的验证形式决定的。在共识机制下，区块链中的每一个完全参与的节点都必须验证每一笔交易，而且这些节点与其他节点需要保持一致，如此得以保证整个区块链的安全。但这是以降低整个区块链的扩容能力，限制区块链的处理速度为代价的。

分片技术的发展为区块链解决扩容为题提供了方案。分片技术是一种基于数据库分片的传统扩容技术，用于将数据库分割放在不同的服务器上。将分片技术用于区块链是指在公共区块链的情境下，网络上的交易被分成不同的碎片，每个节点处理一小部分交易，并与其他节点一起进行验证。简言之，分片技术用于区块链就是将整个网络分片，每一片处理一定量的交易，进而

使得整个网络能够处理大量的交易。

分片技术有网络分片、交易分片和状态分片三类，通常情况下，网络分片和交易分片较为容易，状态分片更为复杂，其均属于分片技术，只是在设计和结构上有些许不同，但是都需要进一步完善，即真正将其利用到区块链之中还需要进一步研究。分片技术是区块链中一个较为前沿的技术，且有希望解决目前区块链在推广过程中面临的扩容问题。在后续的发展中，技术人员需妥善处理分片与区块链稳定性之间的关系，即处理好容量与系统稳定之间的关系。

二、共识算法的发展将提高区块链运行的效率

共识机制是指参与各方对于某种陈述或做法达成一致的结论。在区块链中，共识机制的引入是使得整个区块链去中心化，或者说得以不依赖一个固定中心体的基础性机制。共识机制是指共同知识，就是每个人拥有同样的信息，这些信息属于共有知识，且每个人也知道其他人拥有同样的信息。区块链技术通过信息广播，交易签名以及投票表决的方式将共有知识转化为共同知识，每个人对信息进行验证，且确认自己知晓相关的信息。在比特币中，"最长链是全网的有效链"是一种共同知识，其通过某个节点将信息记录之后进行全网广播，然后由每个节点进行验证，进而将通过验证的区块链得以在全网留存。

古典的共识机制通过投票进行共识确认，这种做法由来已久，通过节点投票能够达成分布式系统状态的一致性。但一旦参与投票的节点数量增加以后，由于需要确认的投票量增加，整个投票的过程会变得复杂，共识效率会下降。比特币中区块链的共识机制使用的是工作量证明机制，即在基于工作量证明机制构建的区块链网络中，节点通过计算随机哈希函数的数值解争夺记账权，求得正确的数值解以生成区块。生成的区块在全网广播后，每个节点直接参与验证。工作量证明机制的弊端在于需消耗整个网络的计算资源，因为只有投入较大计算资源，才有较大的可能获得记账权力。这种激励机制在比特币系统中存在，但不一定适用于其他区块链的应用场景。

康奈尔和麻省理工的研究员提出了将工作量证明机制和投票类共识机制进行有机结合的混合共识方案,这是一个新的突破方向,有可能兼具两者优点,避免各自缺点。目前这方面的研究还在持续进行中,未来区块链的应用将在共识算法方面解决系统运算效力和过度消耗资源的问题。

三、跨链技术将成为互联互通的关键

在区块链的应用过程中,跨链是指两个区块链之间的互联互通。区块链的本质是一种分布式记账技术。一条区块链就是一个独立的账本,两条区块链就是两个独立的账本。由于区块链自身设计的封闭性,两条链之间本身是不能进行信息交换的,也就不存在价值交换。跨链就是指用户在一条区块链上的价值能够变成另一条链上的价值,实现链与链之间的价值交换。就数字货币而言,跨链有助于实现链与链之间记账货币的兑换,跨链技术将链与链连接起来,形成了一个价值交换的场所,使链与链之间的货币记账信息得以沟通与转换。

跨链技术主要有四种模式。一是公证人机制。公证人机制是指引入一个可信的第三方充当公证人,作为跨链操作的中介。这是中心化或基于多重签名的见证人模式,其特点是不关注个别链自身的结构和共识机制,仅关注如何实现链与链之间的价值交换。二是中继及侧链技术。中继技术是指构建跨链信息的交易渠道。具有代表性的是以太坊推出的公有链,即将私有链融入到整个公有链的共识网络中,同时又能保有私有链的数据隐私。侧链是一种锚定原链的链结构,但并不是原链的分叉,而是从原链的数据流上提取特定的信息,组成一种新的链结构。无论是中继技术还是侧链技术,都是从原链上采取信息,扮演听众的角色。三是哈希锁定。哈希锁定是指利用哈希值进行转账,哈希值相当于转账暗语,只有拿到这些暗语的人,才能获得款项。不同的链涉及不同的记账货币,交易双方需在不同链上均设有账户,如此链与链之间的货币价值交换可通过哈希值来进行。四是分布式密钥控制技术。分布式密钥控制技术是指使用分布式的方式完成不同区块链账本的连接及价值交换。一个具有代表性的例子就是万维链,它采用通用的跨链协议以记录

跨链交易，无论是公有链、私有链还是联盟链，均能接入万维链，实现不同区块链账本的连接及资产的跨账本转移。

跨链技术也得到了一些中央银行的重视。比如日本央行和欧洲央行合作的 Stella 央行数字货币试验项目在第二期就着重研究了单链和跨链的解决方案。未来，区块链技术的发展将进一步拓宽区块链的应用范围。

四、区块链的专利开发将面临激烈竞争

随着参与主体的增多，区块链的竞争也越来越激烈，竞争是全方位的，其中包括技术、模式、专利等多个维度。在技术层面，区块链方面的专利将日益增多，成为区块链大规模运用于社会各领域的基础。

据报道，美国银行已经申请或获得了至少 43 项区块链专利，一举超越了同样拥有 27 项该技术专利的万事达卡和将区块链作为未来发展目标的 IBM。在过去，银行在追求专利方面不那么积极，而近年来，它们积极主动地与美国专利商标局建立合作，向审查官普及金融服务方面的知识：一是为了限制可以与他们相抗衡的专利；二是为了确保他们能够获得想要的专利。美国电子巨头苹果公司的一项新的专利申请指出，在未来的系统中，苹果或将使用区块链来创建和验证时间戳。在美国专利和商标局近期发布的一份申请中，苹果详细说明了一项能够通过将区块链技术与公共密钥基础设施工具相结合来验证时间戳的程序。

未来，企业必将在区块链专利上加强布局。2014 年以来，区块链专利申请数量出现爆发式增长。区块链专利主要分布在北美洲的美国、欧洲的英国、亚洲的中国和韩国，未来这类格局将持续。中美专利差距在减小，2016 年中国的申请量已超越美国。可以预见，未来的区块链专利争夺将日趋激烈。

五、区块链将与云计算、大数据、人工智能深度融合

云计算是指由计算机服务商或供应商将计算机资源进行整合，以付费的形式提供给需要计算机资源的用户。云计算的本质是一种模型，从经济学来

说是社会分工的结果，即用户不需要自建IT资源，直接利用互联网入口，通过付费的方式，享受IT资源，以满足其计算、存储、应用等目的。区块链是一种分布式记账技术，也可以认为是一种能分布式记账的解决模式，无论是技术还是模式，都具有去中心化和不可篡改的特征。区块链和云计算的结合是区块链技术发展到一定阶段的产物，其他的一些大型互联网公司也在研究云计算区块链产品。云计算和区块链实际是相互促进的。云计算为区块链技术的运用提供相应的基础设施服务，且可以随着区块链应用的需要调整和改善云计算服务；云计算需要可信和可控制方面的要求，而区块链的去中心化和不可篡改的模式则可以提供解决方案。从理论上说，云计算和区块链的结合将优化存储和信任机制。现有的云计算需要服务商自行构建IT资源，搭建云计算网络以提供给用户，而区块链下的云计算模式可以共享用户的IT资源，即区块链网络上的每个节点都可以贡献其IT资源，再通过云计算的方式整合，以供整个网络应用。在这种模式下，没有一个垄断的云计算服务商提供云计算服务，云计算的数据由整个网络共享，且通过一定的共识机制管理整个服务网络，能够较为有效地解决信任问题。目前，云计算与区块链的结合产品尚没有具体应用，但随着技术发展，未来仍有巨大发展潜力。

大数据和区块链的关系也是科技界目前关注的议题。大数据的提出比区块链要早，其技术的成熟度较高。大数据已经成为IT界或者说社会各个领域都已熟知的词汇。《大数据时代》一书曾经对大数据有过定义：大数据是指不用随机算法进行数据处理，而是采用所有数据进行分析处理。这个定义较为简洁，但也体现了本质。现在大数据的意义不仅仅在于数据的全样本处理，更在于其代表了一种思维模式。根据大数据目前的应用，其有三个至关重要的概念：要全体不要抽样、要效率不要绝对精确、要相关不要因果。区块链可以理解为一种分布式记账技术，在区块链中所存储的数据也可以被认为是大数据的一部分。区块链和大数据既相互关联，又有差异。如果将大数据置于区块链的框架之下进行分析，那么大数据类似一种生产资料，而区块链类似一种生产关系，实际上是对数据的存储和应用提供了一种新的处理方式。如果将区块链置于大数据的框架之下，大数据处理指的是所有对数据进行处理分析的方式方法，区块链是其中的一种方式方法。在区块链的框架之下，大数据可以通过一定的数据结构化技术转换为可存储在区块链中的结构化数据。此后，通过区块链的组织结构和共识机制，数据块可以在区块链中进行流转和交易，从而使得作为生产资料的大数据能够被更多的用户所使用。

在大数据的框架之下，区块链中的数据是结构化的、经过验证之后的数据，利用这些数据进行大数据分析将更为容易。首先，这些数据不可篡改，可信度较高；其次，这些数据是标准化的，可以进行流转的数据，用户或 IT 服务商可以在经过用户的允许下提取数据，并对数据进行分析处理。总之，将区块链和大数据相结合，将更有利于数据资产的存储、使用和流转。

人工智能的发展已经进入新阶段，在金融和实体领域，人工智能已经开始替代一些工作。根据 1956 年达特茅斯会议上科学家对人工智能的定义，人工智能是指："使一部机器的反映方式像一个人在行动时所依据的智能"。工业革命使得机器提高了生产率，替代了人的部分工作。但是，人类社会还在发展，让机器像人一样思考、决策，而不是进行简单的劳动，这才是人工智能时代将要解决的问题。人工智能的发展所依赖的一项重要技术就是机器学习，其中很重要的学习来源便是数据。机器通过一定的机器学习技术对数据进行处理，熟悉人类社会中各种工作的流程，从而形成思考和决策机制。由此观之，数据的来源至关重要。

现在的社会中，由于大量的数据实际掌握在一些具有 IT 资源的企业组织手中，人工智能的发展则需要借助这些企业组织的数据。但是，由于法律、伦理层面的限制，数据孤岛或数据垄断的现象时而存在。区块链的发展提供了一个新的解决方案，即数据可以在社会中流转，去中心化的理念使得数据孤岛或数据垄断的趋势得以缓解，数据的生产者和拥有者可以通过区块链网络将数据提供给需要的人，人工智能公司则可以通过区块链中的数据市场发展其人工智能技术。总而言之，人工智能与区块链的结合将使得人工智能的发展进入一个新阶段。

区块链与云计算、大数据和人工智能的结合之路还有很多问题需要解决，其中一个重要的问题是区块链自身如何在社会中实现大范围的运用。在区块链的应用成熟之后，技术之间的结合将更为容易。

六、区块链技术层面将考虑安全问题

近年来，区块链技术发展迅速，尤其是比特币的生产与交易使得区块链更为众人所知。以比特币为代表的数字货币在各国都引起了争议，但在一些国家，数字货币交易被认为是合法的，而且其在交易的过程中出现了较为严重的安全问题，这也给科技界提出了新命题，即如何应对区块链技术的不成熟而引发的安全问题。

根据解放军信息工程大学斯雪明教授的观点，目前，区块链技术面临着算法安全、使用安全、实现安全及综合安全四个方面的安全问题。算法安全是指随着数学、密码学的发展，区块链的密码算法在发展的同时呈现出不稳定性。量子计算的发展对于公钥密码的稳定性也提出了挑战。区块链的记账选择依赖随机数算法的正常运行，但是随机数的算法漏洞将给密码算法带来稳定性方面的问题。使用安全是指密钥的管理目前仍存漏洞。私钥在区块链的节点中被用于验证和签名，一旦私钥丢失或被盗取，会给用户带来一定损失，如何恢复和保障私钥的安全性仍需探索。实现安全是指区块链自身代码运行的安全性。只要是计算机方面的应用，就会有代码的安全性问题。区块链也不例外，区块链在应用和测试过程中均存在不同程度的代码漏洞，代码的正常运行关系智能合约的正常运行，进而关系区块链网络的正常运行，是需要不断完善的领域。

综合安全是指系统的安全性。对于一个组织或一个网络社会来说，区块链系统的整体安全性是尤为重要的问题，一旦国家层面或组织层面出现系统性的安全问题，将会在宏观层面出现较大风险。区块链的共识算法、智能合约、代码问题均可能演化为系统性风险，因此，如何防止局部问题演化为系统性的风险将是技术专家需要着重考虑的问题。

解决安全问题的方式需要不断完善，主要从以下几个方面进行。一是密码算法的更新。随着密码算法的更新，攻击者会找到破解密码算法的新算法，因此，区块链的维护者需要不断更新其密码算法。二是需对代码不断进行测试。代码层面的风险是基础性的风险,但不能被忽视,需使用软件测试、代码审计等方式进行完善。三是对私钥的生成和维护方式进行完善。私钥关系到节点的正常运转,用户需要自行选择安全的交易场所和网络参与交易,同时,交易场所也需要建立私钥的保护机制。四是探索建立系统性风险的防范机制。如同金融领域的宏观审慎监管,当区块链接入社会交易的各个层面,整个系统或组织也需要探索建立宏观层面的风险防范机制。安全问题是区块链应用过程中会不断暴露的问题,无论是科技界还是经济界,均需要引起重视,不断地探索和研究。

第二节 区块链应用前景展望

区块链的大规模应用尚未成熟,但是在社会的各个领域对区块链应用的探索已经逐步开始。目前,区块链的应用正从金融和实体两个领域开始展开。金融领域是区块链得以发展的首个领域,比特币的风行使得区块链为社会所熟知。实体经济在区块链的应用也后来居上,取得了一定成效。正如IT方面的技术人员所认为的那样,区块链是一种技术,也是一种思维方式,可以渗透至社会管理的各个层面。

一、区块链在金融领域的应用、发展及展望

金融领域在很大程度上依赖于中介机构的作用,由于信息的不对称,中介机构能够起到沟通交易双方,降低信息不对称,进而降低交易成本的作用。但是,我们也应看到,现有金融体系并未很好地解决信息不对称的问题,逆向选择和道德风险时有发生,金融体系的稳定性呈现出周期性的波动趋势,而且会演化成系统性的金融风险。区块链的发展为现有金融体系中存在的问题提供了另外的解决思路,去中心化、不可篡改以及智能合约使得金融交易的履行更具效率,成本也有望降低。虽然区块链目前在金融领域的应用还未成熟,但其将为金融领域带来的改变已逐渐明朗。

（一）"区块链+资产证券化"

随着监管部门对资产证券化政策的逐步放开，以及国内资管新规的落地，资产证券化将在我国金融体系中扮演重要的作用。一方面随着利率市场化的推进，银行需要利用资产证券化盘活其信贷资产，从而缓释资本；另一方面资产证券化也有利于对非标准化产品形成替代，促进资本流动，缓解系统性金融风险。但是，资产支持证券的穿透式监管以及交易也需要较好地进行管理。区块链将进一步完善和优化整个资产证券化领域的管理。

区块链技术对资产证券化的完善主要体现在以下几方面：一是改善资产证券化的现金流管理。区块链可以实现自动对账，降低了交易各方的对账成本。此外，区块链中的智能合约使得资产证券化的流转更为方便，降低了人工执行的出错率，进而使得资产证券化的现金流分配更有效率。二是提升了资产证券化出售的结算效率。资产证券化在流转过程中，不需要一个中介机构进行结算，而是可以直接实现点对点的交易结算。同时，全网广播使得各交易节点知晓资产证券化的流转情况，有利于评估相关风险。三是有利于降低增信环节的转移成本。区块链技术的引入，可使得资产证券化的外部担保随着资产证券化的流转而流转，建立起点对点的增信保障平台，降低增信的转移成本。

（二）"区块链+保险"

保险行业存在一些问题，至今尚难解决：一是风险定价较难实现，由于存在信息的不对称，保险产品的风险定价一直是个难题，存在小风险投资者补贴高风险投资者的现象；二是保险产品的管理流程复杂，从产品设计到销售再到理赔，整个流程都需要中介机构具有良好的信誉，并对信息进行核实，使得交易成本较高。

区块链技术有助于缓解上述问题。首先，区块链所建立的公共账本使得交易各方能够获得交易的所有信息，且信息不可篡改，从而能够使保险产品设计人员在销售产品时能及时获得信息，缓解风险定价中的信息不对称；其次，智能合约的引入使得保险产品的流程管理更为智能，即可以省去很多查询、复核的环节，无论是保险销售还是保险理赔，其合约的履行均可以通过计算机的形式直接执行，不必加入人工复核环节，从而减少了保险服务过程中的不确定性，有助于提升客户的服务体验。

(三) "区块链+供应链金融"

供应链金融是我国目前正在兴起的金融服务模式。供应链金融的发展由来已久，其将银行以及上下游产业紧密结合在一起，使得银行等金融机构能够为整个链条上的企业提供金融产品和服务，极大地提升了资产和资金的周转率。但是，其也存在信息不对称导致的一系列问题：一是企业无法自证偿还能力。处于供应链上的中小企业由于规模和业务能力的限制，在获取信用等级方面存在一定劣势，这就需要上下游企业提供相关交易信息以为融资企业提供征信，但整个过程存在滞后和交易伪造等风险。二是履约风险无法有效控制。即一旦履约的条件达成，资金和货物的流转仍需人工自行操作，且信息的传递存在滞后，交易的成本和效率均无法达到较优状态。

区块链在供应链金融中的应用能够很好地解决现存问题。首先，当供应链金融的交易各方进入区块链网络之后，各方均会通过公共账本实时知晓交易的信息和交易的进度，信息的共享成本大为降低。资金的融出方可以非常方便地知晓资金融入方的经营和信息用状况，整个风险控制成本大为降低，资金配置效率得到提高。其次，区块链中的智能合约使得合约的履行更为方便。资金和货物在整个供应链上的流转依靠的是信息的传递和合约在达到条件之后的切实履行。通过智能合约，一旦公共账本中存有触发合约履行的条件，合约便会自动履行，货物和资金的交割是实时而准确的，且其交易信息也可瞬间记录。供应链金融是区块链应用的一个非常好的场景，且目前已开始落地，相信未来其应用规模将会逐步扩大。

(四) "区块链+银团贷款"

大宗商品交易是金融领域中一个较为重要的分类，其涉及大宗商品安全和金融的定价权。我国的大宗商品交易已有所发展，但受到金融监管和国际金融方面的限制，其发展历程较为曲折，仍需进一步完善。大宗商品交易的环节较长，涉及的交易方较多，其中出现的信息欺诈等问题也限制了大宗商品交易的发展。由此，我们需要通过引入区块链技术，利用其去中心化、不可篡改和智能合约的特性提升大宗商品的交易效率，降低交易成本。

首先，大宗商品的买卖双方以及买方银行、卖方银行等交易参与者可以加入整个区块链网络之中。在国际的大宗商品买卖之中，银行开具信用证以及合同的审核均需花费一定时间。区块链技术的引入可以使信息的更新和分享时间大为减少，大宗商品交易的效率将大为提高。其次，在商品交易所模式下，交易比较依赖交易所的正常运行，但是在区块链网络中，由于去中心化模式的存在，个别节点的退出均不会影响系统的交易运行。因此，整个大宗商品交易将减少对中央服务器的依赖。综上所述，大宗商品交易涉及多个参与方的对接，以及多个中介平台的对接，而区块链技术将重新定义交易模式，提升交易效率。

（五）银团贷款

银团贷款是指当某一借款主体所借款项规模庞大，出于风险分散和风险承担的需求，由多家银行和非银行金融机构采用同一贷款协议，对借款人进行贷款。由于银团贷款涉及的参与方较多，其流程也较为复杂。整个银团贷款涉及大量的调查、记录、审核以及重复操作，其中每一环节均需要信息的交换与人工的确认。因此，整个交易流程实际上有很大的效率提升空间。

区块链的共识机制和智能合约，可以很好地提升其交易效率。首先，银团贷款的所有协议以及交易信息均可以直接写入公共账本之中，所有的参与方均可以实时获取相关信息，省去了信息在银行等各参与方之间的传递过程，也省去了审核和重复操作的流程。其次，共识机制的设计使得各参与方在获得相关信息之后，相应的单据和资金的流转可自动执行，不需要人工重复确认，也使得交易更加流畅和公平。目前，我国的银行还没有开始建立区块链的银团贷款平台，但在境外，如法国巴黎银行、道富银行等正联手打造基于区块链的银团贷款平台，相信未来区块链在银团贷款中的应用将更加广泛。

未来，随着区块链技术的发展，金融领域将产生更多的应用场景。毋庸置疑，区块链将显著提升整个金融领域的资源配置效率。

二、区块链在实体经济领域的应用前景

(一)"区块链+商品溯源"

商品溯源是指对农产品、工业品等商品的生产、加工、运输、流通、零售等环节的追踪记录,参与各方通过将自己的信息实时传送至公共账本,监管方、交易的参与方等交易各方可以实时了解商品的流转状况。商品溯源对于防范假冒伪劣产品、保障食品安全等具有重要作用。目前,食品、医药行业的溯源得到了国家政策的支持。但是,由于我国的消费者自我保护意识仍不高,政府仍扮演重要角色。市场经济的发展要求清楚地界定市场与政府的关系,溯源行业的发展则有利于提高消费者的自我保护意识,促进他们通过商品溯源机制获取商品的信息,维护权益,从而提高市场经济的社会自我管理水平,降低政府运行的成本。

区块链技术的引入有助于提升商品溯源的效率和成效。通过共同参与记账的方式,整个供应链的上下游企业均将与商品生产、加工、运输、流通以及零售的相关信息写入公共账本之中。如果下游的生产商和消费者想要进行商品溯源,只需通过公共账本入口获取相关信息。如果商品制造商想要造假,除非对整个供应链进行重组,否则很难对信息进行伪造。在中国,区块链技术应用于商品溯源已有先例,随着商品溯源行业的发展,区块链技术的大规模应用将成趋势。届时,市场经济的秩序和规则将进一步被完善。

(二)"区块链+工业管理"

数字技术的发展给工业管理带来了突破性的提升。目前,大多数工业数字管理采用的是工业云的模式,这种模式在工业管理的过程中呈现出中心化以及中心实体互相协作的特点。中心化是指一定范围的工业管理需要依托一个中心工业云平台来管理,对基础设施和能耗的要求较高,信息的传输虽然快,但对中心化实体的依赖性也较大。一旦中心化实体出现问题,整个管理网络也面临一定风险,现在的解决方案是有多个备用的中心实体。中心实体互相协作是指一个中心实体在管理上只能覆盖一定的范围,在大范围的工业

管理情境下，需要多个中心化实体进行协作，同时也加大了技术上的操作难度。

区块链技术的引入可以有效优化整个工业管理流程。一方面，去中心化的组织设计提升了信息传递的效率。区块链和工业云的结合可形成云链混合的生产网络，这个网络比中心化的工业云在信息传递上更有效率、能耗更低。生产中的信息全部通过区块链进行记录，订单信息、库存信息、操作信息等信息采用分布式储存结构减少了之前工业云对中心实体的依赖。另一方面，智能合约提升了流程的运行效率。在信息分布式储存的情况下，辅以智能合约的设计，可以使产品运行的每个环节得以自动进行。由于工业流程的复杂性，可以设计多种智能合约的范式以满足工业的流程管理。

（三）"区块链+财务管理"

区块链在比特币中的应用便是分布式记账，即记录利用比特币进行的交易。全世界的交易信息实际最终都是通过会计账本来进行反映，会计的语言便是商业世界的通行语。可以说，自有商业活动以来，便有会计记账和财务管理。通常，会计信息是财务管理的基础，其准确性则需要人工进行核对，会计信息的披露也需要人工进行审计。基础的对账工作包括账账核对、账证核对、账实核对，其目的是验证会计信息是否客观反映了实际的交易活动。毋庸置疑，对账的过程需耗费大量人力、物力，区块链的发展将革新整个会计行业的运作模式。

首先，如果所有的交易信息都在区块链中进行记录，原始凭证和记账凭证中的信息将会第一时间被广播，交易双方都需要同时进行确认，省去了之后审计的相关流程，即不需要再对交易的对手方进行问询和函证，账账核对和账证核对实际是一次性完成的。其次，如果诸多利益相关者均在区块链的网络之中，其对于会计信息的提取将不再依靠信息生产方的单方面披露，而是直接从公共账本中提取。财务管理中与经营和投融资有关的决策均需要依赖财务报表的信息披露，区块链技术的引入将使得投融资决策更加方便，信息的提取更加及时。区块链是真正革新会计领域的技术，其对会计领域的影响将不可估量。

(四)"区块链+医疗"

医疗是国际民生的重要领域,各个国家都有其医疗体制,但也有医疗体制方面的问题,即使发达国家也不例外。如何在提高医疗服务质量的同时,降低医疗服务的成本是各个国家医疗改革的核心问题。我国的医疗改革已推行多年,目前逐渐收到成效,但也仍存问题。技术的引入总是能提高资源配置的效率,从而降低整个经济系统运行的成本,医疗领域也不例外。目前,信息技术在医疗领域的应用已经卓有成效。但医疗信息的共享、访问,医药产品的监督,医患关系等问题仍然突出,这些问题中很关键的一点就是信息的传递与保护问题。区块链技术的引入有助于解决这些问题。

区块链与医疗的结合将主要体现在信息的存储、访问和药品溯源三个方面。首先,医疗流程由于涉及多个场景,如门诊、检查、临床等,其流程也会较长,医疗信息如何共享是需要解决的问题,其次,由于患者可能会在不同的医院进行治疗,医院之间也需要信息共享。再次,医疗流程不仅涉及患者的治疗,还涉及医疗报销等,这些都需要信息在不同部门之间进行传递。区块链的公共账本能很好地解决信息在不同部门之间的共享问题。又次,医疗过程的各参与方还可以通过密钥的方式访问其相关信息,这样可以解决患者信息的隐私问题。复次,对于患者和医药监管部门来说,区块链应用于药品溯源可以解决药品的核实和监管问题。最后,区块链在监管领域的应用将优化医疗流程,提升医疗服务效率,助力医疗领域的改革。

(五)"区块链+社会公益"

我国的经济体系经历了改革开放四十年的发展,人均可支配收入显著提升,但也存在发展不平衡的问题。慈善等公益组织的存在及发展有利于解决发展不平衡的矛盾。但是,公益组织也存在一些问题,其中一个重要的问题就是信息不对称,很多捐款者不清楚公益组织所筹集的资金是否有效地投入了扶贫公益项目。实际上,一些公益组织变相融资、洗钱的现象仍然存在,解决这些问题需要在制度和技术层面进行完善,区块链实际提供了较好的解决方案。

首先，区块链技术能够很好地解决公益行业中的信任缺失问题。资金的捐助方、慈善组织以及资金的接受方可以加入区块链网络之中，这些资金的流向均可以被计入区块链的公共账本之中。只要被赋予访问权限，资金的捐助者以及政府监管部门便可以获取资金流向的信息，从而知晓资金是否被合理利用。其次，在现实中，很多商品会以扶贫的名义销售给消费者，对于这些商品背后是否存在贫困弱势群体，消费者往往不得而知。通过区块链进行商品溯源可以有效解决类似的问题。总之，区块链技术将有助于缓解公益项目中的信息不对称，使得贫困地区的人民群众可以真脱贫，脱真贫。

第三节　区块链监管展望

有学者将区块链的发展分为三个阶段。第一阶段是虚拟货币的应用，其中最重要的就是比特币的应用，比特币在某些地区已经作为一种交易媒介被使用，通常，我们将区块链在虚拟货币中的应用称为区块链1.0。第二阶段是区块链在金融领域的应用，事实上，比特币的交易也可视为区块链在金融领域应用的一种。也有学者将比特币视为一种商品，因此我们将区块链在比特币的应用划分为第二阶段。区块链在金融领域的应用已涉及跨境支付等金融交易领域，金融领域主要利用区块链去中心化和智能合约方面的特性以提升金融交易的效率，降低信息不对称。与此同时，大多数国家利用现有的法律和监管政策调节区块链应用过程中出现的问题，具有针对性的监管政策仍然较少。第三阶段是区块链在非金融领域的应用。区块链去中心化、不可篡改以及智能合约的特点实际为社会治理层面带来了新的治理模式和治理思维，未来，其在医疗、慈善、民间公正、工商登记等各个领域将有重要应用。虽然区块链的应用将逐步升级，但对区块链的监管仍未明朗，区块链的监管将是各国监管机构未来需要进一步明确的领域，在监管方式和监管的着力点方面，政府部门也会进一步探索。

一、区块链监管的必要性

区块链监管的必要性主要体现在两个方面,一是人性的主观投机风险,二是区块链自身的客观技术风险。

人性的主观投机风险主要体现在区块链技术在虚拟货币中的应用。目前,以比特币为代表的虚拟货币已经在全世界范围内生产,据不完全统计,类似的加密货币大概有数千种。目前,以比特币为代表的"首次代币发行"已经受到各国监管机构关注。在中国,政府部门已经发布文件规定代币发行融资是未经允许的非法融资行为,即为区块链项目进行融资的代币发行已被禁止。从比特币等虚拟货币目前价格来看,其波动较大,展现出一定的投机属性,许多学者以及金融投资者均提出比特币具有泡沫属性,潜在风险较大。和历史上的各种投机泡沫一样,比特币的风靡反映出人性中投机性心理因素的膨胀属性。对于比特币等虚拟货币的货币属性,大多数经济学家和政府官员均持否定态度,其中一个重要的论点便是现代货币具有国家信用,属于主权货币,而比特币不具有国家主权属性,其不是国家信用货币。类似的商品还有黄金,黄金因其稀有性而作为价值的载体,但也因不能满足实际经济的交易需求而退出货币的舞台。

类似比特币的虚拟货币也不具有货币属性。基于以上考虑,比特币等虚拟货币将更多呈现其商品属性,且会引来投机者的炒作,因此,对类似的虚拟货币需要进行监管。又由于区块链技术是其底层技术,对比特币的监管也就必然涉及对于区块链技术应用的监管。

客观技术风险则体现在区块链技术本身所具有的风险。首先,区块链技术具有不可篡改的特性,基于哈希指针和加密技术,记录者在记录账本后需经过其他网络节点的验证。但是,如果有51%的节点篡改其账本信息,那么整个公共账本则会被篡改,换句话说,区块链还是存在被篡改的风险。其次,在现实中,一些公司可能打着区块链的旗号对交易网络进行控制以达到自己的目的,这对于参与者来说将会造成较大损失。最后,以区块链技术为基础的交易所也可能面临黑客的攻击,进而把代币或虚拟货币转走。

总而言之，区块链技术仍在发展过程之中，其带来的风险和问题也将会陆续出现，监管部门不可无视这些问题。事实上，各国的监管部门已经在密切关注区块链的发展动态，这些监管部门在承认区块链应用价值的同时，也表示对区块链的监管不可放松，实际仍保持审慎观察的态度。未来对于区块链的监管将循序渐进，在支持区块链应用的同时，防范其可能带来的风险。

二、区块链监管的方式

对于区块链来说，"沙盒监管"以及监管科技将发挥重要作用。随着区块链的应用，其监管早已提上议事日程。目前，针对以区块链为代表的金融科技创新，"沙盒监管"已经成为各国监管层试图采取的方式。

"沙盒监管"的理念是由英国金融市场行为监管局首次提出，即允许创新企业在真实的市场环境中测试其创新产品的适用性，同时，监管部门也采取必要的措施对消费者进行保护。"沙盒监管"可以妥善平衡创新者、消费者以及监管者三方的利益。在监管沙盒的机制下，创新的时间成本被降低，监管的不确定性被降低，更多的产品被得以测试。而且，消费者的风险被限制在一定范围内，系统性风险减小，监管部门可以随时监测创新产品的试运行情况。

"沙盒监管"是英国政府希望巩固伦敦的国际金融中心地位而提出来的，其实际上为金融产品的创新提供了一个试验港。在我国，贵阳以及赣州等地已经开始探索"沙盒监管"方面的试点。区块链金融协会、贵阳区块链创新研究院、中关村区块链产业联盟及贵州区块链产业技术创新联盟等单位于2017年在贵阳共同发布了《区块链ICO贵阳共识》，提出将建立标准沙盒计划。未来区块链的监管将在"沙盒监管"的框架下运行。

区块链的另一种监管理念便是利用技术本身来监管技术。由于区块链是新兴的金融科技技术，对于很多监管者来说，其具有一定的技术门槛。因此，监管者需要积极引入相关的技术监管人才，利用监管科技来监管金融科技技术的应用，即树立技术监管的理念。目前，区块链具有匿名性和弱中心化的趋向，与传统的依靠建立中心化实体获取监管数据的方式有一定差异，由此，监管者需要根据区块链的特征，将监管融入技术之中。例如，区块链的每个节点都可以获得公共账本，并在一定条件下读取相关信息。那么监管可以作为一个网络节点，接入整个区块链网络之中，并根据授权机制获取公共账本的信息，从而对区块链中的交易进行监测。总之，通过技术本身来实现对技术的监管，可以化解技术创新与监管之间的冲突。

三、区块链监管的着力点

目前，区块链监管的着力点应该放在如何制定行业标准，以及完善相关的法律法规方面。

制定区块链行业标准的重要性不言而喻，行业标准设计包括两个层面的内容：一是区块链技术的行业标准，二是区块链技术在某个行业的应用时所应遵循的标准。区块链技术的行业标准是指所有行业在开发应用区块链技术时应遵循的标准，这个标准的制定有利于不同监管机构对于区块链技术进行一个统一的界定，从而方便监管，防止伪区块链技术的出现。区块链技术在某个行业的应用标准是指某个行业在具体应用区块链技术时应根据行业特性遵循相应标准。区块链的应用已经展开，无论是金融领域还是非金融领域都开始探索如何利用区块链公共账本的特性，但每个行业对于应用的需求都是不同的，其应用标准也存在一定差异。例如，就去中心化而言，工业领域云链的结合实际是去中心化和中心化实体的一种结合，这种应用并非完全去中心化，而是一定范围内的去中心化，因此，其应用标准实际与其他行业有所差异。现实中，各个行业都有其监管部门，制定行业的应用标准有利于监管部门对区块链在行业层面的应用进行监管。

有关区块链法律法规的完善主要涉及两个方面：一是技术创新方面的法律保护，二是智能合约的法律完善。对技术创新方面的法律保护涉及专利权的保护和商业秘密的保护。在专利权方面，区块链的专利申请已经有一定规模，这些专利权均由我国的专利法进行保护，但我国目前的专利法中也有不适应区块链专利保护的部分，这就需要法律制定部门重新审视现有法律，并做出调整。在商业秘密保护方面，由于区块链实际扩大了信息的覆盖和披露范围，网络中各节点均有可能获取相关的账本信息，如何从法律层面规范信息的访问条件以及信息获取后的应用条件也是现有法律尚未规定的领域，需要进一步明确。智能合约是一种基于算法的自动执行合约，其无须法律强制执行，一旦合约订立，只要达到合约执行条件，便会自动执行。这类合约与传统合约是不一样的，传统合约需要人为从外界介入合约的执行，这也使得现有法律体系与智能合约有一些不相适应的地方。此外，智能合约也会带来新的法律问题，这都需要法律界进一步研究和探讨。

区块链是集合了博弈论、密码学、计算机等学科的一种新型科技技术，其在技术层面的发展有望革新现有的社会治理体系。当然，区块链要全面地应用于社会治理层面还需要一段时间，相关的行业标准、法律法规的完善也并非一蹴而就。

案例篇

案例 1 Hyperledger Fabric

一、介绍

Hyperledger Fabric 项目是由 Linux 基金会于 2015 年 12 月宣布创建的,是开源区块链和相关工具的总括项目,用于支持基于区块链的分布式分类账协作开发。Hyperledger Fabric 是一个为了提高跨行业区块链技术水平的合作项目,包括金融、银行、物联网、供应链、制造和科技产业的领导者。

Hyperledger Fabric 是市场、数据共享网络、微型货币和分散的数字社区的操作系统,它能够极大地降低在现实中完成工作的成本和复杂性。

Hyperledger Fabric 是由软件开发者社区构建区块链框架和平台,通过开放源代码、协作式软件开发方法确保将区块链技术推向主流商业采用所需的透明度、寿命、互操作性和支持。

二、技术

Hyperledger Fabric 为开发模块化体系结构的区块链应用程序提供技术基础,实现应用组件的即插即用。例如公司的会员服务等,它使用容器技术来托管构成系统应用逻辑的智能合约(也称为链代码)。

该项目的目标是通过开发区块链和分布式分类账来促进跨行业协作,相较于加密的货币设计,Hyperledger Fabric 特别关注于提高这些系统的性能和可靠性,以便它们能够通过核心技术、金融和供应链公司支持全球商业贸易。该项目将通过特定用途模块框架、身份识别、访问控制和智能合同来整合独立的开放协议和标准。

由于竞争形势、保护法律和有关个人数据机密性的法规，企业规定需要确保某些数据元素的隐私，这可以通过区块链上的数据分区来实现。Hyperledger Fabric 中支持的渠道允许仅将数据传递给需要获取的相关方。

Hyperledger Fabric 架构的模块化使网络设计师能够插入其首选实现的组件。该架构中可轻松插入的其他组件包括一致性或加密组件，其中一些国家/地区有自己的加密标准。Hyperledger Fabric 提供了经过修改和未经修改的 PKCS11 来生成密钥以支持处理各种情况，例如需要更多保护的身份管理。

通过 Hyperledger Fabric 建立的区块链平台是通过共识建立起来的、与"智能合约"系统和其他辅助技术相结合的对等分布式账本。这些技术可以一起用于构建新一代的交易应用，应用能够建立平台节点之间的信任、强化责任和提高平台应用及交易的透明度，同时简化业务流程。

三、目标

Hyperledger Fabric 的具体目的可以分为以下几个方面：一是创建企业级、开源、分布式账本框架和代码库，以支持商业交易；二是提供中立、开放和社区驱动的基础设施；三是建设技术社区，开发区块链和共享账本的概念验证、应用案例、实地跟踪和部署；四是对公众进行区块链技术的教育活动；五是推广 Hyperledger Fabric 社区对其他平台和框架采用的工具包方法。

2015 年 12 月，Linux 基金会宣布创建 Hyperledger Fabric 项目，并确定项目的目标在于建立分布式记账的区块链协作开发。该项目于 2016 年 2 月宣布创始成员，并于 3 月 29 日宣布 10 名成员和理事会成员。5 月 19 日，Apache 软件基金会的共同发起人 Brian Behlendorf 被任命为该项目的执行董事。Behlendorf 接受职务以后，在很短的时间内，立即开始社区规划，帮助社区确定了未来发展战略。9 月，他描述了 Hyperledger Fabric 伞形架构的商业区块链远景。

四、发展历程

早前业界曾传 Hyperledger Fabric 会开发自己的类似比特币的加密货币，

但 Behlendorf 随后声明，Hyperledger Fabric 项目本身不会建立自己的加密货币。2017 年 7 月 12 日，该项目宣布 Hyperledger Fabric 1.0 生产就绪，并投入市场使用。Hyperledger Fabric 1.0 在市场中受到广泛欢迎。2017 年 8 月，甲骨文加入 Hyperledger Fabric 联盟并宣布发布 Blockchain Cloud Service 产品。

2017 年 7 月，伦敦证券交易所集团与 IBM 合作宣布将创建一个专为数字化发行公司股票而设计的区块链平台。Hyperledger Fabric 将构成该平台的基础。2017 年 9 月，加拿大皇家银行已开始使用 Hyperledger Fabric 来进行美国和加拿大银行间拆借交易。

Hyperledger Fabric 公司由 30 个创始公司会员和一套技术与组织治理机构组成。早期成员包括区块链独立软件开发商（Blockchain、ConsenSys、Digital Asset、R3、Onchain），知名技术平台公司（思科、富士通、日立、IBM、英特尔、NEC、NTT DATA、红帽、VMware），金融服务公司（荷兰银行、澳新银行、纽约梅隆银行、CLS 集团、芝商所、存托信托和清算公司、德意志交易所集团、摩根大通、State Street、SWIFT、富国银行），SAP 等商业软件公司，系统集成商和其他公司，如埃森哲、Calastone、Wipro、Credits、Guardtime、Intellect EU、Nxt 基金会、Symbiont。

五、交易模式与过程

Hyperledger Fabric 为企业构建的领先的开源、通用区块链结构，构建于一种模块化架构之上，该架构将交易处理分为三个阶段：分布式逻辑处理和协商（"链代码"）、交易订购以及交易验证和提交。这种分离具有以下优势：不同节点类型之间需要的信任和验证水平更低，网络可伸缩性和性能得到了优化。

Hyperledger Fabric 的交易模式及过程分析：第一，应用程序将交易方案递交给背书对等节点。第二，背书策略规定需要多少个背书者和/或何种背书者组合来签署提案。背书者执行链代码，以便在网络对等节点中模拟该提案，并创建一个读/写集。第三，背书对等节点将经过签署的提案回复（背书）发回给应用程序。第四，应用程序将交易和签名提交给订购服务。第五，创建一批或一组交易，并将它们传送给提交对等节点。第六，提交对等节点收到一批交易后，对于每个交易，它会确认满足背书策略，并检查读/写集以检测冲突的交易。如果两项检查都通过，则将该组交易提交到账本，并在状态数据库中反映出每个交易的状态更新。

在 Hyperledger Fabric 架构中，仅在网络上发送签名和读/写集，所以可伸缩性和性能得到了优化。此外，因为只有背书者和提交者能够真正看到该交易，所以区块链系统的不同部分中需要的信任水平更低，提供了更高的安全性。拆分链代码执行还在网络中实现了动态增长。

案例 2　Symbiont

Symbiont 是一家新型的区块链平台公司，其创始人分别是 Robby Demody、Evan Wagner 和 Adam Krellenstein，2015 年 3 月，三人所创立的 Counterparty 与 Mark Smith 的 Money f（x）公司合并。Counterparty 是建立在比特币区块链之上，早期的 Bitcoin 2.0 项目之一。在本质上，它可以允许用户执行不同的金融应用，而不仅是比特币的 P2P 支付网络，并且也受到比特币网络的保护。

Symbiont 为近些年在世界上快速发展的融合数字货币与电子金融产业提供服务，致力于建成全球第一个用于发行以区块链技术为基础的智能证券和交易智能证券的平台，推动区块链科技在全球资本市场中的运用发展。Symbiont 的机构和投资者可以在此平台上以智能证券的方式，发行、交易和管理各类金融工具。

Symbiont 使用区块链技术对传统的金融工具进行编程操作，形成多个智能合约，这些智能合约又被称作智能证券，智能证券经过进一步包装，在 Symbiont 搭建的数字平台上进行发行和交易。Symbiont 平台上刊行的智能证券，以数据形式存储其信息和运转状况，将各类金融工具和相关条约协议进行建模，使金融工具运行流程主动化。

智能证券是一项非常重要的创新，它可以对复杂的金融工具的运作过程、状态和任意金融工具间的交互作用进行建模。在金融工具的整个生命周期，包括发行、一级市场发行和二级市场交易，其所代表的智能证券都可以发挥作用。在智能证券作用下，当前任何金融工具的状态和拥有金融工具的公司的行为，在严格和规范的访问规则下，都可以被平台上任何参与者所共享。不同智能证券所代表的金融工具以其相应的电子编码，以防篡改的格式，被发送到分布式账簿中，可以被所有平台参与方访问和查看。

智能证券有六项主要功能：一是分享数据。在一组封闭或开放的平台参与者之中，分享其分类账簿的状况，定期进行更新。二是节省成本。智能证券使得复杂的、需要手动操作的后台和中台金融工具操作流程自动化，节省因非自动化导致的高金融交易成本。三是排除篡改。使所有的金融工具在其生命周期的所有信息能够以数字化形式被记录下来，同时通过密码验证机制进行保密维护。四是减小风险。将证券发行、分配、交易和相关的公司行为电子化，而不必依赖于单一的合作伙伴或供应商，降低金融工具交易风险。五是提高透明度。通过对平台参与者进行授权，使得所有与证券相关的金融工具的状态和历史信息都可以被及时看到，让平台参与者得到即时反馈。六是成长性与适应性。智能证券技术与基础平台网络相分离，技术可以运用在任何区块链和分类式账簿系统。

Symbiont在建立智能证券交易平台时采用了区块链程序集技术，程序集只能为平台数据库添加数据，而其原有历史内容不可改变。程序集提供唯一的全球化会计分类账簿，区块链网络中所有节点都可以保存平台交易的历史记录。每个组织或用户在登录平台时，会发布他们的私钥程序符号，允许他们的身份被其他参与者所查看。同时，每位用户在登录平台时，都有各自的使用权限，其对于平台栏目的访问程度受到其身份限制。程序集技术很大程度上降低了风险，也降低了传统模式下维护多个断开账的成本，通过一个简单的中心化账簿给平台中各个用户的私人账簿支付收益。

由于平台中所有交易均为电子化的形式且被编入程序集中，在没有任何结算风险的条件下，程序集技术可以大大减少用户的结算和清算时间。通过验证加密签名密钥，程序集使用户身份识别与访问风险最小化。例如，在一个组织中的每个授权用户都有自己独特的签名密钥，平台根据密钥赋予其不同的使用权限，所有用户在平台上的操作都以防篡改的方式记录到程序集中。程序集技术十分可靠、安全，是智能证券的核心技术。

Symbiont平台可以让抵押贷款组合成一个非常透明的，并且可以证券化的"代币池"，其中最关键的是透明度。抵押贷款证券化被指责为引发了2000年末的国际金融危机的原因之一，因为一些"垃圾"贷款的地位隐藏在巨大的不透明的"代币池"中。虽然存在潜在风险,但这些资产组合都获得了投资级的评级。

此外,Symbiont 还搭建了一个智能证券的发布和交易平台,他们用智能合约包装并出售传统证券。该平台上有一款产品名叫"重灾掉期",保险公司借助这款产品的帮助可以转移重灾风险。Symbiont 会将重灾风险切割成小量多份并包装成证券产品,如此一来,普通的个人投资者将可以通过购买此款证券产品成为保险公司的再保险人。可以说,Symbiont 实质上并没有颠覆传统的再保险业务模式,只是通过优化现有流程中的某个环节来提高整个业务模式的效率和效果,同时还显著地降低了再保险业务价值链中的摩擦成本。

Symbiont 创立的智能证券交易平台以其节省交易成本、减小交易风险、提高交易透明度等优势受到市场的关注,并顺利获得早期融资。但是平台仍处于起步阶段,如何更好地进行品牌推广以被市场所接受,如何在长期中突显出不同于传统交易过程的独特优势,如何适应政府部门的监管等问题,是其今后需要重点考虑和发展的方向。

案例3 DAH

一、DAH介绍

数字资产控股公司（Digital Assets Holdings，DAH）由 Sunil Hirani 和 Don R. Wilson 于 2014 年成立。2015 年，DAH 提名 Blythe Masters 担任 CEO，Blythe Masters 因发明信用违约互换（Credit Default Swap，CDS）而名噪华尔街，被称为 CDS 女王。DAH 发展迅速，目前已经在纽约、伦敦、中国香港、悉尼、苏黎世、布达佩斯等地成立了办事处。

DAH 为金融机构的结算与清算提供分布式账本（Distributed Ledger Technology，DLT）解决方案，其基于分布式账簿的技术已经成功与澳大利亚证券交易所、美国清算结算机构开展深度合作。截至目前，DAH 已经通过三轮融资筹得 1.15 亿美元，其投资者包括花旗银行、摩根大通、高盛、IBM、澳洲证券交易所等国际知名机构。

二、DAH 的发展

2015 年 6 月，DAH 收购 Bits of Proof，该公司开发了一款基于区块链技术的企业级服务器安全工具。

2015 年 6 月，DAH 收购 hyperledger，该公司开发出了专门针对金融机构使用的分布式总账技术。

2015 年 9 月，DAH 的软件产品成功应用于 PIVIT（一家游戏公司）的 IPO 项目。

2015 年 10 月，DAH 收购了 blockstack.io，该公司开发了一套面向金融机构的"区块链即服务"(Block-as-a-Service,BaaS)产品。

2016年1月,DAH与澳大利亚证券交易所合作,为后者提供一整套基于区块链技术的清算与结算服务。

2016年3月,DAH与美国清算结算机构合作,为其提供回购交易的清算与结算服务解决方案。

2016年4月,DAH收购Elevence,该公司开发出了一套计算机语言,可以对复杂的金融交易协议进行建模和执行,同时还可以保证数据的保密性。

2016年9月,DAH与SIX证券公司签署协议,为其设计一套证券全生命周期处理的解决方案。

2017年12月,澳大利亚证券交易所宣布将使用DAH提供的分布式账簿技术来替代其现有的清算系统。

三、DAH的商业解决方案

现有的金融市场基础设施需要每天处理数万亿美元的交易,鉴于此,金融市场基础设施可靠性的重要程度不言而喻。然而经过多年渐进式的发展,依旧是由每个市场参与者独立存储数据,在每一笔交易过程中由相关的市场参与者对这些数据进行对账处理。这些通用数据的冗余存储固然提供了较强的可靠性,但却使交易活动耗时耗力,往往会导致较大程度的延迟,大幅提升了运营成本。

此外,支撑市场基础设施的软件在很大程度上也以同样的模式运行了几十年,升级困难且昂贵。随着监管和市场需求的变化,尤其在2008年国际金融危机后,监管部门对交易透明度、报告的及时性与全面性提出了更高的要求,传统的系统却很难满足这些要求。

分布式账本技术提供了解决此问题的一个思路,它可以显著减少交易过程中对账的要求,从而减少错误、延误和风险,使市场结构更加灵活。

分布式账本技术是一种强大的、具有颠覆性的创新,实质上它是一个可以在多个站点、不同地理位置或者多个机构组成的网络里进行分享的资产数据库。在一个网络里的参与者可以获得一个唯一、真实账本的副本。账本里的任何改动都会在所有的副本中被反映出来，反映时间会在几分钟甚至几秒内。账本里存储的资产可以是真实存在的资产或虚拟资产，资产的安全性和准确性是通过公密钥以及签名的使用去控制账本的访问权而实现的。根据网络中达成共识的规则，账本中的记录可以由一个、一些或者所有参与者共同进行更新（如图1所示）。

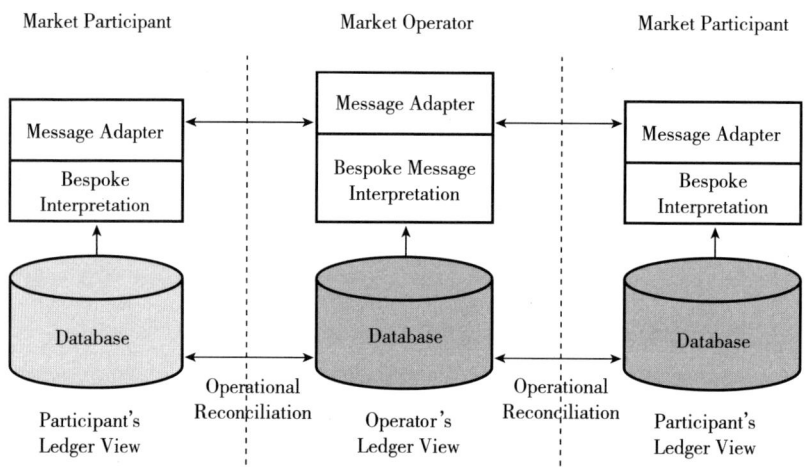

图1　传统的金融交易数据存储与使用

DAH的分布式账本是一个许可账本，这意味着它只能由预先批准的相关各方访问（包括读取和写入操作）。这与诸如比特币和以太坊等非许可账本不同——任何人都可以对区块链的内容进行读取或者写入操作。DA平台中的分布式账本由两个子系统组成：全局同步日志和私人合约商店。每个参与者都有自己的私人合约商店，其中包含所有经过验证的合约。这里的合约是指业务逻辑，包括交易参数、参与各方的权利和义务。全局同步日志是一个共享的区块链，可以保障分布式网络中数据的完整性。全局同步日志将交易有效性问题与通知问题紧密结合起来，它实现了很多现实业务的需求：一是交易内容只有那些允许查看的人才能看到；二是交易验证掌握在交易参与方手中，公证人没有看到他们不该看的；三是如果交易被提交，那么交易参与方都可以接收到结果。

DAH的设计基于分布式账本技术，既保持了与物理账本类似的数据的保密性，也体现了区块链技术的数据完整性。

其逻辑结构中的业务逻辑层和分布式账簿层由 DA 平台处理，应用层由与 DA 平台和其他系统相连的客户定制软件组成。其逻辑结构如图 2 所示。

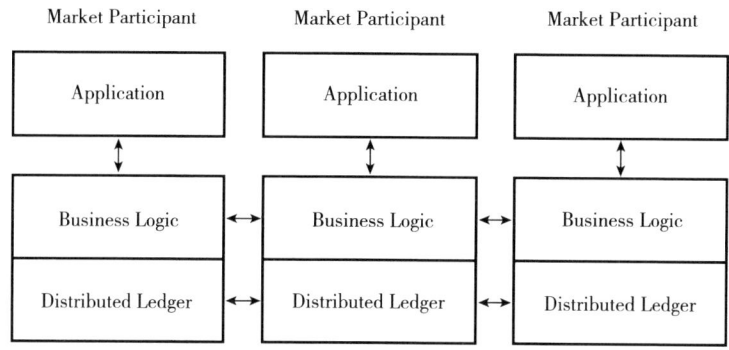

图 2　DA 平台的逻辑框架结构

DAH 设计的基于分布式账簿的平台——DA 平台（DA Platform），可以满足金融市场基础设施和金融机构提出的最严格的要求，并为未来创新留下了空间。DA 平台具有如下特点：

（一）高度保密性。高度敏感的信息仅对预先授权的交易相关方公开，而且这些信息的任何变动都会在第一时间通知相关各方。

（二）可审计性。金融机构及其监管者可以在第一时间获取交易的报告，而不是像以前等交易结束之后才能获取相关报告。

（三）可分析性高。金融机构可以根据现有及历史的交易信息进行实时分析并对未来的交易头寸等信息进行预测。

（四）可拓展性。DA 平台提供了一个基础平台，金融机构可以进行定制化开发，以满足其自身特殊需求。

（五）无须对账。分布式的处理方式保证了数据的完整性和连续性，使交易无须在相关各方间进行耗时耗费的对账处理。

（六）共同的工作流。交易的各方都会拥有相同的工作流，并且各方都会对交易流程进行验证，以确保系统随时保持同步。

DAH 公司声称其产品可以应用于绝大部分金融产品及交易中，为之提供高效可靠的服务，具体包括以下产品类型：

（一）权益类产品。DAH 可以为交易所、中央对手方、证券存托机构以及相关交易者提供高效的清算、结算服务。

（二）固定收益类产品。DAH 可以为债券类产品的发行、投标、结算和柜台外交易提供全流程的服务，既保证参与各方的匿名性，也保障了交易对监管机构的透明性。

（三）回购交易。DAH 可以为回购交易提供实时的头寸轧差和结算服务，以节省运营成本，缓解资本金压力。

（四）结构化产品。DAH 的产品可以为结构化产品本身及其底层资产提供包括交易协议、交易流程、产品动态、抵押品状态等全方面的服务。

（五）衍生产品。DAH 可以为衍生金融产品的交易、估值、风险水平等提供实时、自动化的服务。

（六）资产抵押债券。DAH 针对抵押贷款证券化的底层资产、打包、结构化分层等流程提供了详细的解决方案，使交易各方能够实时掌握交易的全流程。

四、DAH 的应用

（一）澳大利亚证券交易所

DAH 在 A 轮融资中共获得 6000 万美元融资，其中有超过 1700 万美元来自澳大利亚证券交易所。而这也体现了澳大利亚证券交易所希望在区块链技术方面发力的决心。

2016 年 8 月，澳大利亚证券交易所表示宣布其已完成了首个版本的替代型分布式账本结算系统，该系统的开发者便是 DAH。澳大利亚证券交易所计划使用区块链技术来替代其目前止在使用的结算系统。澳大利亚证券交易所的目标是改变传统的数据验证、授权、访问以及存储的方式，消除传统方式带来的复杂性，并为行业带来显著的收益。根据澳大利亚证券交易所和 DAH 的计算，该项目可以降低证券交易市场数十亿美元的交易成本。经过对该版本的多轮验证，2017年12月，澳大利亚证券交易所正式宣布使用DAH提供的分布式账簿技术来替代其现有的结算系统。

（二）美国清算结算机构

美国清算结算机构对区块链技术一直保持了极大的热情。2016年3月，美国清算结算机构声明将联合DAH试验区块链技术在回购市场中的作用，以验证其能够提高回购市场的运作效率。回购市场在金融体系中扮演者重要的角色，实现了现金、证券在各个金融机构之间的流通。美国清算结算机构认为，区块链技术能够让参与回购交易的各方实时掌握证券和现金的流通状况，从而提高回购效率，有助于解决回购市场流动性不足的问题。

DAH基于区块链技术的分布式账簿能够使参与回购交易的各方更加迅速地对回购条款达成共识，并进行证券交割和资金结算。根据相关机构估算，每年华尔街的金融机构之间的资本占用高达1200亿美元，使用区块链技术能够释放其中的60亿美元。

案例 4 Block Score

一、Block Score 简介

Block Score 是由 Alain Meier 等人共同创建的。Block Score 旨在帮助企业保护消费者和企业身份不受盗窃和其他形式的欺诈行为的影响,为消费者提供无干扰的体验,为各行业在线交易的身份验证和防欺诈环节提供准确且经济高效的解决方案。

二、Block Score 的发展

当汇款涉及验证用户身份以确保反洗钱合规性时,现有的验证方式显得十分烦琐。市场上许多身份验证系统都在使用过时的框架。基于这样的经历,Alain Meier 及其商业伙伴共同成立了 Block Score,为客户提供身份证明服务——包括电子商务交易市场,金融机构和数字货币初创公司。

2014 年,Block Score 发布了其 JSON①、RESTful② 的应用程序接口,受到多家企业的欢迎,用户发现 Block Score 的身份验证系统与其他公司产品相似,但更简单。同时,Block Score 得到了 200 万美元的融资,投资方分别为 Battery Ventures、科斯拉风险投资公司、光速创投、新大西洋风险投资公司、Boost

---

① JSON(JavaScript Object Notation,JS 对象简谱)是一种轻量级的数据交换格式。它采用完全独立于编程语言的文本格式来存储和表示数据。简洁和清晰的层次结构使 JSON 成为理想的数据交换语言。易于人阅读和编写,同时也易于机器解析和生成,并有效地提升网络传输效率。

② REST 是一种软件架构风格、设计风格,而不是标准,只是提供了一组设计原则和约束条件。它主要用于客户端和服务器交互类的软件。基于这个风格设计的软件可以更简洁,更有层次,更易于实现缓存等机制。

VC、Y Combinator 以及其他几个天使基金。

最初，Block Score 仅仅为比特币领域的企业，比如交易平台、矿工公司等客户服务。然而，随着 Block Score 的发展，其他公司已经开始使用其提供的方案，现在其应用程序接口正在不同行业中使用。

三、Block Score 商业模式

（一）智能身份验证

Block Score 的身份验证应用程序接口可以轻松验证客户的姓名、出生日期、地址和身份证号码是否符合"了解客户原则"和反欺诈要求（如图1所示）。

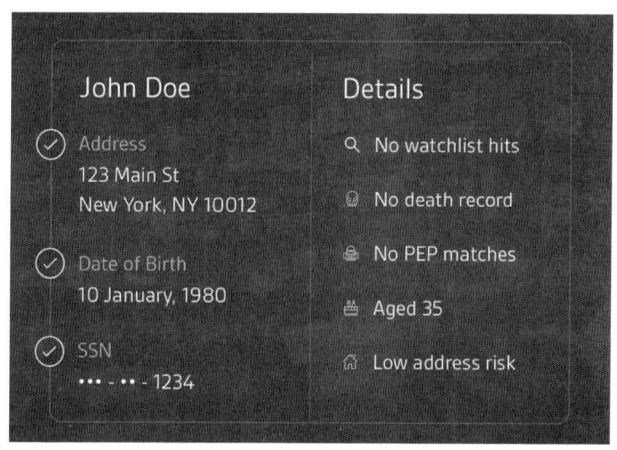

图1　智能身份验证界面

Block Score 的身份验证具有以下特点。

第一，有效的合规性和反欺诈。遵守反洗钱和"了解客户原则"条例，Block Score 可以提升客户尽职调查效率，并简化企业的合规流程。强大的制裁筛选，Block Score 提供了实时制裁和关注列表扫描，有助于企业在与潜在客户进行业务往来之前了解潜在合规风险。验证客户的年龄，如果企业销售的是受年龄限制的内容或商品，Block Score 可以帮助确保企业客户的年龄符合相应要求。

第二，广泛的数据源。Block Score 收集了数百个主要和冗余数据源，以确保为客户提供的信息尽可能最新且正确。数据来源包括美国地方政府、联邦政府和金融机构等权威数据库，提供更高的可靠性。

第三，提供免费和直观的仪表板。Block Score 所有的产品都可以从其仪表板系统访问。仪表板主屏幕显示所有客户的信息和通过系统运行的验证。Block Score 对企业提交的所有数据进行索引，以便搜索和过滤企业的客户信息。

（二）自动商业信息验证

通过 Block Score 的应用程序接口或免费仪表板快速验证商业信息。从开户到正在进行的尽职调查，Block Score 为企业提供了全流程的服务（如图 2 所示）。

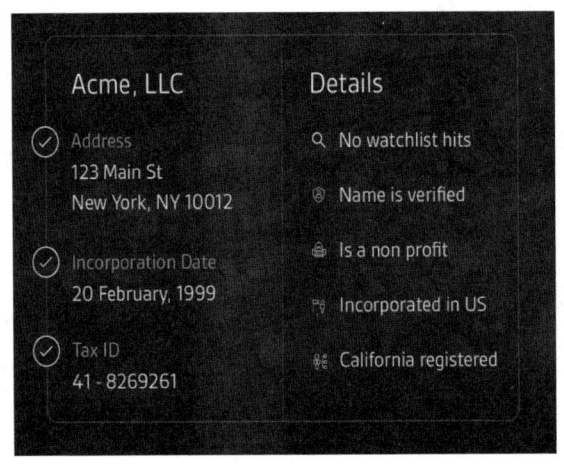

图 2　自动商业信息验证界面

Block Score 的自动商业信息具有以下特点。

1. 高效的尽职调查。遵守反洗钱和"了解客户原则"条例，快速一致地验证公司名称、地址、注册日期和其他核心业务信息。使用联邦税号和 EIN 数据库，Block Score 会匹配客户提供的信息，以帮助企业验证和避免处罚。

2. 广泛的数据库。不仅数据是根据美国联邦政府资料进行核实的，而且 Block Score 还根据来自几乎美国每个州的数百个数据源的数据验证商业信息。

提供多重冗余以增加可靠性，Block Score 的大部分数据都由多个来源支持，在发生停电等突发事件时，Block Score 会自动切换到备用来源。

（三）反洗钱合规审查

Block Score 使用行业最新的监视列表，对人员和企业进行制裁审查，具有如下特点。

1. 逐步进化的扫描系统。通过 Block Score，企业可以逐渐建立并丰富客户档案。随着对客户了解的逐步深入，从一个姓名开始，出生日期、地址等信息不断加入 Block Score 的扫描系统中，以了解客户更多信息。

2. 智能匹配算法。考虑到大部分数据都不完美，Block Score 的搜索算法可以自动检测拼写错误、格式错误、常用名称别名、转置单词、常用缩写等。

3. 国际字符集支持。Block Score 支持以所有主要语言搜索，因此不会错过重要的关注列表匹配。

4. 覆盖大部分国际关注清单。Block Score 覆盖了来自世界各地的大部分的关注列表，这样无论企业身在何处，都可以实现监视关注列表并扫描合规性。

5. 将搜索仅限于实体或个人。Block Score 将所有关注列表进行匹配并分类为实体或个人，以便企业过滤不相关的结果。

6. 支持美国财政部海外资产控制办公室制裁高级数据模型。

7. 提取非规范化数据。Block Score 的数据提取技术能够从监视关注列表中提取最大量的信息，对政府提供的数据进行规范化和提取，使企业能够轻松搜索和匹配更多数据。

8. 可调节的灵敏度。通过修改灵敏度，企业可以提高或降低关注列表搜索的敏感度。该值可以根据任何给定客户的风险状况进行动态配置。

9. 自动完成反洗钱合规报告。Block Score 致力于帮助任何货币转账业务轻松完成反洗钱合规报告，包括可疑活动报告和货币交易报告。按照现有的程序，企业通过访问政府网站并填写表格来提交这些文件。例如，可疑活动报告可以有近 100 个表单域。Block Score 简化了这个烦琐的过程，可以自动填写其中近 80 个表单域，能够将填写可疑活动报告所需的时间从 20 分钟缩短至 5 分钟。

案例5　国家电网

2016年12月,国务院发布的《"十三五"国家信息化规划》,将区块链作为国家重点信息技术进行战略布局。在此背景下,国家电网公司高度重视区块链技术在能源互联网及金融领域的研究应用,围绕区块链关键技术、电网典型应用场景、区块链业务应用安全风险、区块链技术标准化等领域开展相关研究,推进新技术、新模式和新业态创新发展。

2017年3月27日,国网电子商务有限公司在京召开区块链平台发布会,正式推出自主开发的国网电商区块链平台,深度支撑电网发展和电子商务、互联网金融等新兴业务创新应用,助力开放共享能源互联网生态体系建设。区块链平台的发布是国网电商公司立足电网、面向市场,积极推进技术、管理和商业模式创新的又一重大举措。

国网电商区块链平台分为基础服务层、应用接口层、业务应用层三个层面。基础服务层包含账户中心、区块链底层平台、区块链监管等功能,应用接口层对外提供一系列供应用调用的接口,提高应用对接效率,业务应用层提供面向电网业务的具体应用工具。国网电商区块链平台重点围绕供应链金融、积分、支付清算、征信、商品溯源、数字票据六大业务应用领域布局。目前,已全面支持供应链金融和积分兑换场景应用,未来将陆续开发微电网、碳排放等面向能源互联网场景的应用,满足更多业务场景需求。

2019年1月25日,国家电网有限公司首个自主研发的区块链应用平台在国网浙江省电力有限公司顺利上线,标志着公司已具备自主开发应用区块链技术能力。该应用平台基于自主研发的区块链底层平台,通过区块链和物联网有机结合实现了能源计量数据的安全共享问题,从网络、数据、业务三个层面设计区块链在能源互联网的应用,有效支撑泛在电力物联网建设。2019

年 3 月 28 日，国家工信部区块链重点实验室电力应用实验基地在国网电商公司（国网金融科技集团）揭牌成立。实验基地的成立，标志着国家电网有限公司在可信区块链技术领域走在了央企前列，将更好地发挥区块链在泛在电力物联网建设中的基础性和引领性作用。

下一步，国家电网将聚焦建设世界一流能源互联网企业，打造"枢纽型、平台型、共享型"企业，建设运营好"坚强智能电网，泛在电力物联网"，即为"三型两网"发展战略。通过广泛应用大数据、云计算、物联网、移动互联、人工智能、区块链、边缘计算等信息技术和智能技术，汇集各方面资源，获取充足有效的信息和数据支撑，建设"泛在电力物联网"[①]，为规划建设、生产运行、经营管理、综合服务、新业务新模式发展、企业生态环境构建等各方面，提供充足有效的信息和数据支撑。将持续拓展和丰富区块链技术业务应用场景，加快推动互联网理念、先进信息技术与业务发展的深度融合，在为电子商务、互联网金融的业务创新发展提供基础技术支撑的同时，有力支撑综合能源网络建设，助力实现能源网络市场化、高效化、绿色化目标，营造开放共享的能源互联网生态体系。

---

① 泛在电力物联网，就是围绕电力系统各环节，充分应用移动互联、人工智能等现代信息技术、先进通信技术，实现电力系统各环节万物互联、人机交互。

案例6 中国移动

区块链不仅能赋能通信行业，同时，通信网络作为最底层的技术亦可以支撑区块链，两者是你中有我，我中有你的关系。中国移动布局区块链的时间非常之早，据中国国家知识产权局的专利申请显示，中国移动通信集团公司于2018年6月5日公布了两份与区块链相关的发明专利申请，一份专利名为2016年11月28日申请的"一种基于区块链技术的学习记录保存的方法和装置"；另一份专利名为2016年11月30日申请的"一种流量控制方法及网络设备"。2018年3月28日，中国移动通信集团公司、中国联合通信有限公司、中国电信集团公司等电信运营公司以及全国移动通信骨干制造企业、经营公司、海外移动通信著名中国公司以及关心和推动中国移动信息事业发展的企事业单位和社会各界人士，包括政府政策研究部门、金融界、科技界、新闻界以及消费者团体和个人等组建的中国移动通信联合会发布《关于成立中国移动通信联合会国际区块链创新应用联盟的批复》，正式批复同意成立中国移动通信联合会国际区块链创新应用联盟（以下简称"区块链联盟"）。据悉，中国移动通信联合会国际区块链创新应用联盟旨在推荐区块链技术在行业的创新应用，开展区块链国际交流活动，发挥行业组织自律作用。

2018年10月，大唐云链宣布成立"区块链系统测评中心"，成为中国移动通信联合会区块链人才教育培训基地。除了在区块链培训方面的布局，大唐云链还联合中国移动通信联合会国际区块链创新应用联盟组建"区块链媒体工作组"，打造一个开放的区块链垂直行业的开放媒体平台。

案例 7 中国工商银行

中国工商银行是中国"四大"国有商业银行之一,也是全球资产总量最大的商业银行之一,基于自身金融结构和支付成本的考虑,正在加紧对跨境支付、金融产品及普通支付的链化改造。

2017 年,中国工商银行总行在区块链领域大力加大资本和人才的投入,并积极探索区块链技术在公益扶贫、金融产品交易、见证服务等领域的应用创新。同年,聚焦"智能银行"建设以及加快金融技术领域的部署,中国工商银行成立了金融科技相关的实验室,投入超过 500 人,专门从事云计算、大数据、人工智能、区块链和物联网的创新等金融方面的研究工作,其中,区块链是实验室重点研究领域之一。2017 年初,中国工商银行参与了央行数字货币的发行和基于区块链的数字票据交易平台的研究工作。同年 3 月,该行完成基于区块链技术的金融产品交易平台原型的系统建设,在其平台上为客户提供点对点的金融资产转移和交易服务。也在同一时期,中国工商银行组建了包括互联网金融、大数据与人工智能、云计算、区块链与生物识别等在内的七大创新实验室。除技术研究工作外,中国工商银行也利用区块链技术进行扶贫相关探索。2017 年 5 月,中国工商银行的区块链与生物识别实验室正式启动与贵州省的脱贫攻坚基金区块链管理平台,并下放 157 万元扶贫基金。

围绕集中信誉系统建立的传统交易链产生了诸如高成本、低效率、低稳定性以及缺乏灵活性等问题。这阻碍了银行为满足快速增长的需求而推出的创新金融产品的进程。针对这个问题,中国工商银行构建了基于区块链的金融资产交易系统。2018 年 1 月,基于区块链的金融资产交易系统,中国工商银行开始申请专利。金融资产交易系统构想了一个平台,参与的机构可以作为分布式网络中的节点。据中国国家知识产权局称，这项专利申请标志着工商银行对区块链技术最新的尝试。据 CoinDesk 报道，中国工商银行还申请过关于通过分布式网络验证用户信息的区块链系统的专利。2018 年 5 月，中国工商银行正式发布首个区块链专利，能够利用区块链系统来提升证明处理颁发效率，以避免用户将统一文档重复提交到多个实体。该专利提供了一种电子证明处理、存储方法及装置以及电子证明处理系统，该电子证明处理方法包括：接收来自电子证明终端的电子证明生成请求；校验电子证明生成请求是否满足电子证明的生成条件；当满足生成条件时，发送电子证明生成请求至电子证明开立服务器；接收来自电子证明开立服务器的电子证明存储请求，电子证明存储请求包括电子证明；检验电子证明存储请求中的电子证明是否满足电子证明的加密条件；当满足加密条件时，对电子证明进行加密处理；将经过加密处理的电子证明存储请求发送至电子证明区块链。该专利的发明提高了办理证明的效率，降低了证明被伪造的风险。

案例 8　中国银行

中国银行的区块链部署涉及面较广，其主要的区块链应用场景多达六种，包括数字钱包、贸易融资、房屋租赁、公益扶贫、跨境支付和数字票据。除了数字票据和跨境支付处于测试成功阶段外，其他场景均已有成功案例，或已推出真实产品。目前，中国银行已上线区块链电子钱包 APP、推出自有"公益中行"精准扶贫平台、贸易融资应用，还与汇丰银行合作开发了一款区块链抵押贷款估值共享系统。

早在 2017 年 1 月，中国银行曾上线区块链电子钱包，该钱包地址由 32 位的数字和英文字母组成，用户可绑定个人在该行的银行卡号。2017 年 6 月，中国银行与腾讯合作，测试区块链技术，并在云计算、大数据和人工智能等领域展开深度合作。2017 年 8 月，中国银行与 SWIFT（环球银行金融电信协会）组织和全球银行一起加入 SWIFT gpi 区块链概念验证，以促进金融在 SWIFT gpi 项目中的应用。2017 年 9 月，中国银行首次向国家知识产权局提交了一项关于区块链扩容的专利，专利内容显示该技术提供了一种区块链数据压缩方法与系统。

随着雄安新区大力发力区块链，2018 年 4 月，中国银行雄安分行与蚂蚁金服签署了战略合作协议，将继续通过区块链技术在雄安住房租赁相关领域开展合作。同时，中国银行还与汇丰银行合作，利用区块链技术开发一种系统，于 2017 年 11 月正式推出，可共享有关抵押贷款估值的信息，目前已经处理超过 2500 个物业估价案例。中国银行在区块链的布局和研究的蓝图、IT 架构都很完整，已经由过去的集中式过渡到目前的集中式和分布式相结合形式，同时也引入区块链的科技元素。目前，中国银行区块链相关技术在跨境支付、公益中行、雄安新区服务场景等方面都得到了具体应用。后续，中国银行将继续重点深化在区块链、虚拟现实/增强现实、物联网、量子通信四大方向的新兴技术研究。

案例 9 华为

华为较早开始布局区块链。2016 年 5 月 31 日，华为就加入金融区块链合作联盟（金链盟），开始参与 Linux 基金会下的 Hyperledger 项目（区块链技术领域最具影响力的开源项目），并在两个热度最高的子项目 Fabric 和 STL 中，持续做出技术和代码贡献，意在探索专为金融机构服务的联盟区块链，以及应用场景。2018 年 4 月 17 日，华为发布了《华为区块链白皮书》。2018 年 3 月，国家知识产权局发布的最新专利申请中显示，华为公司申请了一项专利发明，能够利用区块链技术，支持 P2P 内容分发网络的验证功能。

目前华为已经建立起基于 Hyperleger 的企业级区块链开放平台，主要做联盟链和私有链。交易性能根据开发语言、网络状况、应用场景的不同可实现 2000～10000tps 不等，主要应用于数据、IOT、运营商、金融四大场景。华为 BaaS 平台的优势在于：云、管、端、芯。从云平台到通信管道，到终端设备，到底层芯片。2019 年 3 月 20 日，在华为云香港峰会上，华为宣布，以区块链技术为基础的华为云服务系统进展顺利，要通过华为云帮香港打造成可信、透明的全球金融和物流中心。同年 4 月 17 日，华为除了公布了 40 份 5G 的合同以外，还推出了《华为区块链白皮书》。

整体来看，华为主要致力于区块链四大应用场景：一是数字化方面，面向金融、政府、能源、交通等领域，构建多方协同的分布式账本，优化流程、提高效率；二是全云化方面，构建基于华为的可信基础设施及 BCS 云服务，推广区块链技术孵化有价值场景；三是智能化方面，基于可信数据，结合人工智能进行分析，并在各垂直行业应用；四是大管道方面，面向 IOT 及边缘场景，构建自组织、扁平化的物联网网络，支撑 M2M（机器与机器）安全通讯、M2M 交易及资源共享。

案例 10 腾讯

腾讯早在 2016 年起开始自研区块链底层技术，2017 年完成底层技术完整积累，目前已进入商业应用阶段，为供应链金融、腾讯微黄金、物流信息、法务存证、公益寻人等多个领域提供服务。2017 年 10 月，腾讯加入加拿大区块链研究所。2017 年 11 月 8 日，腾讯云正式发布区块链金融级解决方案 BaaS。这套构建在腾讯金融云之上，并整合了腾讯在支付、社交网络、媒体网络、征信平台等众多业界领先领域的资源的解决方案，能够在智能合约、互助保险、大数据交易及资产交易、供应链金融与供应链管理、跨境支付/清算/审计等场景下，为金融用户提供安全、可靠、灵活的区块链服务。2017 年 12 月 19 日，以腾讯区块链技术为底层打造的供应链金融服务平台"星贝云链"发布。"星贝云链"是国内首家与银行战略合作共建的基于区块链的供应链金融平台，也是国内首个基于大健康产业构建的供应链金融平台。2018 年 4 月，腾讯发布了《区块链方案白皮书》，9 月成为首批首家通过中国信通院《可信区块链检测标准》。2018 年 9 月腾讯区块链正式推出了 BaaS 开放平台，用户可以基于腾讯的成熟服务体系，轻松快速地搭建属于自己的联盟链服务。在法务存证领域，利用区块链的不可篡改完整追溯特性，腾讯区块链平台确保了电子证据的真实可信。在公益方面，腾讯搭建了公益寻人链。在金融行业，腾讯区块链已构建了完整的供应链金融服务平台，帮助解决中小企业融资难融资贵问题。

在公益方面，为了更好地帮助走失、被拐、流浪儿童回家，腾讯可信区块链方案落地"公益寻人链"。腾讯区块链连接了腾讯内部多个寻人平台，打破信息壁垒，实现各大公益平台的信息共享，提升公益寻人的协同效率。在微信支付、QQ 钱包、理财通等金融业务中，我们是否可以建立区块链钱包，每一笔记录在我们的手机终端也同样记录，每一笔扣款不再是由银行或支付公司单独的记录为准，而是必须通过我们的手机（密钥）一起参与，进而保护我们的资金安全。想象一下，未来将不会出现卡/手机在手，钱不翼而飞的情况。在公司跨境汇款领域，区块链技术一样存在巨大的想象空间。通过区块链去中心化的网络进行全球范围内的货币流通和国际金融结算，更快速也更经济。在腾讯保险领域，建立基于区块链智能合约的互助式保险。每个人在一个保险区块链上，递交保险互助金，每个人都参与共同保存这部分资金。当一个人出现疾病或意外，只要提供证明，多数人同意赔付的时候，这笔钱就能以公开透明的方式进行赔付，进而建立起一个全新高效的保险模式。在腾讯信用，建立一个开放的中立区块链信用平台，每一个商家和个人的信用被腾讯征信的区块链信用平台记录，永远无法抹除和抵赖，能够避免很多由于信息不对称导致的问题和纠纷。医疗卫生领域，加快数字技术应用，促进医疗资源和服务能力的平衡发展。一方面，在医疗欠发达地区可以率先推广人工智能辅诊等技术；通过 AR、VR、直播等方式，基层医生能与专家远程会诊和交流，助力医疗资源平衡配置；另一方面，患者就医全流程在线服务、基于区块链等技术的电子病历和处方安全流转、院务管理上云和周边服务智能化等，也极大地提升了医院的服务和管理能力。

依托于腾讯的微信支付、QQ 钱包、财付通的分布式系统和海量支付能力、高并发处理能力，以及超过 12 年的支付账户与金融业务经验，方案在高性能、高安全性、高速接入、高效运营等方面表现出了技术优势。腾讯区块链主要有两大技术创新。一是拥有 20 多项专利技术，相比国内大多数通过多家合作方式做出的开源系统，腾讯区块链是完全自主研发，独创内置智能合约，更安全和高效。二是基于数据库的交付方式，支持 SQL 接口访问，用户可以沿用以前的开发习惯，使用操作起来简单、使用门槛低，具有高速接入、高安全性和高效率操作的特点。

案例 11　阿里巴巴

阿里巴巴在区块链领域的应用诸多，旗下的蚂蚁金服试用了其首笔区块链汇款项目，蚂蚁金服用区块链技术应用于支付宝爱心捐赠，天猫国际也运用了区块链技术。

阿里巴巴自 2015 年成立区块链小组，2016 年 7 月，蚂蚁金服将区块链技术首先应用于支付宝爱心捐赠平台。在 2016 年互联网金融外滩峰会上，蚂蚁金服提出，将区块链应用于公益场景，与中华社会救助基金会合作，在支付宝爱心捐赠平台上线区块链公益筹款项目"听障儿童重获新声"，让每一笔善款可被全程追踪。2016 年 10 月 14 日，阿里云邮箱联合法大大，推出全球首个基于区块链技术的邮箱存证产品。该产品上线后，用户即可将重要邮件的特征数据（含哈希值）同步保存至权威的第三方机构；一旦产生纠纷，用户可以自行下载邮件全文，在发送至司法鉴定机构对原始邮件特征数据与之前存证数据进行比对后，即可生成相应的出证鉴定报告，依此报告用户就能够有效地维护自身的合法权益。2017 年 3 月 24 日，阿里巴巴与普华永道达成合作，将应用区块链打造成透明可追溯的跨境食品供应链，搭建更安全的食品市场。此次合作先在澳大利亚、新西兰这两个全球最大的食品、乳制品出口国开始试水，再推广至全球市场。该区块链平台将允许实时跟踪运输，并能提高打击欺诈过程中的安全性和透明度。2017 年 8 月，阿里健康与江苏常州市合作推出我国首个基于医疗场景的区块链应用——"医联体＋区块链"试点项目。该项目旨在将最前沿的区块链技术应用于常州市医联体底层技术架构体系中，实现当地部分医疗机构之间安全、可控的数据互联互通，用低成本、高安全的方式，解决长期困扰医疗机构的"信息孤岛"和数据安全问题。而常州市医联体区块链试点也是中国第一个基于医疗场景实施的区块链应用。

2017年10月11日,蚂蚁金服在蚂蚁金服金融科技开放峰会上首度披露未来的技术布局——"BASIC"战略,其中的B对应的就是区块链,同时,技术实验室宣布开放区块链技术,支持进口食品安全溯源、商品正品溯源等。蚂蚁金服风控团队宣布开放风控云服务,帮助解决各行业面临的业务安全风险问题,如羊毛党、信贷欺诈、黄牛党、刷单等风控问题。2017年11月8日,阿里巴巴集团、蚂蚁金服集团与雄安新区签署了战略合作协议,阿里巴巴与蚂蚁金服将承建数字雄安区块链实施平台。

2018年8月,阿里巴巴集团控股有限公司提交了允许"行政干预"的区块链专利申请上了热搜。该系统允许第三方管理员执行"特殊交易",如中止智能合同或冻结与非法活动有关的账户。2018年9月28日,阿里巴巴正式上线阿里达摩院官网,致力于"区块链中共识协议、密码学安全、跨链协议等技术的研究和应用,以商业与金融等应用场景为突破口,率先实现有自主权的工业级/金融级区块链系统",有共识协议、密码学安全与隐私保护、区块链技术结合可信执行环节、跨链协议、智能合约语言与整体安全性分析、区块链技术与IOT结合和区块链技术与安全多方计算结合七个主要研究方向。

案例 12 百度

早在 2015 年，百度就开始布局区块链，探索区块链在金融领域的应用。2016 年 6 月，百度投资了美国一家布局全球的区块链技术公司——Circle，作为一家支付应用公司，Circle 基于区块链技术支持支付环节，特别是社交支付，这对下一代的互联网支付升级很有启示意义，是一种面向未来金融形态的革命性支付方式。

2017 年 5 月 16 日，百度金融与佰仟租赁、华能信托等在内的合作方联合发行国内首单区块链技术支持的资产证券化项目，发行规模达 4.24 亿元。百度金融作为特定资产服务商提供金融科技支撑，基于区块链技术，主要使用了去中心化存储、非对称密钥、共识算法等技术，具有去中介信任、防篡改、交易可追溯等特性。在有限的金融机构参与节点情况下，为保留区块链的技术特性，百度金融对区块链做了适应性改造。2017 年 7 月 21 日，百度推出了区块链开放平台 BaaS，这是一个商业级区块链云计算平台，主要是帮助企业联盟构建属于自己的区块链网络平台，这也是业内领先的区块链开放平台。在推出半年后，百度区块链开放平台 BaaS 已经支撑了超过 500 亿元资产的真实性问题，成功应用于信贷、资产证券化、资产交易所等业务。2017 年 9 月 19 日，"百度—长安新生—天风 2017 年第一期资产支持专项计划"发行，成为中国首单基于区块链技术的交易所资产证券化。通过区块链技术，能够解决资产证券化环节中的很多痛点，对于中介机构而言，尽调环节的尽调置信程度明显提升，尽调效率也得到提高；对于投资者而言，所投资产的透明程度显著增强，同时二级交易的估值和定价也变得有据可依。对于监管机构而言，能够更大程度上满足穿透式审核和监管的要求。2017 年 10 月 17 日，百度金融正式加入 Linux 基金会旗下 Hyperledger（超级账本）开源项目，成为该项目核心董事会成员。据了解，超级账本现已拥有160个成员，其中核心董事会成员还包括埃森哲、Airbus、美国运通、芝加哥商品交易所集团、戴姆勒、美国证券托管结算公司、富士通、日立、IBM、英特尔、摩根大通等金融、医疗、物联网及航空等领域巨头。

2018年5月底，百度上线了超级链，在原有的百度百科加上了区块链技术，通过时间戳和哈希算法，每一次词条的变更都会得到确权，这样可以追溯词条的历史版本以及词条提供者、每次更新的记录都可以公开透明的在链上保存，这样可以达到存证的效果。2018年8月29日百度成立旗下"度链"。2018年9月26日，百度区块链实验室首次发布《百度区块链白皮书V1.0》，重点介绍了百度的区块链布局，分别是内容版权、信息溯源、文娱、信息安全、教育、广告等六大行业应用领域，以及其自主研发的"超级链"网络系统的整体架构。

案例 13 京东

京东集团拥有全渠道零售和端到端供应链的高质量大数据，区块链技术天然可以解决京东业务场景中多个主体的信息记录与分享，可信数据交换与传递的业务诉求。早在 2016 年，京东集团就全面启动了区块链技术在京东业务场景中的应用探索与研发实践，先后在数据交易、供应链管理、金融科技等领域落地了不同的区块链应用，在此过程中积累了大量的区块链部署经验与底层技术研发能力。

为推动区块链技术的发展和京东集团各种业务场景的结合，运用区块链技术推动价值大数据的记录、流动和交换，京东集团联合了内部各职能、技术及业务体系，开展区块链技术和应用发展趋势专题研究，于 2018 年 3 月发布《京东区块链技术白皮书（2018）》。白皮书总结了区块链核心技术在京东集团的发展现状和方向，分享了京东集团各个业务落地实践的典型应用案例，为区块链技术发展路线图和标准化路线图提出了相关建议。

2018 年 7 月初，京东正式对测试企业开放其自主研发的区块链服务平台——智臻链。智臻链支持兼容多种底层链和云服务，支持一键部署。区块链技术及应用的五大难题有技术门槛高、业务合作难、性能不足、安全威胁、身份无法监管，智臻链能够解决区块链技术在落地中的问题，帮助企业用最小成本部署区块链。智臻链发展的三个阶段：2018 年完成基础建设、2019 年组建联盟生态、2020 年形成全行业可信价值网络。2018 年 8 月 17 日，京东集团联合中国太平洋保险集团宣布，在京东智臻链区块链服务平台、企业信息化部和大象慧云技术的支持下，全国首家利用区块链技术实现增值税专用发票电子化正式上线运行。2018 年 12 月 7 日，京东在其北京总部召开的首届大数据峰会上，推出了具有自主知识产权的企业级区块链框架系统——JD

CHAIN。其全新的底层架构设计，满足了企业级应用的性能要求。交易处理达到万级吞吐量，交易确认缩短至秒级；基于可动态伸缩的账本存储设计支持海量账户和交易；支持多核并行的高性能密码算法。

2019年4月，京东集团与广州互联网法院签署了"可信电子证据平台"和"司法信用共治平台"两方面的合作协议。"网通法链"智慧信用生态系统以区块链底层技术为基础，通过广泛融合具有专业领先能力和社会服务意识的生态伙伴，构建"一链两平台"的新一代智慧信用生态体系。该系统旨在解决电子商务关键司法信息存证的安全性、调证便捷性和验证可信性，有效解决网络纠纷案件多、存证举证难、证据可信度低且难以验证等多个难题。在"网通法链"智慧信用生态系统中，京东区块链数字存证平台实现了合同、邮件、网页、语音、图片等各类网络证据直接对接"网通法链"进行链上存证，并支持诉讼时证据的系统对接，大幅缩短互联网活动纠纷的解决处理时间，简化了申诉流程。2019年4月9日，京东发布《京东区块链技术实践白皮书（2019）》，总结了京东区块链在品质溯源、数字存证、信用网络、金融科技、价值创新五大类应用场景中的技术实践。

案例 14　苏宁

2017年3月，苏宁开始布局区块链，在旗下研究院成立区块链实验室，探索区块链技术在数据共享、资产管理和供应链金融等领域的应用可行性。2017年9月28日，苏宁银行成功接入基于区块链技术的国内信用证信息传输系统。其中，在金融科技应用方面，苏宁金融围绕业务运用场景和关键技术，成功落地企业知识图谱、区块链黑名单、企业风险预警系统，上线区块链+物联网动产质押系统、苏宁智投等前沿创新产品，加快转型金融科技公司，输出金融科技能力。2018年2月，苏宁金融打造的区块链黑名单共享平台正式上线，利用客户隐私存储机制、详细信息上传机制、积分查询机制等促进数据上传。苏宁区块链黑名单系统基于超级账本Fabric架构，将金融机构的黑名单数据加密存储在区块链上。金融机构可通过独立部署节点接入联盟链，开展区块链黑名单数据上传和查询等业务。其中，客户个人信息经脱敏处理后加密存储，金融信息经过标签化处理后存放于区块链上，该平台还采用了匿名发布查询机制，查询数据的机构和被查询机构均为匿名操作。苏宁提出，可以通过此方案有效解决黑名单获取的数据不公开、不集中且获取成本高等关键问题。如今，该区块链黑名单共享平台存储的数据已突破两百万，覆盖失信、逾期等20种数据类型。

另外，苏宁颇为看重区块链技术，在零售场景的布局早有成果，自主研发的区块链商品溯源系统已于2018年"6·18"电商节在苏宁易购门店全面启动，首先应用在生鲜、奢侈品、母婴、国际商品等交易品类。该区块链商品溯源系统在苏宁易购线上和线下门店全面启用，双线保障商品质量。苏宁应用商品防伪溯源区块链技术，对商品的生产、加工、运输、流通、零售等环节进行追踪记录，通过产业上下游的各方主体广泛参与来实现。苏宁易购用户在购买商品后，只要扫描产品上的溯源码，就可以"一键"查询产品信息。苏宁致力于将销售的全线商品信息上链，用户可扫码溯源，实地查看产品种植、采摘、包装、检疫、销售、海关、物流送上门的全过程，打通从供应商到顾客的物流和信息流。

案例 15 壹诺青云

一、企业发展情况

广州壹诺青云科技有限公司（以下简称壹诺青云）于 2018 年 3 月在广州开发区成立，其股东方为深圳驭风青云数字科技有限公司和布诺（深圳）科技有限公司（以下简称布诺）。布诺是布比（北京）网络技术有限公司（以下简称布比）于深圳设立的，具有独立法人资质的全资子公司，致力于区块链技术在供应链金融领域的技术探索、场景落地及平台运营工作。

依托于股东方布诺和布比的区块链技术优势和领先的区块链+供应链金融产品，推出了基于壹诺金融服务平台的壹诺青云区块链+供应链金融服务平台并投入运营。壹诺平台基于真实贸易背景及核心企业信用，在满足场景化需求的前提下，创造性地将区块链技术信任可传递、信息可共享、数据可回溯、天然防篡改等技术特点应用于解决传统供应链金融产业核心企业信用无法传递、全链条业务信息无法打通、清结算烦琐等痛点，有效提升了在当前碎片化经济环境下，供应链金融产业内资产、资金的流转效能。

二、传统供应链金融场景及痛点分析

当前中国经济正处于转型升级的重要时期，面临诸多挑战，"稳增长、促改革、调结构、惠民生"是当前经济社会发展的首要任务，创新驱动正在成为我国经济发展的新引擎。在"中国智造"的大背景下，随着信息技术的发展，供应链已发展到与互联网、物联网深度融合的智慧供应链新阶段。

为加快供应链创新与应用，促进产业组织方式、商业模式和政府治理方式创新，推进供给侧结构性改革，国家层面出台一系列扶持政策，以推动供应链金融产业健康快速发展，其中包括《关于金融支持工业稳增长调结构增效益的若干意见》《小微企业应收账款融资专项行动工作方案（2017—2019年）》《关于开展供应链体系建设工作的通知》《国务院办公厅关于积极推进供应链创新与应用的指导意见》《关于开展供应链创新与应用试点的通知》等。

至于何为供应链金融，以及供应链金融领域内究竟包括哪些具体业务模型，行业内已有很多专家、学者著书立说，此处不做赘述。作为一个以"技术支撑+业务咨询+资源撮合"为业务输出体系的金融科技企业，我们更希望基于自身的业务理解及实操经验，重点剖析传统供应链金融模式下的现有问题，以及我们是如何用区块链新技术来创新解决这些问题的。

让我们首先从供应链金融业务的一个典型场景出发，简述现有业务模型，并剖析现有问题。

如图1所示，业务场景是供应链金融业务中较常见的业务切入点，我们日常生活中司空见惯的各类快消品（如啤酒、饮料、乳制品等）基本都是采用"生产企业→经销商→终端零售"的业务模式，由于生产企业往往处于相对强势地位，经常要求经销商现款现货或是以预付款形式购买商品；而经销商面向超市等终端零售铺货时，由于商品入库、销售、对账到结款需要一定周期，因此，经销商从供货到收款，往往需要承受大约三个月的账期。在这种情况下，假设经销商有100万元本金，每个月给超市供货50万元，到第三个月时就会面临资金断流的风险，这就是典型的"哑铃状"供应链场景：经销商面临最严重的资金短缺窘境，同时也是制约资金流向的最大短板，是金融机构最应该大力服务的群体，甚至可以说，所有行业的供应链都是由一个接一个的"哑铃"结构串联起来的。而供应链金融业务的底层逻辑，就是金融机构借助"哑铃片"位置企业的信用或承诺，为哑铃杆位置企业提供融资服务。

图1　供应链典型场景

虽然供应链金融的业务基础逻辑比较清晰，但在业务的实际落地过程中，由于业务抓手及回款路径管理的局限性，有些问题逐渐凸显，其中包括核心企业对全产业链的渗透能力及促进作用不足、金融机构获客难且操作成本高等，这些问题还间接导致核心企业参与度意愿不足、产品品类单一等问题，长远来看，不利于供应链金融产业的快速健康发展。究其原因，可以概括为以下几点（见图2）。

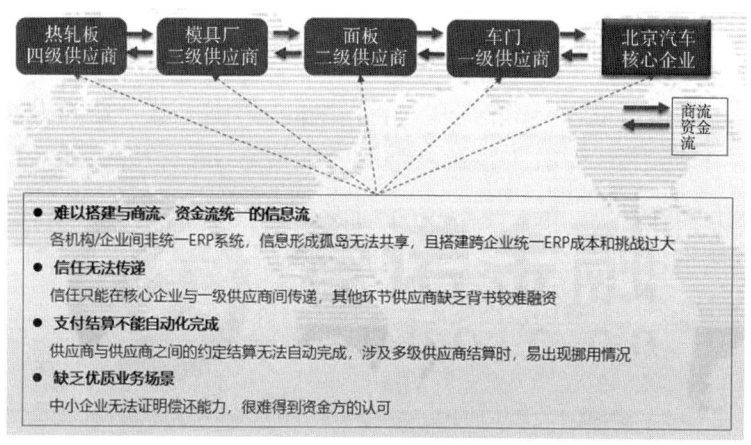

图2 传统供应链金融下多级供应商融资难问题

（一）难以搭建与商流、资金流统一的信息流

在传统的供应链体系中，由于建设成本及信任问题，各级供应商与核心企业往往无法建设统一的业务系统，因此，与供应链整体业务相关的数据往往只能在企业内部流转，很难传递到上下级企业中。因此，传统业务场景下，金融机构难以借助IT技术核实交易真伪，也就难以在数据层面获得有效的授信支持。

（二）信任无法传递

在供应链金融中，最重要的就是依托核心企业的信用，服务其上下游中小企业，但是在多级供应商模式中，一级之后的供应商无法依托核心企业的信用做金融，信用无法传递给需要金融服务的中小企业，造成融资难、融资贵。

（三）支付结算不能自动化完成

核心企业与供应商，以及供应商之间的结算基于传统的清结算方式，无法基于合同约定自动完成，由于存在大量不稳定因素，供应链各级欠款方延期付款、拒绝付款的风险始终无法消除，全链资金流转效率受到显著影响。

（四）缺乏优质业务场景

如图 3 所示，在生产制造过程中，大多数的产品都是由多个零部件组成，涉及多个供应商，在核心企业支付的过程中，如果核心企业付款方式是商票，由于商票具有不可拆分的属性，只能完整地背书转让，供应商拿到商票后，无法分拆背书转让出去，一级供应商没有融资意愿去服务其他供应商，核心企业信用无法传递给产业链上的其他客户。

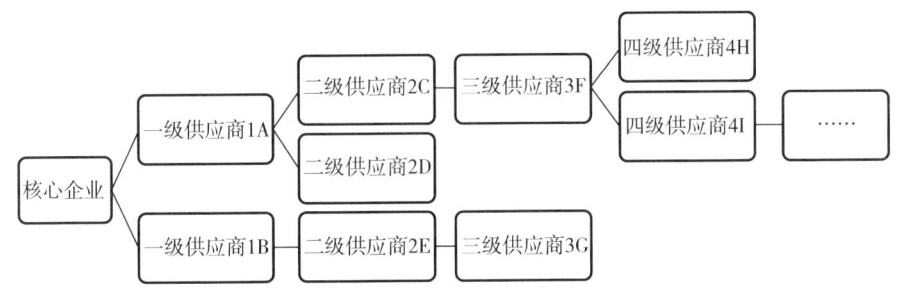

图 3　传统商票灵活度低，难以支持多级流转的商业场景

因此，在以上各类问题的共同作用下，中小企业融资难题并未彻底解决，惠及中小型企业的供应链融资产业仍有较大发展空间。

1. 如何用区块链解决供应链金融痛点

通过将区块链技术特点与供应链金融相结合，能够解决目前区块链融资网络中存在的痛点问题，主要包括以下几方面。

（1）基于多中心集体维护数据思路，解决供应链全链条信息不对称问题：借助区块链技术，搭建供应链体系内共享账本，银行、核心企业及各级供应商可在共享账本内按照预设权限规则，共享业务相关信息，从而实现信息流、资金流的统一协同流转，解决信息不对称问题。

（2）有效利用技术增新机制，确保贸易真实性，传递核心企业信任：采用实名制、邀请注册制，确保参与方信息真实性；债务信息需要双方审核，确保贸易真实性；信息流与资金流同时流转，通过授权在整个链条内实现可控共享，实现核心企业信任无损传递。

（3）借助区块链智能合约技术，辅以行内账户管理体系，设计并实践应收账款自动结算场景：基于真实贸易付款约定，通过区块链智能合约技术，实现履约条件、履约方式、履约账期、履约金额的上链和智能化设置，并对接付款方对应的金融机构，实现应收账款的逐层自动结算，解决因中间供应商延期付款而造成的全链条资金流转效率降低的问题。

（4）打造业务撮合平台，推进行内供应链金融业务效率及效果，缓解中小企业融资难、融资贵问题：基于区块链技术，搭建壹诺供应链金融平台（多中心平台），实现信息撮合以及对供应链金融全生命周期的业务支撑，缓解中小企业融资难、融资贵的问题。

通过打造区块链技术与供应链金融有效结合的供应链金融作业平台，把传统企业贸易过程中的赊销行为，用区块链技术转换为一种可拆分、可流转、可持有到期、可融资的区块链记账凭证。依托产业龙头坚实的付款信用，用区块链技术将大企业信用传递给中小企业，打破信息不对称、降低信任成本、优化资金配置（见图4）。

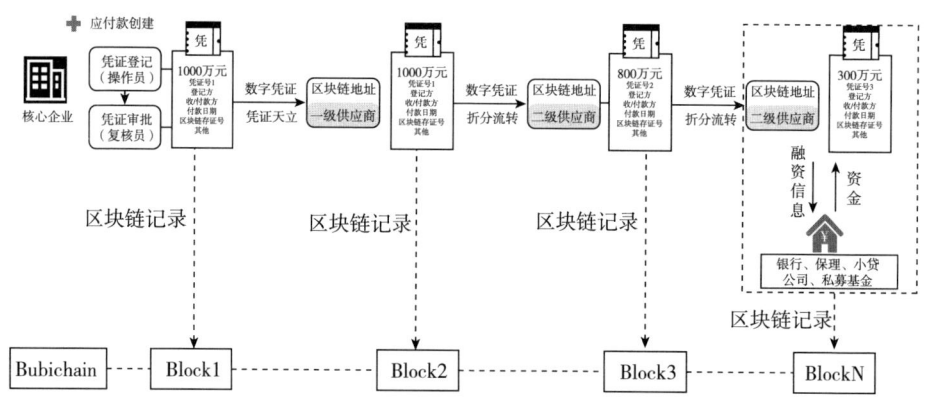

图4 区块链驱动下的核心企业信用传递

2. 平台功能简介

通过对供应链金融产业进行深入调研，深刻分析各参与方业务痛点及功能诉求，基于业务功能需求及区块链核心技术，推出壹诺供应链金融服务平台，已实现实名验证、凭证管理、在线融资、资金管理、账户系统等功能。首先满足各参与方业务层面的作业管理需求，同时，以区块链为数据联通及业务赋能手段，在尽量不改变原有业务流程的前提下，打破信息孤岛，为供应链内核心企业、金融机构及中小型企业提供真实参与方信息、确保贸易场景真实，并提供防止抵赖及拖延付款情况的自动清结算通道，解决传统业务场景下核心企业信用无法传递、全产业链关联信息无法共享、银行获客难度高、清结算烦琐复杂等问题。对于核心企业而言，接入壹诺平台后，能够借助自身信用，快速满足多级供应商资金需求，解决业务链条内中小企业融资难题；同时，基于供应链金融业务关系，可进一步掌握全链条关联性业务信息，有效实现供应链经营风险的有效把控；此外，在降低供应链综合成本、提高供应链黏性的同时，形成新的利润来源和报表优化路径（为核心企业提供提升综合竞争力及优化财务报表的可选方案），同时为金融机构提供低风险、低操作成本、高利润空间的优质金融场景，实现对供应链金融全生命周期业务场景的支撑。

（1）实名验证

壹诺平台所有注册企业需要先进行实名认证，而且每次登录平台时也需通过 CFCA 的 U–Key 和数字证书进行实名验证，验证参与企业真实身份，并进行在线确权、签章等工作。U–Key 和电子签名采用的是 CFCA 数字证书，是全国四千多家银行的第一选择。

CFCA 数字证书是一段包含用户身份信息、用户公钥信息以及 CFCA 数字签名的电子数据。数字证书是各类终端实体和最终用户在网上进行信息交流及商务活动的身份证明，确保网上交易双方身份的真实性、信息的完整性、保密性，交易的不可否认性。只有参与主体是真实的，才能确保后续在平台上操作的真实性。

(2) 凭证管理

基于真实的贸易背景,核心企业通过壹诺平台完成应付账款登记,将其优质的企业信用转化成可至多级供应流转、拆分、融资的"类应收账款凭证"(以下简称记账凭证)。

(3) 凭证登记

如图5所示,核心企业登记的记账凭证,可以清晰地体现付款方、收款方、付款日期及付款金额等信息,以上关键信息在核心企业确认后将写入区块链,确保信息传递过程的真实性。

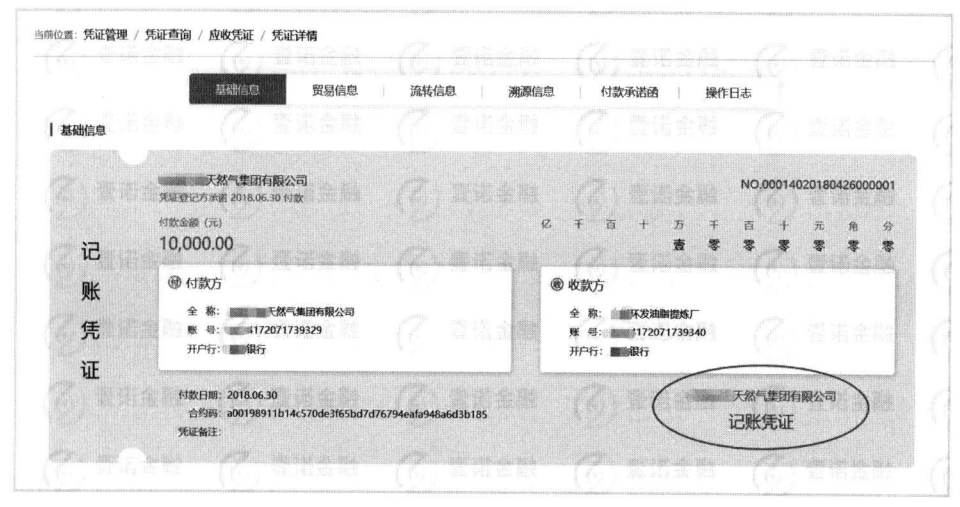

图 5　核心企业登记的凭证

(4) 凭证接收及拆分

如图6所示,供应商签收核心企业的记账凭证后,可根据需要将凭证进行下一级拆分流转,凭证会记录签发凭证的企业信息,并且将该凭证信息记录到区块链上提供溯源信息,确保凭证在拆分流转过程中,信任传递不会衰减。

图 6　经供应商拆分后的凭证

（5）在线融资

供应商在收到凭证后，可基于自身需求，选择已入驻平台的各个资金方发起融资申请。资金方接到各级供应商融资申请后，根据申请的凭证等信息进行审核，通过审核的可以在线实时放款，整个过程简单高效、准确便捷。

（6）资金管理

区块链融入供应链金融中，同步银行账户支付体系，基于智能合约，实现资金的自动流转、过程监管及到期自动清结算，这是我们的核心。

在应收账款凭证拆分、流转、融资的过程中，形成的是一个金融资产。多种类型的企业资产或信用都可以输入到壹诺平台转换成金融资产。资金能够按照正确的路径自动去清算，真正低成本去做融资。

（7）账户系统

实现企业用户各类信息管理及银行虚实账户的管理。

3. 区块链赋能供应链金融

引入区块链技术后，传统供应链金融业务场景中的既有痛点得以解决，并在以下角度带来实质性的业务提升。

（1）降低全产业融资成本，间接降低产业生产成本

区块链支撑下的多级供应商融资体系，能够依托核心企业信用，为中小企业提供优质低成本资金，有效降低中小企业融资成本，提高资金流转效率，同时间接降低整体生产成本，使企业在供应链层级更有竞争优势。

（2）区块链技术为金融机构提供优质资产"挖掘机"

区块链解决了企业间及企业与银行机构间信息不对称和回款路径的问题，金融机构能更有效地盘活存量资产，以存量促增量，获客成本及难度显著降低，因此，对于金融机构而言，"区块链+供应链金融"业务模式是优质资产的"挖掘机"。

（3）穿透式监管，推动供应链金融健康稳定发展

在区块链分布式账本技术帮助下，监管部门可以以设立区块链节点的方式参与业务，在不干扰金融机构正常工作的前提下，以随时检查、穿透式监管的方式替代传统的飞行检查方式，且具备更强的监管效率及指导能力，从而使金融机构能够更专注于赋能实体经济业务的开展，进一步促进"产监一体化"生态的形成。

（4）"产业互联网+企业自金融"吸引资金进入实体经济

随着信息化技术、物联网技术的发展，产业最终将走向产业互联网的状态，通过区块链、大数据、人工智能等技术，能够让金融更高效、更快捷、更安全地服务实体经济通过供应链金融服务产业。通过区块链的价值连接，发现场景，为场景服务，最终让科技赋能于产业、服务于产业，引导更多资金回归实体、服务实体，推动制造供应链向产业服务供应链转型，提升制造产业价值链。

4. 壹诺平台运营成果

壹诺平台2017年5月于贵阳数博会发布，在业内引发广泛关注，经过一年多的业务拓展及持续运营，目前，已有中金支付、贵阳银行、东方云、中投摩根、银货通、攀钢等多家资方、核心企业及供应商以共建模式加入平台，开展供应链金融业务，服务范围覆盖北京、天津、贵阳、遵义、都匀、成都、攀枝花、深圳、广州、杭州、马鞍山、太原等地。

其中，西南某城商行率先与我司开展合作，利用平台所带来的技术赋能效应，快速解决了传统业务场景中存在的获客难、操作繁、利润低、风险高等难题。目前，该行已基于此平台为 5 家核心企业，近 50 家供应商提供服务，放款总额近 3 亿元。

在平台研发及运营过程中，股东方布诺与总公司布比共同申请并共有近 50 项区块链及供应链相关的专利，同时，壹诺金融平台自身拥有 10 余项产品的著作权。

5. 经验分享

自壹诺平台自发布以来，积累了一定的实操经验，现按技术落地、业务设计及资源匹配三个角度进行总结。

（1）技术落地应谨慎，不是所有场景都适用于区块链技术

壹诺平台研发期间，产品团队深入理解供应链金融业务全景，权衡各细分业务领域痛点及建设成本，选定供应链金融中的应收账款融资业务作为业务切入点。在产品设计过程中我们发现，虽然引入区块链势必会带来数据可信程度的提升，但供应链金融不同细分场景的业务逻辑及依赖资产千差万别，也不是所有的供应链金融业务场景都能够在区块链技术的加持下获得效率及业务范围方面的提升，一旦"＋区块链"的改造成本大于收益，该业务将面临较大的推广难度。

（2）业务设计应深入，为不同企业选择合适的"杀手场景"

壹诺金融 CEO 张明裕先生具有近 7 年的供应链金融从业经验，曾先后为近千家核心企业设计其供应链金融产品，积累了极其丰富的实操经验。在业务开展期间他发现，为各核心企业及供应商设计并推广供应链金融业务产品时，应将其纳入全产业链中进行考量，同一个企业在不同的商业场景中会拥有不同的身份及诉求（对上游是核心企业，对下游是供应商），因此，为参与方所配置的业务产品，应以满足其第一优先需求为出发点，不应生搬硬套，否则很容易产生参与方积极性不高的问题。

（3）资源匹配应恰当，为不同的业务场景选择不同的金融资源

目前，银行、保理公司、小贷公司等金融机构均积极布局供应链金融业

务，不同金融机构在开展此项业务时的业务类型偏好、资金成本、决策流程、客户偏好均呈现出了较大的差异性，而壹诺金融在为多家核心企业及供应商成功匹配金融资源后发现，资金需求端（供应商）和信用提供方（核心企业）在资金成本、资金到位时间、用款周期、用款额度等方面也呈现出多样性，只有为合适的企业匹配合适的资方，双方才有可能建立起长期稳定的资产—资金供给关系，平台才能真正发挥金融资源对接的价值。

案例 16　太一云

一、版权链

互联网在解决了人们之间信息传递的同时，也带来了信息无限制、无成本复制导致书籍、音乐、视频、图片、游戏等内容的版权问题。

（一）版权领域痛点

1. "版权归属"问题。版权于何时、何地产生，由谁持有，依然需要"被证明"，侵权现象不好判别。

2. 确权问题。版权登记确权周期长，查询公证成本高、不精确、方法少。

3. 版权保护的形式问题。作品的雏形、草稿，尚处于未完成状态，算不上是完整的"作品"，无法受到有效保护。

4. 版权变现问题。原创作者版权变现难，渠道少，获得收益相对较少。

5. 版权维权问题。版权被侵权，存在原创作者发现侵权不及时、投诉手续复杂、举证难、法律诉讼成本高等问题。

（二）版权领域需求分析

1. 对原创者来说，需要的是更便捷、更安全、更低廉的版权保护方式，以及更多的变现渠道。

2. 对版权产品应用平台来说，需要有效地激励原创作者创作版权作品；有效地实现消费控制，防止原创作者作品被盗用；也有更好的获客途径。

3. 对于版权保护机构来说，需要更有效、更便利的版权存证系统，为需求者提供更可信、更可靠的版权证明。

4. 对版权产品消费者来说，需要更便利的版权获取渠道，获取可信的版权产品,以及较低的版权交易成本。

(三)版权领域应用区块链的好处

1. 提升版权保护水平。区块链记录了版权的生命周期,为版权保护提供各阶段真实的数据。存证信息不可篡改。

2. 增加版权维权力量。区块链具有存证溯源的功能,可以作为侵权的有力证据。

3. 提高版权服务能力。基于区块链提供版权认证、鉴别、质押、托管的各种版权相关服务。

4. 增加版权变现渠道。通过区块链完善版权归属确权,增加版权所有者变现渠道,增加版权所有者收益。

5. 提高版权制作质量。基于区块链提供版权的各种真实反馈意见,汇聚各种有益信息,作为版权生产改进的参考。

6. 加强版权消费控制。采用区块链记录版权的权限信息,控制版权的使用许可。

7. 增加版权数据价值。围绕版权的各个环节会产生大量数据,将这些数据进行挖掘分析可以产生更大的社会价值。

8. 构建版权生态系统。运用市场和监管两种手段,合理配合,共同构建繁荣的版权生态系统,促进社会文化事业健康发展。

(四)基于区块链的中国版权链解决方案

太一云针对当前我国版权领域存在的一些问题,提出了基于区块链的版权登记、确权、交易解决方案,构建了中国版权链。在区块链上实现版权登记上链,全网公证,不可篡改,解决了版权行业中确权公证技术手段有限的痛点;在区块链网络中实现版权交易,交易记录上链,交易自由开放,可信、可审计、高度透明,解决了版权行业中交易环境透明开放不足的痛点;建立区块链监管机制,能够及时发现问题并妥善处理,能够解决版权交易市场监管保护不够全面精准的痛点;通过建立区块链上交易和服务机制,整合链上、链下资源,加速版权流转,可解决版权价值发挥不够充分的痛点。

(五) 应用实例

太一云提出的中国版权链解决方案应用实例：基于区块链的版权存证系统——中国版权链智慧保险箱。该系统是由太一云与北京国际版权交易中心联合发起的基于中国版权链开发的版权登记确权系统，其设计功能包括版权的登记、确权、评估、交易、公证等。

二、食品链

中国是一个以食品行业经济为主要支柱的食品生产和消费的大国。民以食为天，食以安为先。食品安全让消费者对食品产生了担忧，人们也不禁对食品质量和安全发出疑问，尤其网购平台成为食品安全重灾区。2017年，网络食品安全生产和经营成为重点管控对象，相关政策法规陆续出台，进一步加强网络食品安全违法行为查处、落实监管措施的讨论将受到关注。所以将区块链技术应用到食品安全管理领域，打造食品追溯、溯源应用平台，为人们提供更实在、更贴心、更安全的服务，是非常必要的。

（一）食品安全领域痛点

1. 食品安全问题。农产品是所有食品的上游产品，如果最开始的安全都没有保障，何谈食品安全？但是，目前对于农产品源头安全追溯还远远不够，有很多中心化的追溯系统可以进行修改，从而无法得到真实、有效、准确的数据。此外，在食品供应过程中假货、窜货现象严重，食品安全事故频繁发生。

2. 责任追究问题。食品从田间到餐桌的整个供应链中，涉及多个企业及管理机构，企业及机构间存在信息孤岛现象，信息核对烦琐，食品安全事故发生后，不能及时有效地查明责任人。

3. 事故处理问题。当食品安全事故（如食品污染）发生时，不能有效召回被污染食品，事故处理效率低下。

4. 市场需求问题。随着经济的发展，安全、优质和健康的食品，成为消费者追逐的主流，人们更希望能够吃得明白，吃得放心。

(二) 食品领域需求分析

1. 对于消费者，人们需要一个安全、可信、可靠的食品追踪溯源系统，保证食品从源头开始在整个食品链流通过程的真实、可信、可靠，让人们吃得明白，吃得放心。

2. 对于食品企业，对外建立企业信任、信用机制；打造自己的品牌；建立食品安全事故快速响应机制；保障食品供应链过程的可信任性，以及提高各关联企业间的数据共享效率；通过品牌创立增强企业的金融信任度。

3. 对于物流机构，建立物流企业的信任、信用机制，通过技术防止物流过程造假、窜货行为发生；提供公开透明的物流信息，提高企业信用；提高与食品企业间处理食品安全事故的效率。

4. 对于食品安全管理机构，方便、快捷、即时地获取食品安全相关信息，对食品安全事件及时作出反应；获取真实、可信、可靠的食品相关数据，依据可信数据做出可信统计，方便对食品相关企业进行可信评价，对消费者提出可靠的消费指导等。

(三) 食品安全领域应用区块链的优势

1. 区块链是信任产生机器，基于区块链技术，食品生态链涉及企业、监管机构、消费者等共建信任平台，各企业、机构、个人基本信息真实上链，共建食品链信任体系，在区块链联盟生态内实现信息透明共享，有利于增强各主体间的互相信任。

2. 区块链是安全、可靠、可信、永久存储的信息存储账本，利用区块链对食品生态链全过程信息进行记录，包括生产、加工、运输、销售、认证、验真等信息，区块链上所记录信息可靠、不易篡改，结合物联网技术，有利于构建真实、可靠、可信的食品链追溯系统，为用户提供真实可靠的食品相关信息，达到防伪溯源的效果。

3. 区块链真实可靠地记录了食品生态链全过程的相关信息，为监管部门、统计/审计部门提供可信的数据，有利于政府部门精准监管、精准消费指导、金融征信等。

4. 基于区块链构建的食品链生态体系，真实记录商品的消费情况，还可以真实记录消费者对商品的评价。消费评价通过实名认证、真实记录，杜绝刷好评、删除差评等，有利于帮助企业建立食品消费品牌，引导消费者导向。

（四）基于区块链的中国食品链解决方案

中国食品链由太一云公司与中国食品工业（集团）公司及优质食品企业、多家食品信息追溯公司共同建立，多中心化地方监管机构共同维护，在不同的节点上建立信息交互，如食品企业的信息，认证机构的信息，认证机构对食品哪些批次进行认证的信息，具体的物流信息，对食品的评价及追溯信息，监管部门的处理信息，企业信誉评级的标准及级别，全部信息上链不可进行篡改，篡改后可进行预警提示，让数据更加鲜明、清透。平台提供让消费者扫码进行查询到可靠的信息，完全能跟踪到食品的可信源头信息，让消费者买到中国最有保障的优质产品。一旦发现问题食品，食品企业及监管部门将及时处理。

中国食品链解决方案：基于区块链技术，构建中国食品链，在区块链上实现多中心信息上链与多维度查询；对全体产业链追根溯源；信息上链将助推企业树立品牌意识，遵守市场规则；政府部门监管便捷；资产与交易可查、可信；融资渠道简易方便；建立信任平台。

（五）中国食品链应用案例

链橙项目是中国食品链的一个应用案例。通过区块链技术将赣州产地脐橙信息登记上链，一橙一码，用户通过共享护照扫码即可查询链上记录的该橙子的所有供应链系统信息，达到防伪溯源的效果。

三、供应链

供应链是围绕核心企业，从配套零件开始到制成中间产品及最终产品、最后由销售网络把产品送到消费者手中的一个由供应商、制造商、分销商直到最终用户所连成的整体功能网链结构。供应链是一个包含供应商、制造商、运输商、零售商以及客户等多个主体的系统。供应链管理主要涉及四个领域，包括供应、计划、物流、需求。

区块链技术有可能会成功改变供应链,并颠覆商品的生产、市场推广、购买和消费方式。从长远意义来看,提高供应链的透明度、可追溯性和安全性能够促进一种信任和诚信的环境氛围,防止供应链系统中一些不规范的做法,从而有助于构建更安全、更可靠的经济体系。

(一) 供应链管理领域痛点

1. 供应链管理能力有限。传统的供应链管理核心企业管理幅度有限,很难达到对整个供应链上下游企业的端对端全面覆盖;无法利用有效的资源或者运用最先进的管理工具对链上的信息流、实物流和资金流进行有效合理的管理,造成供应链上低效无序的状态。

2. 存在信息壁垒。从当前的供应链管理的模式状况来看,整个供应链上的管理系统和复杂性相对较高。对于其中的中小型的企业来说,管理相对比较松散,获取消息的途径也较少,对于客户的需求不能做到及时满足,再加上各个企业之间的联系及交流较少,缺乏信息共享,所以造成对于外界发生的变化不能及时作出相应的调整。

3. 缺少协同工作能力。我国制造业供应链的相关企业中大多数都缺乏供应链管理的协调部门,造成企业与供应链管理联系程度较低,企业对供应链管理中的信息及物流方面的协同管理能力较低,只对产品采购、流通运输、存储方面负责简单的工作。企业之间的管理较为分散,各企业间的协同运作能力也较为缺乏,很大程度上降低了业务效率和用户满意度,进而影响企业货物流量,使货存增加。

4. 信息源不明确。目前,供应链网络交易的主要模式 B2B 与 B2C 交易在现实生活中面临着较严重的交易信任问题。由于数据来源的局限性,致使大数据技术无法得到完整的交易信息证明,同时由于数据信息和数据源的独立性,大数据技术为不法分子提供了篡改、盗取、破坏等提供了更高的可能性。

5. 供应链信息不透明。在传统的供应链的工作运行过程中,各类信息分别保存在各个环节中,供应商的货物信息保存在供应商的仓储信息中,发货的信息在物流公司手里掌握,资金信息分布在银行系统中,信息流信息则被核心企业掌握在手里。由于整个供应链信息不透明，使得链上参与者很难了解交易事务的具体状况，交易信息不对称对整个链上的工作效率造成了影响，最终也将使得供应链上的信任体系结构难以建立起来。消费者没有更加信任的方式验证他们购买商品的真实性。

（二）供应链系统需求分析

1. 对于在供应链系统中的企业，需要协同工作、信息共享、提高业务效率、提高支付结算效率。

2. 对于供应链管理和监督机构，方便快捷地获取整个供应链系统的真实可靠的信息流，实时掌握各环节物流状态等。

3. 对于消费者，获取真实可靠的企业及商品信息，实施追踪物流信息，通过可信的追溯系统对产品进行验证。

综合来讲，供应链系统需求主要是：协同工作；物流、信息流、支付流即时信息共享；信息可信存储、不可篡改；公开透明的供应链系统信息追溯；快捷支付结算等。

（三）"供应链管理+区块链"的优势

1. 作为一种分布式账本技术，区块链能够确保透明度和安全性，也显示出了有望解决当前供应链所存在问题的潜力。将供应链系统中的货物转移登记为交易，以确定与供应链管理相关的各参与方以及产品价格、日期、地点、质量、状态和其他相关的任何问题，这是将区块链技术应用于供应链的一个简单的范例。

2. 区块链技术和智能合同基础设施为供应链系统中各企业及消费者提供了一个分布式交易平台，可以让他们在不依赖第三方的情况下进行技能、资源和产品的共享和交换。

3. 区块链是一种不可篡改、高度安全且透明的共享网络，可根据每个参与者的权限级别为其提供端到端的可见性。供应链生态系统中的每个参与者都能查看货物在供应链中的进度，了解物流信息，还能查看海关文件的状态或者查看提货单和其他数据。各参与者还可通过实时更新供应链事件和文档改善对供应链中物流的详细追踪。消费者可获得公开透明的企业、产品、物流等信息,可对产品进行追溯查询,从而增加消费者满意度。

4. 区块链是一种永久保存、不可篡改的账本,供应链系统中的物流、信息流、支付流信息一经记录到区块链上,未经区块链网络中其他方的同意,任一方都不能修改、删除,甚至附加任何记录,确保了信息的可靠性。

5. 区块链为多方参与的供应链系统提供了相对高效的协同合作机制,增加了供应链系统中各参与者之间的信任度,信息透明机制有助于减少欺诈和错误,增加企业间的相互联系,从而改善资源配置,优化库存管理,最终减少浪费并降低成本。

6. 区块链可为供应链系统提供方便快捷的支付清算通道。但在很多现实的应用中,存在多方对同一交易信息进行保存的状况。大多数情况下,同一笔交易信息的相关数据可能不一致,所以各参与方可能需要耗费很多时间进行核实。而应用区块链技术之后可以减少人工对账过程,达到节约成本的效果。

总之,区块链对于供应链的意义在于以下几点。首先,各个企业之间可以通过区块链技术快速建立信任,由于区块中存储的交易数据不可被篡改,交易信息不对称大幅降低,企业之间的沟通成本也随着降低。解决了信息不真实及易被篡改的问题,进而使区块链的运行效率极大地提升。交易信息可以在没有任何损失的情况下在供应链的上下游之间流动,参与区块链联盟的企业之间也不再需要浪费时间进行博弈,而是将更多精力用在节约成本提高效率之上,为最终用户提供更加优质的产品与服务。

其次,在区块链"共识机制"下,企业之间的协同运作参照的是一套确定的工作流程。因为联盟企业之间的交易信息足够透明,并且彼此之间足够信任,这样的一个工作流程可以维护企业间的利益,甚至成为行业之间进行交易的标准。各个企业之间甚至可以形成"动态联盟",各联盟内的企业自愿加入或退出,只要加入及退出的条件符合设定标准即可,由于"共识机制"的存在,各参与企业的加入和退出的成本极低。

再次,当在供应链上进行交易时出现纠纷,解决方案则将变得非常容易。

由于"区块链"完整地记录了各企业之间的各类交易信息，因此可以对商品进行可信溯源，防止假冒伪劣问题的产生。

最后，当"区块链"技术与"物联网""人工智能"等相关领域的技术结合之后，能够对大量复杂的交易数据及信息进行处理，并在处理过程中自动对联盟企业供应链的规则进行更新和修正，提高供应链企业面对不确定性的应对能力。

（四）供应链系统的区块链解决方案

通过区块链技术搭建信息存证与防伪溯源的供应链管理系统，会将供应链的各环节串连起来，改变以往各自为政的局面；可实现对供应链各环节信息追溯，实现消费者对产品的防伪溯源验证；可实现对各环节的取证与公证，有效解决纠纷。此外，通过全网身份验证服务、公共监管征信系统认证后的金融机构或企业，都可以更高效便捷地享有区块链技术支撑的供应链金融服务。

（五）应用案例

太一云公司提出了供应链系统的区块链解决方案，并为国家计算机网络信息安全中心设计实现了一款基于区块链的供应链管理系统——中国溯源门户平台。产品基于区块链技术搭建，实现企业及用户实名认证管理、产品各项信息上链、产品物流信息上链、产品评价信息上链、产品物流追溯查询、手机端扫码追溯查询等功能。

案例 17　众享比特

一、公司介绍

北京众享比特科技有限公司成立于 2014 年，致力于区块链和分布式技术的探索，是国内最早从事区块链底层平台和应用案例开发的技术服务公司和国内外领先的金融与监管科技解决方案提供商，现为国家高新技术企业、中关村高新技术企业、中国密码学会会员单位、区块链超级账本 Hyperledger 成员、PCSA 行业云安全能力者联盟成员。

目前，众享比特已在金融、政务、物联网、供应链、工控、电力、农业、医疗、餐饮等多个领域实现了区块链技术落地应用。2018 年 5 月，众享比特自主研发的区块链清分管理平台、区块链信用证管理平台、区块链保函管理平台、区块链黑名单共享平台、区块链敏感数据审计平台、分布式智能配电信息安全系统等多项解决方案录入由工信部主编的《2018 中国区块链产业白皮书》。2018 年 6 月，众享比特成功入选福布斯中国"2018 中国最具创新力企业榜"，成为中国 50 家最具创新力企业之一。同月，获得胡润百富评选的"中国区块链企业 TOP 20"。

2019 年 3 月 28 日众享比特新产品发布会，隆重推出区块链供应链金融平台、区块链积分管理平台、区块链存证管理平台、区块链数据共享平台和区块链溯源管理平台五大产品平台，打破常规，依托丰富的项目服务经验和技术研发功底的优势，以创新产品模式重新定义区块链解决方案，为用户带来极致体验和全新价值。远致未来，众享比特秉承"打造分布式网络平台，引领金融与监管科技"的理念，充分发挥公司的技术优势，向金融、政府、电力、能源、医疗、农业、工控、教育、贸易、供应链管理行业等商业客户提供高效、经济、安全的企业级区块链技术服务及解决方案。

二、技术优势

（一）构建全程网络安全体系

众享比特基于自由底层协议技术平台，从接入安全、通信安全、存储安全、交易安全四个维度构建去中心化的网络安全体系，通过区块链技术实现互信的数据存储和智能合约应用。在接入安全方面，采用独特的密钥特征化存储和多分片随机认证技术手段，实现分布式身份认证，防范账号口令、访问控制等方面的隐患。在通信安全方面，利用重构的众享安全通信协议和动态加密隧道技术，实现网络信息安全传输，保障通信安全。在存储安全方面，结合区块链存储、内容寻址、分片存储等技术手段，并与传统数据库相结合，实现了数据的安全、高效、一致、不可篡改的存储。在交易安全方面，基于创新的区块链技术，将资产数字化后保存到区块链上，并采用高效的共识算法和通证进行撮合交易，最大限度地保护了个人或企业用户在交易中的数据安全。

（二）独特的"传统产业+区块链"理念

秉承"唯有解决应用问题的技术才是好技术"的观点，众享比特早期便展开了全面布局，深入用户的需求场景，挖掘行业痛点，打磨更好、更易用的产品系统，降低技术应用门槛，推动区块链技术的落地应用。众享比特通过对用户痛点的洞察，采用客户易于接受的"+区块链"的方式，不改变客户现有业务模式，切实将区块链技术应用到实际业务，让用户真实体验区块链技术带来的效率提升和便捷，使区块链真正成为推动业务革新和发展的技术。

（三）自主可控的国密算法

目前，众享比特已获得了商用密码产品销售许可证和商用密码产品生产定点单位证书，是国内行业唯一一家具备国密牌照及最快国密算法的公司。公司将区块链产品中的密码算法均进行了国产化的改造，以满足国内业务的需求。针对国密算法的执行效率问题，与合作伙伴合作，将国密算法软件进行了改进，执行效率提高至原来的 6 倍，提升了用户体验和业务效率。

(四) 产学研纵深布局

众享比特与中国科学院深圳先进技术研究院共同成立中科院先进院——众享物联网安全创新联合实验室，研发 ARM 架构下的信息安全，为物联网的发展提供安全保障；与南京大学共同成立中国首个校企共建的区块链实验室——众享科技创新联合实验室，围绕区块链技术在金融、监管及供应链等方面的前沿技术研究、新产品研发、技术平台建立及人才培养等多方面建立广泛合作；众享比特子公司深圳众享互联科技有限公司获得广东省科技厅授予的"广东省区块链与分布式物联网安全工程技术研究中心"。众享比特与清华大学、浙江大学、北京邮电大学、中国人民解放军战略支援部队信息工程大学及广州中国科学院软件应用技术研究所等高校和研究所建立合作关系，共同推进区块链技术的发展和落地应用。

三、产品及案例

(一) ChainSQL 众享区块链数据库应用平台

ChainSQL 是全球首款基于区块链技术的数据库应用平台，综合了区块链技术与传统数据库的优点，不仅具有区块链的分布式、去中心化、可审计的特性，同时兼备传统数据库的快速查询、数据结构优化的特性。通过将数据表操作封装到区块上，根据特定的规则形成链式结构，向用户提供安全可审计且能恢复到任何时间点的数据库服务。

(二) WisChain 区块链应用平台

众享区块链应用平台 WisChain 构建高效、安全、智能、可扩展的企业级区块链架构体系。采用创新的一键部署、多框架支持及多链技术，实现不同企业区块链网络的快速搭建、可视化维护、多链连接及扩展。通过和企业现有 CA 系统平滑集成，为区块链网络提供可靠的接入安全认证。提供多业务信道和可编程链码调用资源，为企业业务运行提供定制化智能合约。

(三) 众享五大区块链产品平台及应用案例

1. 众享区块链供应链金融平台

(1) 产品概述

传统供应链金融中单笔交易量巨大，而产业链长、参与方众多、支付模式复杂，金融机构难以把控风险。传统互联网仅仅是传输信息的平台，但是无法保证信息传输过程中的安全性。建设基于区块链的供应链金融平台，针对供应链上小微企业融资难的困境，依托区块链上核心企业的信任传递，围绕核心企业及上下游多级供应链企业，并借助保险、信托、仓储、物流等服务商，从数字资产、产融平台、商业信用等多个方面打造全新供应链金融生态闭环体系，促进多方企业互利共生，促进整个生态良性发展（见图1）。

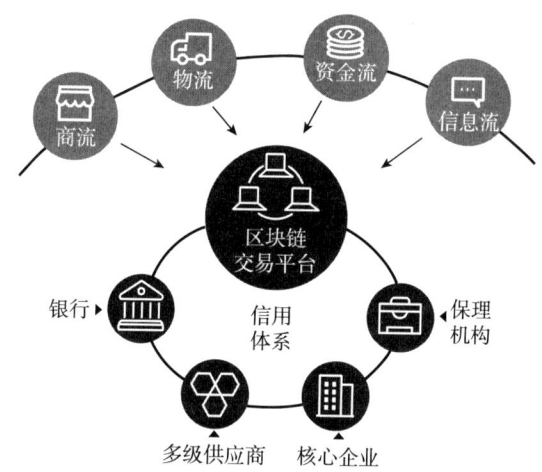

图1 众享区块链供应链金融平台生态系统

(2) 应用案例——区块链福费廷业务管理平台

在现有福费廷交易中，无市场公开报价平台，信息传递安全存在隐患，询价成本高、效率低；单据采用传真或邮寄方式，容易丢失，业务进度缓慢、风控能力差、人力成本高、安全性较差。某大型国有银行建立基于区块链的福费廷业务管理平台，在链上公开发布福费廷公告信息，建立了参与方之间的信任关系；信息公开透明，数据上链后将变得不可被篡改；交易流程自动执行,交易详细内容链上存储,准实时同步至交易各方,传输安全可靠。平台实现信息共享,加快信息流通,减少信息不对等造成的风险。

2. 众享区块链存证平台

(1) 产品概述

众享区块链存证平台,联合司法公证处、司法鉴定所、仲裁机构、法院等机构,建立联盟链,以电子数据为操作对象,将证据固化在众享区块链存证平台,实现电子数据的采集、存证、取证、公证、鉴定、调解、仲裁等全流程服务。平台提供了丰富的隐私保护功能,拥有优异的性能,并支持国密算法(见图2)。

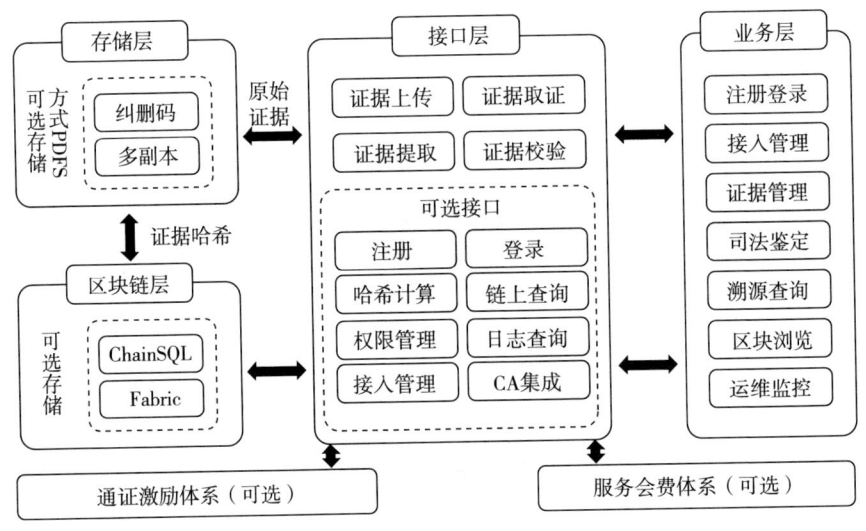

图2 众享区块链存证平台

(2) 应用案例——工控逻辑组态文件安全存储及验证

工控场景,逻辑组态文件下装过程中,逻辑组态文件易被篡改。为解决此问题,研发区块链校验平台,系统运行逻辑为:①工程师下发组态文件给PLC,同时上传组态文件至系统,系统生成文件哈希并上传至区块链网络。②PLC拿到组态文件之后,先去区块链网络中校验哈希值,匹配则文件保真,进行后续安装操作。

3. 众享区块链积分平台

（1）产品概述

众享区块链积分平台，为企业用户提供可快速落地、高价值的基于区块链的积分平台解决方案。该方案可灵活应用于对外营销，或者企业内部管理；企业可在平台上自行定义并发行积分，灵活设置积分奖励规则，实现自己的业务目标；平台支持接入多商户，发行多种积分，并支持积分通兑；功能组件齐全，对不同 IT 基础设施准备度的企业用户均有可快速实施部署的方案。利用区块链公开透明、不可篡改的特性，该平台上的企业积分更可信、流通性更高，有更高的使用价值（见图3）。

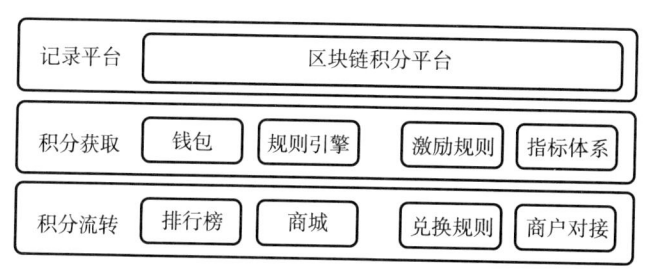

图3　众享区块链积分平台

（2）应用案例——通用积分 APP

利用区块链技术，打造某市内的通用积分平台，构建商家联盟。任意机构积分可以在通用积分流通平台上兑换成通用积分，通用积分即可在任意一家联盟机构内消费。底层采用区块链技术，保证用户隐私，使商家之间产生商户信任，使积分兑换均衡，实现平台内的价值流通。平台除了积分兑换、消费等基础功能外，还包括商户注册、冻结、活动管理等管理功能。该方案利用区块链技术，解决了原来积分通兑方案中的信任摩擦，有效提高了多个商家积分的利用率，提高了积分的消费刺激效果。

4. 众享区块链溯源平台

（1）产品概述

众享区块链溯源平台，结合物联网、大数据、人工智能等先进技术，面向政府、企业、认证等各类型溯源行业组织提供安全、可信、易用的信息录入、设备管理、监管报送、溯源查询服务，彻底改变目前溯源方式普遍存在的消费者不信任、企业不积极、监管手段缺失的问题（见图4）。

图4　众享区块链溯源平台

（2）应用案例——乌鸡溯源平台

略阳乌鸡精准扶贫作为国家扶贫攻坚重点项目，利用信息化技术改造传统管理方式，将乌鸡的养殖、管理、加工等关键节点由干部见证并拍照传至溯源平台，真正实现乌鸡品牌的政府信用担保、信息可信追溯、提升品牌附加值，现已成为产业扶贫的标杆案例，将逐步在全国范围内进行推广。乌鸡溯源平台保障各个生产环节信息上链的真实性，包括发放乌鸡苗、村干部督察、乌鸡回收或回购、屠宰包装和发货五大维度。建设"地区级＋行业级＋国家级"溯源平台，利用"互联网＋""区块链＋"提升扶贫产业价值。

5. 众享区块链数据共享平台

（1）产品概述

众享区块链数据共享平台是一个提供数据资产和服务的联盟链生态系统。平台连接数据生产者和消费者以及提供定价的许可框架来促进发展；任何上链的数据均需通过联盟方制定的数据合约来保障数据的安全与合规，打破数据孤岛和均衡各参与方的数据为平台的宗旨（见图5）。

（2）应用案例——黑名单共享平台

为某股份制商业银行黑名单共享平台，将存证链与交易链相结合，数据通过数据区块链（数据链）传输，积分通过交易区块链（交易链）流转；数据脱敏处理，机构间匿名交易，一次一密；保持系统稳定性并降低了金融机构数据共享的维护成本。

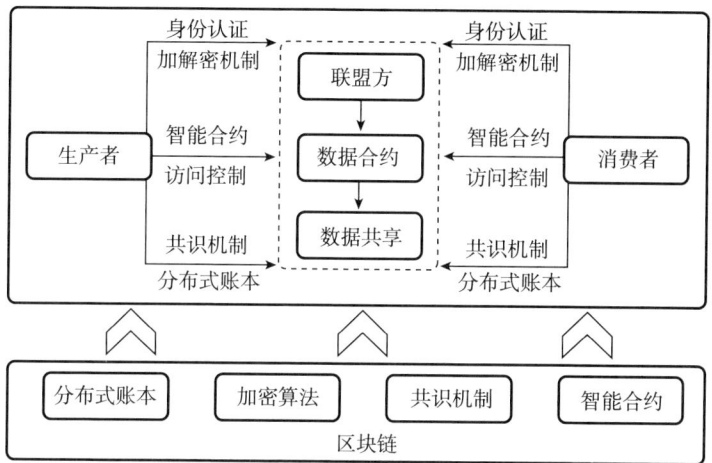

图5 众享区块链数据共享平台

参考文献

［1］Akerlof G. A. The Market for Lemons: Quality Uncertainty and the Market Mechanism［J］. Quarterly journal of economics, 1970, 84（3）: 488 – 500.

［2］Aljifri, H. A., A. Pons and D. Collins, Global e-commerce: a frameworkfor understanding and overcoming the trust barrier［J］. Information management & computer security, 2003, 11（3）: 130 – 138.

［3］Amin Beirami, Ying Zhu, Ken Pu. Trusted relational databases with blockchain: design and optimization［J］. Procedia Computer Science, 2019, 155.

［4］Ba, S. and P. A. Pavlou, Evidence of the effect of trust building technology in electronic markets: Price premiums and buyer behavior［J］. MIS quarterly, 2002: 243 – 268.

［5］Barker, K. J., J. D'Amato and RSheridon, Credit card fraud: awareness and prevention［J］. Journal of Financial Crime, 2008, 15（4）: 398 – 410.

［6］Bhatt, G. D. and A. F. Emdad. An analysis of the virtual value chain in electronic commerce［J］. Logistics Information Management, 2001, 14（1/2）: 78 – 85.

［7］Butler, J. Toward understanding and measuring conditions of trust: evolution of conditions of trust inventory［J］. Journal of Management, 1991, 17（3）: 643 – 663.

［8］Carter, L., A. McBride. Information privacy concerns and e-govemment: a research agenda［J］. Transforming Government: People, Process and Policy, 2010, 4（1）: 10 – 13.

［9］Catalini C., Gans J. S.. Some Simple Economics of the Blockchain

[J]. NBER Working Papers, 2016.

[10] Chan, P. Y. K., Au, G, Tam, K. Y. Impact of information presentation modes on online shopping: an empirical evaluation of a broadband interactive shopping service [J]. Journal of Organizational Computing and Electronic Commerce, 2000, 10 (1): 1 - 22.

[11] Chaum D. Blind signatures for untraceable payments [C]. Advances in cryptology. Springer US, 1983: 199 - 203.

[12] Chou, D. C., D. C. Yen and A. Y. Chou. Adopting virtual private network for electronic commerce: An economic analysis [J]. Industrial Management & Data Systems, 2005, 105 (2): 223 - 236.

[13] Christidis K, Devetsikiotis M. Block chains and Smart Contracts for the Internet of Things [J]. IEEE Access, 2016, 4: 2292 - 2303.

[14] Cinzia Cappiello, Marco Comuzzi, Florian Daniel, Giovanni Meroni. Data Quality Control in Blockchain Applications [M]. Springer International Publishing, 2019 (8), 26.

[15] CuIIen, AJ, and M. Webster. A model of B2B e-commerce, based on connectivity and purpose [J]. International Journal of Operations & Production Management, 2007, 27 (2): 205 - 225.

[16] D. Harrison McKnight, Vivek Choudhury, CharlesKacmar. The impact of initial consumer trust on intentions to transact with a web site: a trust building model [J]. The Journal of Strategic Information Systems, 2002, 11 (3 - 4): 297 - 323.

[17] Dan, J. K., Charles, S. and Lai, Y. J. Revisiting the role of web assurance seals in business - to - consumer electronic commerce [J]. Decision Support Systems, 2008, 44 (4): 10 - 15.

[18] Datta, P. R., Chowdhury, D. N. and Chakraborty, B. R. Viral marketing: new form of word - of - mouth through Internet [J]. The Business Review, 2005, 3 (2): 69 - 75.

[19] David Easley, Maureen O'Hara, Soumya Basu. From mining to markets: The evolution of bitcoin transaction fees [J]. Journal of Financial Economics, 2019, 134 (1).

[20] Dellaroeas, C. The digitization of word of mouth: Promise and challenges of online feedback mechanisms [J]. Management Science, 2003, 49 (10): 1407-1424.

[21] Do-Hyung Park and Sara Kim. The effects of consumer knowledge on message processing of electronic word-of-mouth via online consumer reviews [J]. Electronic Commerce Research and Applications, 2008, 7: 399-410.

[22] Feller, W. An Introduction to Probability Theory and Its Applications [M]. John Wiley & Sons, 2008.

[23] Fergal Reid and Harrigan Martin. An analysis of anonymity in the Bitcoin system [C]. In Proceedingsof the 3rd IEEE International Conference on Privacy, Security, Risk and Trust and on Social Computing, Social Com/PASSAT '11, 2011: 1318-1326.

[24] Friedman, M. The Role of Monetary Policy [J]. The American Economic Review, 1968, 58 (1).

[25] Fumell, S. M. and T. Karweni. Security implications of electronic commerce: a survey of consumers and businesses [J]. Internet research, 1999, 9 (5): 372-382.

[26] GARCIA Flavio D, HOEPMAN Jaap-Henk. Applied Cryptography and Network Security [M]. Heidelberg: Springer Berlin, 2005: 271-287.

[27] Garcia, F. D., Hoepman, J. H. Applied Cryptography and Network Security [J]. Heidelberg: Springer Berlin, 2005: 271-287.

[28] Garman C, Green M, Miers I, et al. Rational Zero: Economic security for Zerocoin with everlasting anonymity [M]. Financial Cryptography and Data Security. Springer Berlin Heidelberg, 2014: 140-155.

[29] Garman C., Green M., Miers I. Decentralized Anonymous Credentials

[J]. IACR Cryptology e-Print Archive, 2013: 622.

[30] Garrett P. Sonnier, Leigh McAlister. A Dynamic Model of the Effect of Online Communications on Firm Sales [J]. Marketing Science, 2011, 30 (4): 702 – 716.

[31] Gefen, D., Karaharma, E., and Straub, D. W.. Trust and TAM in Online Shopping: An Integrated Model [J]. MIS Quarterly, 2003 (27): 51 – 90.

[32] Gilmore, A., D. Gallagher and S. Henry. E-marketing and SMEs: operational lessons for the future [J]. European Business Review, 2007, 19 (3): 234 – 247.

[33] Good, B. A. Private money: everything old is new again [J]. Federal Reserve Bank of Cleveland, Economic Commentary, 1998.

[34] Grabner – Kraeuter, S.. The role of consumers' trust in online-shopping [J]. Journal of Business Ethics, 2002, 39 (1): 43 – 50.

[35] Grinberg, R. Bitcoin: An Innovative Alternative Digital Currency [J]. Hastings Science & Technology Law Journal, 2011, 4: 160.

[36] Harrison McKnight, D., V. Choudhury and C. Kacmar. The impact of initial consumer trust on intentions to transact with a web site: a trust building model [J]. The Journal of Strategic Information Systems, 2002, 11 (3 – 4): 297 – 323.

[37] Hayek, F. A. Denationalization of Money: The argument refined [M]. Ludwig von Mises Institute, 2009.

[38] Head, M. Hassanein, K. Trust in e-Commerce: Evaluating the Impact of Third – Party Seals [J]. Quarterly Journal of Electronic Commerce, 2002 (3): 307 – 325.

[39] Hennig Thurau, K. P. Gwinner, G. Walsh. D. D. Gremler. Electronic word – of – mouth via consumer – opinion platforms: What motivates consumers to articulate themselves on the Internet? [J]. Journal of Interactive Marketing, 2004: 18 (1): 38 – 52.

[40] Hett, W. Digital Currencies and the Financing of Terrorism [J]. Rich.

JL & Tech, 2008 (15): 1.

[41] Ho, B. C. T. and K. B. Oh. An empirical study of the use of e-security seals in e-commerce [J]. Online Information Review, 2009, 33 (4): 655 – 671.

[42] Hughes, S. J., Middle brook, S. T., & Peterson, B. W. Developments in the Law Concerning Stored – Value Cards and Other Electronic Payments Products [J]. The Business Lawyer, 2007: 237 – 269.

[43] Jappelli T., Pagano M. Information Sharing in Credit Markets: European Experience, Center for Studies in Economics and Finance Working Paper 2005 [C]. 2000 (35).

[44] Jappelli T., Pagano M. Role and Effects of Credit Information Sharing, Center for Studies in Economics and Finance Working Paper 2005 [C]. 2005 (136).

[45] Jay R. Kesan., Andres A. Gallo. Optimizing regulation of electronic commerce [G]. Working paper, 2003.

[46] Jentzsch N., San Jose Riestra A. Information Sharing and Its Implications for Consumer Credit Markets: United States vs. Europe, Workshop "the Economics of Consumer Credit: European Experience and Lessons from the U. S." [C]. Florence, Italy, 2003.

[47] Jesse Y. H., Deokyoon K., Sujin C., et al. Where Is Current Research on Block Chain Technology? —A Systematic Review. Plops One, 2016, 11 (10).

[48] Jiang, G.. Research on the Online Credit Assessment Decision Support System [J]. The Sixth Wuhan International Conference on E-Business, 2007: 347 – 352.

[49] Johannes – Tobias Lorenz, BjornMunsterman, Matt Hgginson, et al. Block chain in insurance-opportunity or threat [J]. MKC Report, 2016.

[50] Judith A. Chevalier and Dina Mayzlin. The Effect of Word of Mouth on Sales: Online Book Reviews [J]. Journal of Marketing Research, 2006, 43 (3):

345 – 354.

[51] Jumin Leea, Park D. H., Han I. The effect of negative online consumer reviews on product attitude: An information processing view [J]. Electronic Commerce Research and Applications, 2008, 7: 341 – 352.

[52] Kesh, S., S. Ramanujan and S. Nerur. A framework for analysing ecommerce security [J]. Information management & computer security, 2002, 10 (4): 149 – 158.

[53] Kim, B. Jin, J. L. Swinney. The role of e-tail quality, e-satisfaction and e-trust in online loyalty development process [J]. Journal of Retailing and Consumer Services, 2009, 16 (4): 239 – 247.

[54] Koehn, D.. The nature of and conditions for online trust [J]. Journal of Business Ethics, 2003, 43 (1): 3 – 19.

[55] Kohli R., Devar S., Mahmood M. A. Understanding determinants of online consumer satisfaction: A decision process perspective [J]. Journal of Management Information Systems, 2004, 21 (1): 115 – 135.

[56] Kramer, G. R.. Third – Party Investigations and the Fair Credit Reporting Act [J]. Journal of Investment Compliance, 1993, 1 (3): 45 – 53.

[57] Laurie, B. An Efficient Distributed Currency [J]. Practice, 2011: 100.

[58] Lei X., Shah N., Lin C., et al.. Enabling the Sharing Economy: Privacy Respecting Contract based on Public Block chain [C]. Acm Workshop on Blockchain, 2017.

[59] Macintosh, K. L. The New Money [J]. Berkeley Tech: Electronic Commerce Symposium, 1999 (14): 659 – 665.

[60] Marco Pagano, Tullio Jappelli. The European Experience with Credit Information Sharing, Published in Credit Reporting Systems and the International Economy [M]. Edited by M. Miller. Cambridge: MIT Press, 2003.

[61] Margaret Miller. Credit reporting systems around the globe: the state of

the art in public and private credit registries [C]. World Bank, 2000.

[62] Marijn Janssen, Vishanth Weerakkody, Elvira Ismagilova, et at. A framework for analysing blockchain technology adoption: Integrating institutional, market and technical factors [J]. International Journal of Information Management, 2020, 50.

[63] Maxwell G. Coin Join: Bitcoin privacy for the real world [C/OL]. Bitcoin Forum, 2013. https://bitcointalk.org/index.php.

[64] McKnight, D. H. and N. L. Chervany. What trust means in e-commerce customer relationships: an interdisciplinary conceptual typology [J]. International Journal of Electronic Commerce, 2001, 6 (2): 35-59.

[65] Medvinsky, G., Clifford, N. Net Cash: A Design for Practical Electronic Currency on the Internet [C]. Proceedings of the 1st ACM Conference on Computer and Communications Security. New York: ACM, 1993: 102-106.

[66] Merrilees, B. and M. L. Fry. E-trust: the influence of perceived interactivity on e-retailing users [J]. Marketing Intelligence & Planning, 2003, 21 (2): 123-128.

[67] Miers I., Garman C., Green M., et al. Zerocoin: Anonymous distributed e-cash from bitcoin [C]. Security and Privacy (SP), 2013 IEEE Symposium on. IEEE, 2013: 397-411.

[68] Morrison, D. E. and J. Firmstone. The social function of trust and implications for e-commerce [J]. International Journal of Advertising, 2000, 19 (5): 599-624.

[69] Mudambi, S. M. and Schuff. D. What Makes a Helpful Online Review? A Study of Customer Reviews on Amazon.com [J]. MIS Quarterly, 2010, 34: 185-200.

[70] Mukheijee, A. and Nath, R. Role of electronic trust in online retailing: a re-examination of the commitment-trust theory [J]. European Journal of Marketing, 2007, 41 (9): 1173-1202.

[71] Nakamoto, Satoshi. Bitcoin: A peer – to – peer electronic cash system [EB/OL]. http://www.bitcoin.org/bitcoin.pdf. 2008.10.31.

[72] Naman Kabra, Pronaya Bhattacharya, Sudeep Tanwar, Sudhanshu Tyagi. Mudra Chain: Blockchain – based framework for automated cheque clearance in financial institutions [J]. Future Generation Computer Systems, 2020, 102.

[73] Niklas Luhmann. Trust and Power [M]. Chichester: Wiley, 1979.

[74] Pan, Y. and Zhang, J. Q. Born Unequal: A Study of the Helpfulness of User – Generated Product Reviews [J]. Journal of Retailing, 2011, 87: 598 – 612.

[75] Peterson, D., et al.. Consumer trust: privacy policies and third – party seals [J]. Journal of Small Business and Enterprise Development, 2007, 14 (4): 654 – 669.

[76] Rita Azzi, Rima Kilany Chamoun, Maria Sokhn. The power of a blockchain – based supply chain [J]. Computers & amp; Industrial Engineering, 2019, 135.

[77] Rivest R. L. , Shamir A. , Adleman L. A method for obtaining digital signatures and public – key cryptosystems [J]. Communications of the ACM, 1978, 21 (2): 120 – 126.

[78] Ron D. , Shamir A. Quantitative analysis of the full bitcoin transaction graph [M]. Financial Cryptography and Data Security. Springer Berlin Heidelberg, 2013: 6 – 24.

[79] Salo, J. and H. Karjaluoto. A conceptual model of trust in the online environment [J]. Online Information Review, 2007, 31 (5): 604 – 621.

[80] Sasson E. B. , Chiesa A. , Garman C. , et al. . Zerocash: Decentralized anonymous payments from Bitcoin [C]. Security and Privacy (SP), 2014 IEEE Symposium on. IEEE, 2014: 459 – 474.

[81] Shubhani Aggarwal, Rajat Chaudhary, Gagangeet Singh Aujla, Neeraj Kumar, Kim – Kwang Raymond Choo, Albert Y. Zomaya. Block chain for smart

communities: Applications, challenges and opportunities [J]. Journal of Network and Computer Applications, 2019, 144.

[82] Simeon Djankov, et al. Private Credit in 129 Countries [J]. Journal of Financial Economics, 2007 (84): 299 – 329.

[83] Stephen Litvin, Ronald Goldsmith, Bing Pan. Electronic word – of – mouth in hospitality and tourism management [J]. Tourism Management, 2008, 29: 458 – 468.

[84] Stewart, K. J. Trust transfer on the world wide web [J]. Organization Science, 2003, 14 (1): 5 – 17.

[85] Sujit Chakravorti. Analysis of systemic Risk in Multilateral Net Settlement Systems [J]. Journal of International Financial Markets. Institutions and Money, 2000 (10): 9 – 30.

[86] Summers, B. , N. Wilson. Trade credit and customer relationships [J]. Managerial and Decision Economics, 2003, 24 (6 – 7): 439 – 455.

[87] Swan M. Block chain: Blueprint for a New Economy [M]. Blockchain: blueprint for a new economy, 2015.

[88] Teo, J. Liu. Consumer trust in e-commerce in the United States, Singapore and China [J]. Omega, 2007, 35 (1): 22 – 38.

[89] Terdiman, D. Virtual gaming's elusive exchange rates [P]. CNET – Technology product reviews, price comparisons, tech video, and more, 2005.

[90] Thomas, K. Could the WikiLeaks Scandal Lead to New Virtual Currency [J]. PC World: Retrieved, 2010: 10.

[91] Thomas, L. C. , R. W. Oliver. , D. J. Hand. A survey of the issues in consumer credit modelling research [J]. Journal of the Operational Research Society, 2005, 56 (9): 1006 – 1015.

[92] Tucker, P. C. Digital Currency Doppelganger: Regulatory Challenge or Harbinger of the New Economy [J]. The Cardozo J: Int'l & Comp. L. , 2009, 17 (589) .

[93] Underwood S. Block chain beyond Bitcoin [J]. Communications of the ACM, 2016, 59 (11): 15 - 17.

[94] Wenjing Duana, Bin Gub, Andrew B. Whinston. The dynamics of online word-of-mouth and product sales—An empirical investigation of the movie industry [J]. Journal of Retailing, 2008, 84: 233 - 242.

[95] Yoon, S. The antecedents and consequences of trust on online-purchase decision [J]. Journal of Interactive Marketing, 2002, 16 (2): 47 - 63.

[96] Yuanyuan Hao, Qiang Ye, YiJun Li, et al. How does the Valence of Online Consumer Reviews Matter in Consumer Decision Making? Differences between Search Goods and Experience Goods [C]. Proceedings of the 43rd Hawaii International Conference on System Sciences , 2010.

[97] Zhao J. L., Fan S., Yan J.. Overview of business innovations and research opportunities in blockchain and introduction to the special issue [J]. Financial Innovation, 2016, 2 (1): 28.

[98] 卜凡尧. 比特币的安全问题 [J]. 保密科学技术, 2013 (5): 69 - 71.

[99] 蔡卓瞳. 区块链稳定币的风险与监管路径研究 [J]. 福建金融, 2019 (8): 62 - 69.

[100] 陈丹, 赵树宽, 巩顺龙. 电子商务的信用管理体系构建研究 [J]. 情报科学, 2006 (1): 47 - 51.

[101] 陈恺, 魏仕民. 电子现金系统的研究与发展 [J]. 西安电子科技大学学报, 2000, 27 (4): 510 - 514.

[102] 陈爽, 董玉友. 论公共服务型政府的信用建设 [J]. 社会科学论坛, 2006 (9): 56 - 57.

[103] 陈伟钢. 区块链政策导向与发展趋势 [J]. 银行家, 2018 (6): 134 - 135.

[104] 陈文玲. 美国信用体系的构架及其特点——关于美国信用体系的考察报告（一）[J]. 南京经济学院学报, 2003 (1): 1 - 8.

[105] 陈文玲. 中美信用制度建设的比较和建议——美国信用体系考察报告（二）[J]. 南京经济学院学报, 2003（2）：1-5.

[106] 陈新年, 曹文炼. 美国信用服务体系发展状况及对我国当前社会信用体系建设的启示 [J]. 经济研究参考, 2005（8）：37-44.

[107] 陈颖熙, 李贤有, 郭险, 等. 基于内容相似度的对等网络信用模型研究 [J]. 计算机科学, 2007, 34（18）：92-95.

[108] 陈志峰, 钱如锦. 我国区块链金融监管机制探究——以构建"中国式沙箱监管"机制为制度进路 [J]. 上海金融, 2018（1）：60-68.

[109] 程冬玲, 申晨, 庞灵. 联盟区块链在能源互联网中的应用研究 [J]. 机电信息, 2019（24）：155-157.

[110] 程华, 杨云志. 区块链发展趋势与商业银行应对策略研究 [J]. 金融监管研究, 2016（6）：73-91.

[111] 程识. 我国互联网信用体系建设的策略研究——基于中国人民银行征信平台的视角 [J]. 征信, 2010（3）：9-12.

[112] 丁一秋. 浅析信息科技在商业银行业务拓展中的作用 [J]. 金融经济, 2019（16）：65-66.

[113] 丁艺. 我国数字经济新常态发展现状与思考 [J]. 互联网经济, 2019（8）：29-35.

[114] 杜均. 区块链+ [M]. 北京：机械工业出版社, 2018.

[115] 方轶, 丛林虎, 杨珍波. 基于区块链的数字化智能合约研究 [J]. 计算机系统应用, 2019（9）：225-231.

[116] 冯登艳. 信用机制的发展演变 [J]. 征信, 2009（4）：85-86.

[117] 高航. 区块链与新经济 [M]. 北京：电子工业出版社, 2016.

[118] 高奇琦. 区块链与智能革命的未来 [N]. 学习时报, 2019-08-23（003）.

[119] 高西有. 我国信用保险业的发展研究 [J]. 经济与管理研究, 2001（4）.

[120] 龚明华. 互联网金融：特点、影响与风险防范 [J]. 新金融,

2014（2）：8-10.

[121] 哈罗德·J. 伯尔曼. 法律与革命 [M]. 北京：法律出版社，2018.

[122] 郝媛媛，叶强，李一军. 基于影评数据的在线评论有用性影响因素研究 [N]. 管理科学学报，2010，13（8）：78-96.

[123] 郝媛媛，邹鹏，李一军，等. 基于电影面板数据的在线评论情感倾向对销售收入影响的实证研究 [J]. 管理评论，2009（10）：95-103.

[124] 何海锋. 监管科技具有八大发展趋势 [J]. 国际融资，2019（5）：12-15.

[125] 侯佩全. 美国信用体系及运行机制探讨 [J]. 科技信息，2008（36）：221-225.

[126] 侯文，帅仁俊. 基于网格的电子商务信用评价体系应用研究 [J]. 微处理机，2009，30（4）：25-27.

[127] 胡侠. C2C 电子商务信用评价方法探析——对比 Ebay 与淘宝 [J]. 大众标准化，2010（1）：35-39.

[128] 黄英，朱顺德. 二十一世纪的口碑营销及其在中国的发展潜力 [J]. 管理前沿，2003（6）：33-36.

[129] 黄忠义，赛迪智库网络安全研究所. 我国区块链行业应用现状、问题及对策研究 [N]. 中国计算机报，2019-09-23（008）.

[130] 贾德礼，方勇. 非集中式 P2P 系统信任值安全管理的研究 [J]. 信息安全与通信保密，2007（2）：83-85.

[131] 贾嘉，曹旭光. 区块链技术在物流领域的应用现状与未来展望 [J]. 物流科技，2019，42（8）：40-42.

[132] 姜巍，张莉，戴翼，等. 面向用户需求获取的在线评论有用性分析 [N]. 计算机学报，2013（1）：121-131.

[133] 金镇，张继兰. 电子商务信用体系研究 [J]. 情报杂志，2005（12）：111-115.

[134] 凯勒曼. 21 世纪金融监管 [M]. 北京：中信出版社，2016.

[135] 克劳斯·施瓦布. 第四次工业革命转型的力量 [M]. 北京：中信出版社，2016.

[136] 赖敏榕，傅建钢，赖小垚. 能源领域中区块链技术的应用场景浅析与展望 [J]. 能源与环境，2019（3）：38-40.

[137] 李安渝，杨兴寿，尹彦. 电子商务信用基础理论 [M]. 北京：中国标准出版社，2010.

[138] 李安渝. 我国电子商务发展中的诚信问题 [J]. 中国信息界，2009（5）：25-27.

[139] 李保林，杨丽华. 从博弈角度分析电子商务信用环境的建设 [J]. 襄樊学院学报，2010（2）：46-49.

[140] 李博，李景跃. 基于区块链技术的法定数字货币研究 [J]. 黑龙江金融，2018（1）：55-57.

[141] 李广晖. 基于博弈论的电子商务信用风险形成探析——买卖双方之间的博弈分析及政策建议 [J]. 中国管理信息化（综合版），2007，10（10）：59-62.

[142] 李广明. P2P网络融资中贷款者欠款特征提取实证研究 [J]. 商业时代，2011（1）：41-42.

[143] 李宏，喻葵，夏景波. 负面在线评论对消费者网络购买决策的影响一个实验研究 [J]. 情报杂志，2011（5）：202-207.

[144] 李健. 在线商品评论对产品销量影响研究 [J]. 现代情报，2012（1）：164-167.

[145] 李隽波. 电子商务网上交易的信用查询研究 [J]. 石家庄经济学院学报，2006（4）：458-461.

[146] 李凌波，殷浩萱. "区块链+数字政务"的应用分析 [J]. 中国市场，2019（25）：187-196.

[147] 李泌芳，刘仲. 电子商务初始信任影响因素的动态建模 [J]. 商业研究，2007（8）：204-208.

[148] 李淼焱，吕莲菊. 我国互联网金融风险现状及监管策略 [J]. 经

济纵横, 2014（8）：87-91.

［149］李琪. 电子商务概论［M］. 北京：高等教育出版社, 2004.

［150］李乔宇, 阮怀军, 等. 区块链在农业中的应用展望［J］. 农学学报, 2018, 8（11）：78-81.

［151］李青, 张鑫. 区块链：以技术推动教育的开放和公信［J］. 远程教育杂志, 2017, 35（1）：36-44.

［152］李思曼, 王宇航, 李亚平. 基于顾客满意的消费者网上购物影响因素分析［J］. 商业研究, 2009（1）：203-206.

［153］李新庚. 信用机制对于市场经济运行的意义［J］. 中南林业科技大学学报（社会科学版）, 2008（6）：63-79.

［154］李兴, 卢佳瑜. 对于电子商务信用体系的现状问题及策略分析［J］. 现代经济信息, 2010（8）：132.

［155］李怡萌."一带一路"区域中跨境支付应用区块链技术的研究［J］. 科技和产业, 2019, 19（8）：116-119.

［156］李长银, 李虹含, 高寒, 等. 区块链技术的发展趋势及其对金融业的影响［J］. 海南金融, 2017（2）：31-37.

［157］李征. 防范电子商务信用骗取的种群共存模型［J］. 计算机工程与应用, 2010, 46（3）.

［158］李政道, 任晓聪. 区块链对互联网金融的影响探析及未来展望［J］. 技术经济与管理研究, 2016（10）：75-78.

［159］李志杰, 李一丁, 李付雷. 法定与非法定数字货币的界定与发展前景［J］. 清华金融评论, 2017（4）：28-31.

［160］梁华国. 区块链技术在网络数据安全共享中的应用［J］. 智库时代, 2019（39）：5-9.

［161］梁伟亮. 金融征信数据共享：现实困境与未来图景［J］. 征信, 2019, 37（6）：14-19.

［162］梁晓欢. Diamond Circle：为你敞开比特币安全支付之门［J］. 电脑与电信, 2014（1）：1-3.

[163] 林钧跃. 社会信用体系原理 [M]. 北京：中国方正出版社, 2003.

[164] 林晓轩. 区块链技术在金融业的应用 [J]. 中国金融, 2016 (8)：17-18.

[165] 刘翠君, 刘洁, 田晓静. 电子商务信用体系建设中的问题及应对策略 [J]. 中国商贸, 2010 (14)：94-95.

[166] 刘罡, 杨坚争. 基于区块链技术的电子支付去中心化问题研究 [J]. 电子商务, 2019 (9)：43-45.

[167] 刘柯. 打擦边球蹭热点 数字货币概念蕴含风险 [N]. 金融投资报, 2019-09-27 (001).

[168] 刘宁, 沈大海. 解密比特币 [M]. 北京：机械工业出版社, 2014：1-3.

[169] 刘蔚. 基于国际经验的数字货币发行机制探索与风险防范 [J]. 西南金融, 2017 (11)：51-58.

[170] 刘晓红, 史本山, 徐扬. 我国电子商务信用模式分析 [J]. 工业技术经济, 2007 (1)：63-65.

[171] 刘瑜恒, 周沙骑. 证券区块链的应用探索、问题挑战与监管对策 [J]. 金融监管研究, 2017 (4)：89-109.

[172] 娄耀雄, 武君. 比特币法律问题分析 [N]. 北京邮电大学学报 (社会科学版), 2013, 15 (4)：25-31.

[173] 卢琦, 陈伯韬, 阮曦博. 大数据背景下互联网征信产业的潜在风险及对策 [J]. 市场研究, 2018 (7)：36-38.

[174] 卢向华, 冯越. 网络口碑的价值——基于在线餐馆点评的实证研究 [J]. 管理世界, 2009 (7)：126-132, 171.

[175] 吕洪良. 交易成本、柠檬市场与网络购物的信用机制 [J]. 全国商情 (理论研究), 2010 (5)：18-20.

[176] 吕丽华. 浅议区块链 [J]. 广西质量监督导报, 2019 (9)：62.

[177] 吕楠. Bitcoin 合作式矿区挖矿研究 [J]. 计算机技术与发展, 2014, 24 (2)：39-41.

[178] 马昂,潘晓,吴雷.区块链技术基础及应用研究综述[J].信息安全研究,2017,3(11).

[179] 马琳,褚德龙.区块链在医疗领域应用技术研究[J].智能计算机与应用,2019,9(4):286-287.

[180] 马强,林凉,杨晓辉.电子商务信用模型研究[J].全国商情:经济理论研究,2009(24):45-46.

[181] 茅于轼.道德经济制度[M].郑州:河南人民出版社,2002.

[182] 茅于轼.一个经济学家的独特视角:推进社会进步[M].长春:吉林出版集团有限责任公司,2009.

[183] 梅兰妮·斯万.区块链:新经济蓝图及导读[M].北京:新星出版社,2016.

[184] 梅臻,康雅丽.区块链技术在金融领域的应用与法律思考[J].上海立信会计金融学院学报,2017(4):41-50.

[185] 孟丛,王新春.基于C2C模式的电子商务信用评价模型研究[J].济南职业学院学报,2008(6):103-106.

[186] 孟美任,丁晟春.在线中文商品评论可信度研究[J].现代图书情报技术,2013(3):60-66.

[187] 孟姝希.区块链技术在外汇监管中应用的思考[J].甘肃金融,2019(3):18-21.

[188] 米什金.货币金融学[M].李扬等,译.北京:中国人民大学出版社,1998.

[189] 诺斯.制度、制度变迁与经济绩效[M].上海:汉语大词典出版社,2008.

[190] 潘金安,安贺新,李志强.中国信用制度建设[M].北京:经济科学出版社,2007.

[191] 潘勇,赵军民.基于顾客满意度的B2C电子商务网站评价[J].现代情报,2008(5):220-223.

[192] 彭鹏.儒学诚信观与中国特色社会信用体系[J].西安电子科技

大学学报（社会科学版），2005（3）．

［193］彭泗清．信任的建立机制：关系动作与法制手段［J］．社会学研究，1999（2）：232．

［194］彭涛，朱七光．基于博弈论的电子商务交易诚信分析［J］．合作经济与科技，2011（3）：113-114．

［195］蒲小雷，韩家平．企业信用管理典范［M］．北京：中国对外经济贸易大学出版社，2001．

［196］戚学祥．精准扶贫+区块链：应用优势与潜在挑战［J］．理论与改革，2019（5）：126-139．

［197］乔海曙，谢姗姗．区块链金融理论研究的最新进展［J］．金融理论与实践，2017（3）：75-79．

［198］饶曦．网络购物中的消费者购买行为分析［J］．现代企业，2010（6）：50-51．

［199］任兴洲．建立社会信用体系的模式比较［J］．重庆工学院学报，2003（2）．

［200］山成英，赵大伟．从监管科技看智能投顾监管趋势［J］．西部金融，2018（10）：13-47．

［201］山成英．金融科技发展的国际经验与借鉴［J］．青海金融，2018（10）：23-27．

［202］石晓军，蒋虹．征信体系中的行业合作模式及对我国的启示［J］．金融理论与实践，2006（6）．

［203］石晓军，郑海涛．国家信用体系的指数方法与实证研究［J］．财经研究，2007（1）．

［204］石晓军．巴西征信体系的三维分析及政策启示［J］．学术研究，2007（5）．

［205］石新中．论信用概念的历史演进［J］．北京大学学报（哲学社会科学版），2007（6）：120-126．

［206］斯金纳．FinTech——金融科技时代的来临［M］．北京：中信出版

社，2016．

［207］宋焱槟，王潮端．区块链技术在当代支付领域的应用分析［J］．福建金融，2019（6）：58-64．

［208］孙国茂．区块链技术的本质特征及其金融领域应用研究［J］．理论导刊，2017（2）：58-67．

［209］孙建钢．区块链技术发展前瞻［J］．中国金融，2016（8）：23-24．

［210］孙昱，管海兵．P2P网络信任模型研究综述［J］．信息安全与通信保密，2008（4）：37-38．

［211］孙智英．信用问题的经济学分析［M］．北京：中国城市出版社，2002．

［212］谈晓勇，任永梅．C2C电子商务网站信用评价中的主要问题及其对策研究［J］．全国商情：经济理论研究，2008（11）：39-40．

［213］谭昶．区块链技术资产托管业务应用设想［J］．中国银行业，2016（6）：96-97．

［214］汤文开．区块链技术在金融领域的研究现状及创新趋势分析［J］．金融经济，2019，502（4）：138-139．

［215］汤啸天．运用区块链技术创新社会治理的思考［J］．上海政法学院学报（法治论丛），2018，33（3）：67-75．

［216］唐塔普斯科特．区块链革命［M］．北京：中信出版社，2016．

［217］特班．电子商务：管理视角（原书第四版）［M］．严建援，译．北京：机械工业出版社，2007．

［218］田婉婉．区块链技术在我国证券领域的应用探索［J］．全国流通经济，2018（27）：89-90．

［219］汪涛，赵彦云．统计区块链的理论与架构设计［J］．统计与决策，2019（18）：5-9．

［220］王焯，汪川．区块链技术：内涵、应用及其对金融业的重塑［J］．新金融，2016（10）．

[221] 王宏专,杨强浩,王政,等. 电子货币及其特性研究 [J]. 信息安全与通信保密, 2001 (12): 43-45.

[222] 王建明. 完善我国商业信用信息服务体系的政策研究 [J]. 情报杂志, 2005 (3): 85-87.

[223] 王静. 构建电子商务的信用信息服务体系 [J]. 情报杂志, 2005 (9): 55-58.

[224] 王利明. 迈向法治 [M]. 北京: 中国人民大学出版社, 2016.

[225] 王明生,曹鹤阳,李佩瑶. 基于区块链的去中心化信贷系统及应用 [J]. 通信学报, 2019, 40 (8): 169-177.

[226] 王强,卿苏德,巴洁如. 区块链在征信业应用的探讨 [J]. 电信网技术, 2017 (6): 37-41.

[227] 王晟. 区块链式法定货币体系研究 [J]. 经济学家, 2016, 9 (9): 77-85.

[228] 王舒畅. 区块链在保险行业的应用现状与展望 [J]. 时代金融, 2018 (27): 256-257.

[229] 王硕. 区块链技术在金融领域的研究现状及创新趋势分析 [J]. 上海金融, 2016 (2): 26-29.

[230] 王小奕. 世界部分国家征信系统概述 [M]. 北京: 经济科学出版社, 2002 (5).

[231] 王鑫. 区块链在邮储银行信贷业务中的创新应用 [J]. 邮政研究, 2019, 35 (5): 22-24.

[232] 王永利. 区块链,下一代互联网金融革新技术 [J]. 博鳌观察, 2016 (2): 112-114.

[233] 王玉娟,贾建华. "码"上扫京东APP食品区块链溯源信息提高食品安全透明度 [J]. 条码与信息系统, 2018 (6): 21-23.

[234] 魏明侠. 电子商务中的信用及其需求问题研究 [J]. 经济师, 2003 (4): 22-24.

[235] 魏明侠. 电子商务中信用图章经济功能分析 [J]. 科技管理研究,

2005（6）：78-80.

[236] 文巧甜. 金融科技背景下商业银行消费金融创新研究［J］. 现代管理科学，2019（1）：51-53.

[237] 吴晶妹. 信用管理概论［M］. 上海：上海财经大学出版社，2005（8）：95-96.

[238] 鲜京宸. 我国金融业未来转型发展的重要方向："区块链+"［J］. 南方金融，2016（12）.

[239] 肖开红. 电子商务信用中介构架体系与经济功能分析［J］. 商业研究，2006（8）：138-140.

[240] 肖文海. 发展电子商务与信用制度建设［J］. 商业研究，2003（1）：126-127.

[241] 肖勇，陈富扬. 电子商务的信用体系与信用管理［J］. 科技管理研究，2006（4）：225-228.

[242] 谢康，肖静华，赵刚. 电子商务经济学［M］. 北京：电子工业出版社，2006：48.

[243] 徐明星. 区块链［M］. 北京：中信出版社，2016.

[244] 徐勤亚，李会. 区块链视角下基本医疗数据保护探析［J］. 江苏科技信息，2019，36（13）：26-28.

[245] 徐宪平. 关于美国信用体系的研究与思考［J］. 管理世界，2006（5）：1-9.

[246] 徐晓兰. 区块链技术与发展研究［J］. 电子技术与软件工程，2019（16）：1-2.

[247] 许芷宁. 我国证券发行与交易研究［J］. 中国商论，2019（18）：50-51.

[248] 颜拥，赵俊华，等. 能源系统中的区块链：概念、应用与展望［J］. 电力建设，2017，38（2）：12-20.

[249] 杨德昌，赵肖余，等. 区块链在能源互联网中应用现状分析和前景展望［J］. 中国电机工程学报，2017，37（13）：3664-3671.

[250] 杨东. 从现金贷监管政策看消费金融规范和发展之路 [J]. 清华金融评论, 2018 (1): 23-24.

[251] 杨东. 链金有法 [M]. 北京: 北京航空航天大学出版社, 2017.

[252] 杨青, 等. 基于支付网关的电子商务信用评价系统 [J]. 东北财经大学学报, 2006, 45 (3): 23-25.

[253] 杨爽, 徐畅. 在线产品评论有用性的影响机制 [J]. 求索, 2013 (3): 249-251.

[254] 杨现民, 李新, 等. 区块链技术在教育领域的应用模式与现实挑战 [J]. 现代远程教育研究, 2017 (2): 34-45.

[255] 杨旭阳. 区块链技术在供应链金融中的应用探讨 [J]. 现代营销 (下旬刊), 2019 (9): 160-161.

[256] 杨雨琦, 王昌. 区块链数字版权保护系统的设计及应用价值分析 [J]. 图书情报导刊, 2019 (9): 27-32.

[257] 杨志宏, 尹志娟. Fintech 在全球金融领域应用的最新进展综述 [J]. 黑龙江金融, 2017 (2): 21-23.

[258] 姚国章, 吴春虎, 余星. 区块链驱动的金融业发展变革研究 [J]. 南京邮电大学学报 (自然科学版), 2016, 36 (5): 1-9.

[259] 应可福, 沈怀荣, 薛恒新. 基于 PCA 和 GRA 的虚拟企业信用评价模型 [J]. 统计与决策, 2009 (10): 24-26.

[260] 余源培. 重视社会信用体系建设——对金融危机的必要反思 [J]. 上海财经大学学报 (哲学社会科学版), 2010 (12) 3-10.

[261] 俞志方. 社会信用机制的构建与法律规制研究 [J]. 求实, 2006 (7): 66-69.

[262] 喻敬明, 等. 国家信用管理体系 [M]. 北京: 社会科学文献出版社, 2000.

[263] 袁勇, 王飞跃. 区块链技术发展现状与展望 [J]. 自动化学报, 2016, 42 (4).

[264] 约翰, 穆勒. 政治经济学原理 [M]. 北京: 商务印书馆, 1997.

[265] 曾发亮．金融科技发展的监管路径——以区块链技术为视角的分析 [J]．特区经济，2019（8）：92-97．

[266] 曾康霖，王长庚．信用论 [M]．北京：中国金融出版社，1993．

[267] 曾岩．关于建立我国完善的社会信用体系的思考 [J]．财经视野·审计文汇，2005（12）．

[268] 翟晨曦，徐伟，等．区块链在我国证券市场的应用与监管研究 [J]．金融监管研究，2018（7）：33-54．

[269] 张忱．区块链+金融：让全世界为交易作证 [N]．经济日报，2017（11）．

[270] 张大勇．基于区块链政务信息资源共享系统的设计 [J]．电脑知识与技术，2018，14（28）：37-39．

[271] 张海燕，杨鹏起．电子商务与信用体系整合之初探 [J]．河北企业，2007（12）：52-53．

[272] 张红雷，苏莹．基于"大数据+区块链"技术的共享经济发展研究 [J]．智库时代，2019（37）：17-18．

[273] 张健．区块链：定义未来金融与经济新格局 [M]．北京：机械工业出版社，2016．

[274] 张京卫．电子商务信用保障措施研究 [J]．信息化，2007（3）：92-94．

[275] 张静祎．略论市场经济中的信用机制 [J]．国际关系学院学报，2009（5）：55-60．

[276] 张凯．德勤2019年全球区块链调查 [J]．互联网经济，2019（8）：12-21．

[277] 张磊，马志剑．比特币的市场监管体制研究 [J]．常州信息职业技术学院学报，2014，13（5）：27．

[278] 张利，童舟．基于区块链技术的农产品溯源体系研究 [J]．江苏农业科学，2019，47（13）：245-249．

[279] 张宁，王毅，等．能源互联网中的区块链技术：研究框架与典型

应用初探［J］．中国电机工程学报，2016，36（15）：4011－4023．

［280］张锐．"超主权货币"Libra 的基本认知与前景判断［J］．南方金融，2019（9）：1－8．

［281］张婷．我国商业银行区块链技术的应用与前景展望［J］．新金融，2019（7）：50－57．

［282］张维迎．法律制度的信誉基础［J］．经济研究，2002（1）：3－33．

［283］张维迎．信用及其解释：来自中国的跨省查分析［J］．经济研究，2002（10）．

［284］张伟，董伟，等．德国区块链技术在金融科技领域中的应用、监管思路及对我国的启示［J］．国际金融，2019（9）：1－5．

［285］张喜征．基于信任的虚拟企业治理机制研究［J］．科学与科学技术管理，2003（10）：109－113．

［286］张毅，肖聪利，宁晓静．区块链技术对政府治理创新的影响［J］．电子政务，2016（12）：11－17．

［287］张忠元，向洪．信誉资本［M］．北京：中国时代经济出版社，2002．

［288］赵大伟．共享金融视角下的 P2P 网络借贷［J］．南方金融，2015（12）：81－86．

［289］赵大伟．区块链技术在产品众筹行业的应用研究［J］．吉林金融研究，2017（4）：1－5．

［290］赵大伟．区块链技术在互联网保险行业的应用探讨［J］．金融发展研究，2016（12）：35－38．

［291］赵大伟．区块链能拯救 P2P 网络借贷吗？［J］．金融理论与实践，2016（9）：41－44．

［292］赵怀勇，杨筱燕．我国个人信用制度建设的问题与政策建议［J］．上海投资，2002（3）：46－51．

［293］赵小凡．社会征信体系建设：国际借鉴与国内考察［J］．财经理

论与实践，2005（3）．

［294］郑书雯，范磊．基于 P2P 网络 Bitcoin 虚拟货币的信用模型［J］．信息安全与通信保密，2012（3）：72-75．

［295］郑也夫．信任：焦虑中的美德［J］．新华文摘，2002（3）．

［296］钟辉．大力发展我国信用服务中介机构［J］．新疆财经学院学报，2003（3）：56-58．

［297］周路菡．区块链 6 大金融应用［J］．新经济导刊，2017（8）：19-24．

［298］周梅丽，顾陈杰，黎敏．区块链金融法律问题研究［J］．金融纵横，2017（8）：69-76．

［299］周炜，赵大伟．共享金融的风险与监管［J］．清华金融评论，2018，55（6）：26-27．

［300］朱建明，郝奕博，宋彪．基于区块链的财务共享模式及其效益分析［J］．经济问题，2019（10）：113-120．

［301］朱娟．我国区块链金融的法律规制——基于智慧监管的视角［J］．法学，2018（11）：129-138．

［302］庄雷，赵成国．区块链技术创新下数字货币的演化研究：理论与框架［J］．经济学家，2017（5）：76-83．

后 记

以区块链的发展为线索，深入探讨相关现实问题是本书的逻辑起点。就研究方法而言，本书主要采用了理论与实践相结合、实证分析与规范分析相结合、逻辑分析与数理分析相结合等方法。借助这些研究方法和工具，我们不仅从历史的角度、辩证的原则和逻辑的方法对区块链技术进行了深入探讨，也对其未来发展趋势进行了展望和预测。

由于本书面向整个社会，我们希望更多的读者了解和认识区块链的基础理论和实践应用，因此没有采取学院派的写作思路，而是倾注大量的笔墨，对我国区块链行业的发展状况进行全景式扫描，并对主要发达国家区块链的监管和发展实践进行借鉴。我们希望读者能够通过阅读本书，对区块链这一新兴产业的发展情况，有一个全面而客观的认知。拙作力求通俗易懂，易为更多的读者分享，在此希望具有深厚专业背景的读者宽容与见谅。

需要郑重说明的是，本书是多位作者共同努力的结果。虽然在着笔之前，我们一起对研究提纲进行了仔细推敲，在写作过程中也曾反复交换过意见，鉴于一部分作者从事专业的理论研究工作，另一部分作者从事区块链相关企业的经营管理和实际业务操作，大家观察问题的角度存在差异，所使用的研究方法和工具也有所不同，因此章节之间可能存在观点、逻辑和结论方面的差异。"横看成岭侧成峰"，作为集体性的课题研究成果，应该鼓励大家各抒己见。因此，我们刻意保留了这种差异性。

全书写作由莫菲、许昌清和赵大伟主持和策划，李克登、侯西鸿、王然和刘莹等副主编为本书的写作和出版付出了大量的心血。编委会各位同人分工撰稿，几易其稿，反复修改后终于付梓。在本书写作过程中，我们参阅了国内外大量的文献资料，其中许多结论为我们的研究工作提供了很大的帮助，谨向这些文献的著译者致谢！

由于水平有限，书中难免出现疏漏和不当之处，恳请读者批评指正，我们不胜感激！

2019 年 10 月